부처님의 발자취를 따라

정토출판

부처님의 발자취를 따라

부처님의 발자취를 따라

성지를 순례하는 목적은 부처님의 발자취를 따라 부처님의 행적과 가르침을 생각하면서, 앞으로 우리들이 어떻게 살아가야 하며 어떻게 수행해야 될 지를 심사 숙고해 보는 데 의의를 두어야 합니다. 인도는 우리 사회와는 지정학적으로 많이 다릅니다. 그래서 문화와 삶의 방식도 사뭇 다릅니다. 그러기에 부처님의 가르침을 바르게 이해하기 위해서는 2500여 년 전 부처님이 살았던 시대 상황과 그 당시 인간이 지니고 있었던 고뇌들을 먼저 알아야 합니다. 단순히 과거의 허물어진 탑이나 건물을 보기 위함이 아니라, 그 흔적 속에 담겨져 살아 있는 부처님의 고뇌와 체취를 느껴야 합니다. 부처님의 체취를 맡으며 그 곳에서 부처님께서 설하셨던 경전을 독송해 봄으로써 우리들의 삶에 부처님의 가르침을 올바르게 재현시킬 수 있으리라 봅니다. 부처님의 가르침을 스스로 자신의 것으로 느끼고 받아들일 수 있을 때만이 비로소 성지 순례의 목적은 이루어졌다고 볼 수 있을 테니까요.

성지 순례를 할 때 내가 주체가 되어 부처님이 되어 보는 것은 어떨까요? 그래서 왜 부처님이 출가하지 않으면 안 되었나를 경험하는 것입니다. 그런 전경을 강하게 느끼게 해 줄 수 있는 곳이 바로 캘커타입니다. 집을 떠났다는 단순한 의미로써의 출가가 아니라, 정말 인생에 대해서 고뇌하지 않으면 안 되고 새로운 길을 열어 보이지 않으면 안 되는 위대한 인간으로서의 발돋움, 그런 의미의 출가입니다. 사치스런 호텔 문을 열고 나오면 바로 그 앞에 죽어 가는 사람들이 길 바닥에 누워 있는 걸 볼 수 있습니다. 이 모습은 부처님의 출가가 왜 사문유관을 통해서 이루어졌는가를 느끼게 합니다. 중생의 모든 고통을 아예 외면하고 자기의 호화로운 삶을 영위하는 방식과 중생의 고통을 자신의 문제로 여기고 왕궁을 버리는 것, 결국 세상을 사는 길은 이 두 가지밖에는 없었던 것 같습니다. 캘커타는 2600년 전의 싯타르타의 고뇌를 현재 느낄 수 있기에 이 곳에서부터 순례의 첫발을 디뎌 봅니다.

그렇다면 오늘날 우리들이 갖고 있는 고뇌나 현재의 어려움에 대해 부처님께서는 어떤 해답을 제시하실까요? 중생에게 있어서 부처란 그 분의 태어남도 아니고, 깨달음도 아니며 바로 그 분의 설법입니다. 그래서 부처님의 최초의 설법지인 바라나시의 사르나트로 부처님의 발자취를 찾아가 그 대안을 먼저 생각해 봅니다. 그리고 나서 다시 과거로 돌아가 그렇다면 어떻게 해서 부처님은 이런 길을 여셨고 깨달음의 과정은 어떠하셨을까를 생각하며, 가야와 부다가야 그리고 전정각산이 있는 둥게스와리까지 둘러보고 부처님의 고행을 함께 느껴 봅니다. 그리고 수자타의 공양터와 우루벨라 마을에서 가섭 삼 형제를 교화하시던 모습을 그려보며, 마가다 국의 서울이었던 라즈길을 거쳐 파트나와 바이샬리 그리고 부처님의 마지막 여로를 따라 열반의 땅, 쿠시나가라로 향합니다.

부처님의 가르침과 부처님의 삶을 정리한 후에는 한 인간으로서의 부처님을 이해하기 위해서, 네팔 국경을 넘어 룸비니를 찾아 부처님의 태자 시절로 돌아갑니다. 이 곳에서 부처님의 탄생, 성장 그리고 출가의 모습을 보고, 코살라 국의 수도였던 쉬라바스티의 기원정사와 천상에 계신 어머님, 마야 부인께 설법을 한 후 하강하신 상카시아를 마지막으로 성지 순례는 마칩니다.

제가 처음 인도 성지 순례를 할 때 부다가야에서 인도 청년들과 만나 담소를 나눌 기회가 있었는데, "부처님이 직접 교화하신 곳인데도 불구하고 왜 인도 사람들은 불교를 믿지 않느냐?"라고 물은 적이 있었습니다. 그러자 그들은 불교와 힌두교의 차이가 뭐냐고 물었습니다. 부처님은 자비를 가르치신다고 대답하였더니 오히려 고개를 갸우뚱하며 믿기 어렵다는 태도였습니다. 이 곳에 몇 십 년을 살면서 여러 나라의 불교와 신도들과 스님들을 보아왔지만 자비는 전혀 느끼지 못했다고 했습니다. 대다수의 순례자들은 호텔에 묵으면서 대탑에 예배하고 주변을 둘러보곤 훌쩍 간다거나 혹은 이 곳에 자기 나라 식의 절을 짓고 자기 종교 의식대로 예배하고 그 울타리 안에 있다가 가면 그 뿐이라고 했습니다.

사실 여행이란 일정에 따라 유적지를 둘러보고 촬영하고 이동하기에 바빠, 미처 주변 사람들과 조건에 관심을 두기에는 미흡하기는 합니다. 그러다 부처님께서 이런 순례를 하신다면 과연 어떻게 하셨을까에 생각이 미쳤습니다. 우리가 배워서 알고 있는 부처님은 역사상 실존의 인물로서 우리가 인식은 하고 있지만, 어떤 면으로는 마치 신적인 존재로 느껴질 때도 많습니다. 그렇기에 오히려 곳곳에 가서 부처님의 체취를 좀더 가깝게 느낄 수 있는 순례가 필요하다고 생각되었습니다. 그런 생각은 구걸하는 아이들을 단지 동정의 눈초리로 바라보거나, 귀찮은 대상으로 여기지 않고 그들의 아픔과 고통을 진심으로 이해하고자 마련된 자그마한 나눔의 자리로까지 발전되었습니다.

인도를 여행하다 보면 유럽이나 일본, 중국, 태국에서 느끼는 것과 전혀 느낌이 다르다는 것을 알 수 있습니다. 연세 드신 분들은 인도의 생활 수준을 보고 어린 시절을 회상할 수도 있고, 환경 운동하는 사람은 풍경을 보고 환경적으로 잘 보존되었다고 말할 수도 있으며, 또 어떤 사람들은 도대체 이게 인간이 사는 곳이냐고 놀라는 사람도 있을 것입니다. 자신의 생각이나 가치관에 따라서 인도는 수행의 천국이라는 생각에서부터 이 지구상에서 가장 형편없는 더러운 나라로 취급되기도 합니다. 그래서 더욱 더 좋은 여행이 되리라고 생각합니다.

물론 성지 순례란 부처님의 성지를 찾아가 부처님의 가르침을 보고 느끼는 의미도 있지만, 진정한 의미의 성지 순례는 여행 중 자기 내면의 변화된 세계를 보는 것입니다. 이미 수차에 거쳐 자기 다짐을 했겠지만 인도에서 생활하다 보면 경계, 경계마다 부딪쳐 짜증나는 일이 수없이 일어날 것입니다. 그 때마다 자기 내면에서 일어나는 그 마음의 변화를 잘 살필 수만 있다면 인도 여행은 정말 의미 있는 순례가 되고 수행의 여행이 되겠지만, 그렇지 않고 바깥 경계만 탓한다면 짜증과 불만으로 힘만 들고 후회되는 여행이 될 지도 모릅니다. 경계에 부딪칠 때마다 항상 여행의 목적을 염두에 두면서, 나의 목표가 어떻게 변해가고 있고 자기의 하루 주 관심사가 어떻게 변하는지를 관찰하시기 바랍니다. 여기에서 기쁨을 얻는 사람은 모든 면에서 기쁘게 살아갈 수 있고, 갖가지 분별을 일으키고 괴로워하는 사람은 결국 인생도 고통 속에서 살아가기 쉽습니다.

2000. 11.30

법륜 합장

차 례

우리가 찾아가는 불교성지

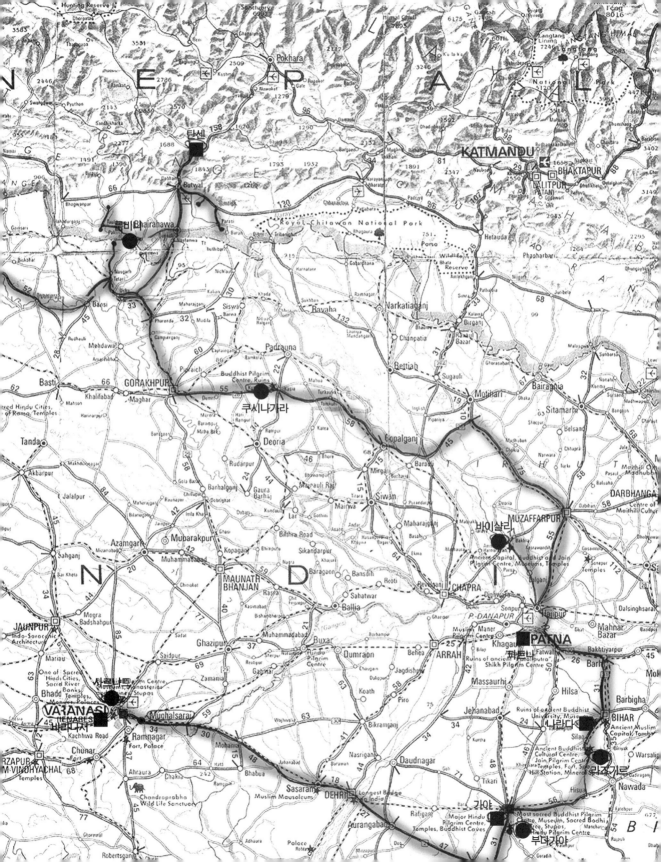

Calcutta

캘커타

캘커타는 웨스트 뱅갈 지역에 위치하고 있다. 웨스트 뱅갈과 이스트 뱅갈은 같은 뱅갈족인데 후자는 옛날의 동 파키스탄,
지금의 방글라데시로 독립한 회교 국가이고, 전자는 인도의 웨스트 뱅갈주에 속하며 주로 힌두교를 믿는다.

캘커타
Calcutta

　　　　　웨스트 뱅갈과 이스트 뱅갈은 같은 뱅갈족으로 후자는 옛날의 동 파키스탄, 지금의 방글라데시로 독립한 회교
국가이고 전자는 인도의 웨스트 뱅갈주에 속하며 주로 힌두교를 믿는다. 캘커타는 바로 웨스트 뱅갈 지역에 위치하고 있으며 인구
는 천만 명이 넘고 뱅갈 문자를 쓰고 있다. 인도에는 여러 민족이 살고 있어 화폐만 보더라도 각 민족들이 사용하고 있는 13개의 문
자와 영어, 아라비아 숫자 등 15개의 다양한 문자를 볼 수 있다. 웨스트 뱅갈주의 고대 도시는 켈커타에서 남쪽으로 100Km 정도
떨어진 뱅골만의 해변에 있는 탐눅이다. 신라의 혜초 스님이 배를 타고 최초로 상륙한 곳으로 지금은 작은 도시로 변했지만 그 의미
를 상기시켜 봄직하다. 원래 캘커타는 아주 조그마한 마을이었다. 그런데 영국이 인도를 지배하면서 동인도 회사를 설립하고 이 곳
을 식민지 통치의 수도로 삼았다. 그 이후 대영 제국 안에서는 런던 다음 가는 대도시로 불리며 전성기를 누렸는데, 52년만에 행정
수도를 뉴델리로 옮기고 상권의 중심마저 봄베이로 옮겨지자 캘커타는 차츰 퇴락하게 되었다.

캘커타
Calcutta

캘커타는 인도의 4대 도시(델리, 마드라스, 봄베이, 캘커타) 중 동부의 중심 도시였다. 그래서인지 거리는 여전히 붐빈다. 그러나 오늘날의 캘커타는 수많은 인파가 서로 엉켜, 복잡하고 더럽고 가난한 혼돈의 도시로 사람들에게 비춰지고 있을 뿐이다. 이는 인도 자체도 경제가 어려운데 인도보다 훨씬 더 궁핍한 방글라데시의 많은 난민을 같은 종족이라는 이유로 아무런 제재 없이 받아들여 인구가 천만 명이 훨씬 넘게 되었기 때문이다. 또한 이 지역은 영국에 대한 무장 독립 운동을 열렬히 해 낸 곳으로 정치 의식이 매우 높은 곳이다. 타고르와 비폭력 운동가인 간디도 바로 웨스트 뱅갈 출신이다. 그런데 공산당이 집권하자 여러 혜택이 주어진 반면 그 반대 급부도 생겨났다. 즉, 부자들에게 엄청난 세금을 부과하였고, 그 때문에 부유층들이 전부 봄베이나 델리로 떠나게 되어 주(州) 전체는 오히려 슬럼화가 심화되는 원인이 되었기 때문이다.

캘커타는 부처님의 8대 성지에는 속하지 않지만 이 곳을 둘러보려는 것은 따로 목적이 있어서이다. 이 곳에는 영국 지배 시기에 세워진 국립인도박물관이 있는데 성지에서도 볼 수 없는 귀한 유물들을 여러 곳에서 약탈해 와 많이 소장하고 있다. 그야말로 책에서나 볼 수 있는 훌륭한 불상, 불교 유물 그리고 인도의 문화와 역사를 알 수 있는 유물들로 가득하다. 게다가 박물관은 고고학, 예술, 민속, 지질, 산업, 생물 등 여섯 전시실로 나눠져 있어 학술적 가치 또한 큰 곳으로 아시아 최대의 박물관 위용을 보여준다.

그리고 또 다른 목적으로는 캘커타는 세계적으로 유명한 슬럼 도시라는 것이다. 캘커타의 참으로 비참한 모습을 보려면 캘커타라는 도시 이름의 유래가 된 칼리 카트 여신을 모신 칼리 카트(Kali Ghat)라든지, 테레사 수녀가 운영하던 죽음을 기다리는 집 혹은 박물관 뒷골목이나 변두리를 둘러보아야 그 실제 상황을 알 수 있다. 인도에는 물론 법적으로는 인정하고 있지 않지만 아직도 카스트(Caste)가 남아 있어 여전히 그 습(習)이 흐른다. 보통 4개의 카스트(종교 계급, 무사 계급, 천민 계급, 노예 계급)로 나뉘어 있다고 우리는 알고 있으나, 실제로 카스트는 3,000여 종류나 된다. 예를 들어 불가촉 천민에도 수백 개의 카스트가 있고, 그 중에도 높고 낮은 것이 있어 차별을

· 이런 비참한 모습들을 어디서나 볼 수 있다.

· 어마어마하게 넓은 하우라 역내의 모습이다.
　많은 짐과 사람들로 항상 붐비는 곳이다.

둔다. 카스트는 곧 직업과 밀접한 관계가 있어 하는 일을 보면 계급을 알게 된다. 이런 폐습을 없애기 위해 인도 정부는 공직의 일부를 하리잔에게 할당하고 있다. 그래서 천민 출신의 초대 법무부 장관과 대통령이 나오기도 하였으나 여전히 그 속에서도 무시당한다고 한다. 테레사 수녀가 하리잔의 일자리를 위해서 그들에게 배정된 할당량을 받으려고 캘커타에서 카스트를 인정하자, 그 내막을 잘 모르는 유럽 사람들로부터 굉장히 비난을 받은 적이 있다. 그러나 그것은 그들의 생존을 위한 최선의 조치였다.

　　인도에는 델리-봄베이 선(線)과 델리-캘커타 선(線)이 중요한 기본 선이기에 캘커타의 하우라 역은

그에 걸맞게 매우 붐볐다. 이 역에 발을 딛는 순간은 마치 한참 전쟁 중 피난 열차를 타는 것 같은 착각이 들 정도였는데, 넓은 역내에는 많은 짐들과 짐을 이고 뛰는 쿨리들과 승객, 그리고 죽은 것처럼 자신을 둘둘 말아 아무 곳에나 누워 진을 치고 있는 사람들로 가득했기 때문이다. 하우라 역에는 이런 상황이 매일 계속되고 있다.

인도 노동자들은 하루 일당으로 보통 30루피가 주어지며, 여행객은 10루피에 하룻밤을 묵어 갈 수도 있다. 그렇다고 인도의 생활이 이처럼 값싸고 복잡하고 지저분하고 비참하고 불편하기만 한 것일까? 단적인 예로 기차의 일등석은 에어콘 시설은 물론이요, 좌석의 공간이 너무 넓어 기차가 아닌 듯한 기분이 들게 해 준다. 또한 캘커타에 있는 오베로이 호텔의 하룻밤 숙박료는 8,000루피(200불 정도)로 봄베이에 있는 타지마할 호텔 등과 더불어 국제적으로도 고급 호텔로 인정받고 있다.

이런 극과 극이 공존하고 있는 곳이 캘커타이다. 이러한 극과 극의 모습을 통해 '과연 삶이란 무엇일까?' '나는 어떻게 살아야 할까?' 하는 깊은 고뇌를 하게 된다. 부처님이 염부수 아래에서 명상에 잠긴 이유도 바로 이 때문이 아닐까?

진정으로 다 함께 행복하게 살 수 있는 길은 없는 것일까?

Sarnath

사르나트

부처님이 성도 후 최초의 설법을 한 곳으로, 우리 나라에서는 녹야원이라고 부르고 있다.
진정한 의미의 부처님은 우리가 부처님의 가르침을 듣고 깨달을 수 있을 때 비로소 다가온다.
그런 점에서 사르나트는 큰 의미를 주는 곳이다.

사르나트
Sarnath

　　　　　바라나시에서 도시의 혼잡함을 벗어나 가로수 길을 따라 가다 보면 북동쪽으로 약 7km 떨어진 곳에 잔디밭이 넓게 펼쳐진 공원이 있다. 이 곳이 부처님의 초전법륜 성지인 사르나트이다. 박물관을 지나 사슴 동산이라고 써 놓은 곳으로 들어가면 바로 녹야원이다. 이 곳을 중심으로 왼쪽은 다르마라지크 스투파, 오른쪽은 다메크 스투파로 나뉜다. 다르마라지크 스투파를 지나면 뒷쪽으로 녹야원이란 뜻의 물간다쿠티가 있고, 다메크 스투파보다 더 오른쪽에는 현재의 녹야정사라 불리우는 삐죽한 모양의 건축 건물이 있다. 원래는 다르마라지크 스투파에서 조금 왼쪽으로 가면 아쇼카 석주가 있고, 그 옆으로 녹야정사가 있어 부처님이 열반하신 뒤 아쇼카 왕 때 이 곳에서 수백 명의 비구 비구니 스님들이 정진하고 있었다고 한다. 지금은 그 때의 정사는 완전히 폐허가 되어 발굴해 놓은 자리만 남아 있다. 5세기에 다녀갔던 법현 스님은 이 곳에 두 개의 승원이 있고 승려가 살고 있다 했고, 그 이후 현장 스님은 담장과 중각이 즐비하여 아름다운 이 곳에 정사가 있어 1,500명의 승려들이 면학하며 있다고 기록하고 있다. 현재 이 주위에는 다르마팔라가 조직한 마하보디 소사이어티에서 세운 절과 여러 개의 학교가 있고, 티베트 사람들이 지은 절과 대학이 있다. 티베트 대학은 인도 정부에서 후원하고 있기 때문에 학비는 무료이다. 인도 정부는 경제적으로 어려운 처지에도 불구하고 티베트 난민들을 위해 많은 지원을 아끼지 않고 있다.

부처님은 여기서 훨씬 더 북쪽으로 히말라야산 기슭 룸비니에서 태어났다. 카필라 성에서 29살까지 왕자로 생활하다가, 인생의 모든 괴로움에서 벗어나는 해탈 열반의 길을 찾아 출가한다. 룸비니에서 동남쪽으로 내려와 바이샬리를 거쳐 왕사성에 이르러서 두 스승을 만나 수행하였지만, 진정한 해탈의 길이 아님을 알고 다시 서쪽으로 떠나게 된다. 마침내 네이란자라 강이 굽이쳐 흐르는 전정각산 고행림에서 6년 간 극심한 고행을 통해 해탈의 도를 얻으려 하였지만, 고행 역시 반드시 버려야 할 두 가지 극단 중에 하나임을 알고 고행을 그만두게 된다. 이 때 함께 정진했던 다섯 수행자는 "고오타마 싯타르타가 수행을 포기했다, 고오타마 싯타르타가 타락했다."하며 등을 돌려 바라나시 근교에 있는 사르나트 고행림으로 떠나버렸다.

　　　　다섯 도반이 떠난 후 부처님은 전정각산을 내려와 우루벨라 마을로 들어가 수자타로부터 유미죽을 공양받고 기력을 회복하게 되었다. 기력을 되찾자 심기 일전하여 핍팔라나무 밑에 앉아 49일 간의 용맹 정진으로 깨달음을 얻었다. 그리고 49일 간 해탈의 법열을 즐긴 후, 처음으로 이 법을 설하고자 자신의 스승이었던 웃타카라마푸트라를 생각하였다. 그러나 그 분은 이미 돌아가셨고, 다시 아라라까라마를 떠올렸지만 그 분 역시 돌아가셨음을 알았다. 그래서 자신과 함께 6년 간 고행하며 수행했던 다섯 수행자를 생각하고, 부다가야에서 250㎞ 그러니까 600리를 걸어 그 수행자들을 찾아 길을 떠났다. 어떤 경전에는 7일만에, 어떤 경전에는 11일만에, 어떤 경전에는 보름이 걸렸다고 기록되어 있기도 하다.

　　　　바라나시에 도달하기 위해서는 갠지스 강, 즉 강가 강을 건너야만 된다. 부처님은 뱃사공에게 강을 건네주기를 청하였지만, 아무것도 지니지 않았던 부처님을 그는 이런저런 구실을 부치며 거절하였다. 그래서 부처님은 그 강을 훌쩍 뛰어 넘어서 건너니 그 모습을 본 뱃사공은 한탄하며 기절했다는 기록이 남아 있다. 바루나 강을 건너 바라나시로부터 북쪽으로 10㎞ 정도 떨어져 있는 곳에 시체를 버리는 시타림이 있었는데, 수행자들이 와서 고행을 한다고 하여 고행림이라고도 불렀다. 바라나시라는 지명은 바루나 강과 아시 강 사이에 있다고 해서 붙여진 이름으로 옛 카시국의 수도이기도 하다.

부처님은 바라나시에 도착하여 걸식을 한 후 다섯 수행자가 수행하고 있는 녹야원으로 갔다. 다섯 수행자는 부처님이 오는 것을 보고, 서로 인사도 하지 말자고 약속했지만 부처님의 위의(威儀)에 감복하여 스승의 예를 다하였다고 한다. 어떤 이는 자리를 펴서 앉을 자리를 만들고, 어떤 사람은 물을 길어와 발을 씻어드리고, 어떤 이는 발우를 받으면서 자연스럽게 예를 올리며 맞이하였다. 후세에 아쇼카 왕이 부처님을 환영했던 자리라 하여 그 곳에 큰 스투파, 영불탑(迎佛塔)을 세웠다.

다섯 수행자를 만난 뒤에 부처님은 다시 북쪽으로 한 1Km 정도 옮겨 그 곳에서 초야(初夜), 중야(中夜)가 지나고 새벽녘이 가까워 오는 후야(後夜)에 다섯 수행자에게 설법을 하였다. 처음으로 중도와 사성제 그리고 팔정도를 설하였는데 카운디냐가 한 번의 설법을 듣자 즉시 깨달았다. 이 때 카운디냐가 여래의 교법을 처음으로 이해하는 것을 보고 부처님은 자신이 깨달았을 때 보다 더 기뻐하였다는 기록이 경전에 남아 있다. 사흘이 지나자 발제리카와 바사파가 깨닫고, 1주일이 지나자 나머지 마하나마와 앗사지가 깨달음을 얻었다.

이렇게 해서 부처님이 있고, 부처님의 설법이 있고, 부처님의 설법을 듣고 깨달은 사람이 있어, 처음으로 불(佛)·법(法)·승(僧) 삼보가 이루어진 것이다. 초기에는 부처님의 법문을 듣고 깨달음을 얻어야 상가 구성원이 되었다. 그러니까 승보가 생겼다는 것은 부처님의 법문을 듣고 깨달음을 얻은 사람들의 모임이 만들어졌다는 의미이다. 그래서 이 곳을 초전법륜지(初轉法輪地)라고 한다.

그 당시 바라나시 성에는 큰 부자인 구리가 장자가 살았다. 그 장자의 외아들인 야사는 말이 끄는 수레를 타고 경치 좋은 곳을 구경하러 다니다가 부처님이 계신 고행림을 지나게 되었는데, 마침 몸에서 광채가 나는 수행자가 나무 밑에 앉아 있는 모습을 보았다. 그리고 그 옆에 몸이 퉁퉁 부어 막 썩으려 하는 시체더미들을 보고 얼굴을 찌푸리며 외면하고 지나갔다. 이 모습을 지켜본 부처님은 다섯 비구에게 "저 청년이 내일이면 나를 찾아와 비구가 되리라." 하였다고 한다.

그 날 밤 야사는 친구들과 어울려서 진탕 먹고 마시며 기녀들과 놀다가 그 자리에 쓰러져서 잠이 들었다. 이른 아침 목이 말라 일어나 보니 밝은 등불 아래에 친구들과 기녀들이 마구 뒤엉켜 잠들었는데, 코에는 콧물이, 입에는 침이 흘러 마치 어제 숲에서 본 시체가 서로 엉켜있는 모습과 흡사하여 큰 충격을 받았다. 야사는 머리를 감싸 쥐고 '아, 참으로 괴롭고 불안하구나.' 하며 헤매다가 바루나 강 언덕에 이르게 되었다. 그러다 어제 이 숲을 지날 때 본 수행자의 얼굴을 떠올리며 강 건너 멀리를 바라보니 숲에서 빛이 흘러나오는 것을 보게 되었다.

야사는 보석 박힌 신발을 벗어놓고 그 빛을 따라 끌려가듯 바루나 강을 건너 부처님을 뵙게 되었다. 부처님은 야사를 보고 "어서 오너라, 그대 야사여! 이 곳에서 너를 기다린 지 오래 되었다." 하며, 야사의 괴로운 마음을 살펴 사성제를 설하였고 야사는 깨달음을 얻어 부처님의 제자가 되었다. 야사가 깨닫자 부처님은 이 법이 수행자만이 아닌 누구나 깨달을 수 있다는 것을 알고 매우 기뻐하였다고 한다.

한편 구리가 장자는 아들이 없어진 것을 알고 야사를 찾아 온 동네를 헤매었다. 마침내 강가에 벗어놓은 야사의 신발을 보고 강을 건너 고행림에 있는 부처님과 야사 비구를 만나게 되었다. 장자는 야사 비구를 집으로 데리고 가려고 설득하지만, 야사의 굳은 마음을 알고는 그냥 돌아갔다. 그리고 장자는 야사의 어머니와 다시 와서 부처님의 설법을 듣고 최초로 재가 신자가 되었다. 이 때 장자는 부처님에게 절하며 "위대하셔라, 세존이시여! 위대하셔라, 세존이시여! 마치 넘어진 자를 일으켜 세우심과 같이, 덮인 것을 벗겨내심과 같이, 길을 잃고 헤매는 자에게 길을 가르쳐 주심과 같이, 눈이 있는 자가 볼 수 있도록 어두운 밤에 등불을 비쳐 주심과 같이 어리석은 저희들을 위해 좋은 법문으로 깨우쳐 주셨습니다. 저는 오늘부터 거룩한 부처님께 귀의합니다. 거룩한 가르침에 귀의합니다. 거룩한 승단에 귀의합니다." 하며 기쁜 마음을 노래하였다.

이렇게 삼보에 귀의하자 부처님은 오계를 설하였다. 이것이 삼귀의와 오계의 첫 번째 원형이라고 말할 수 있다. 야사가 출가했다는 소문을 듣고 야샤 비구의 네 친구가 '야사는 출가할 리가 없다. 뭔가 꼬임에 빠졌을 것이다.' 하면서 야사를 구하러 왔다가, 부처님 법문을 듣고 네 명도 다 출가를 하였다. 그러자 여러 나라에 있던 야사의 친구 50명까지 의혹을 갖고 부처님을 찾아갔고, 그들 역시 모두 출가하였다. 최초로 60명의 비구, 부처님까지 61명의 아라한이 탄생하였다. 그때 부처님은 60명의 아라한을 향해 "나는 신과 인간의 모든 굴레로부터 벗어났다. 너희들도 해탈을 얻었다. 자, 이제 전법의 길을 떠나거라. 세상 사람의 이익과 신들의 이익을 위하여 그리고 안락을 위하여 법을 설하거라. 처음도 중간도 끝도 조리있게 설하거라. 두 사람씩 가지 말고 한 사람씩 가라. 나도 우루벨라의 병장촌으로 가서 교화 설법하겠다."라고 말씀하였다. 이렇게 소위 전법선언을 한 곳도 바로 이 곳 사르나트이다.

마치 작은 씨앗이 싹을 틔우고 자라서 큰 보리수가 되어 넓은 그늘을 만들듯이, 처음 골짜기에서 시작하여 졸졸 흐르던 냇물이 강이 되고 바다가 되듯이, 한 그루의 나무 밑에서 부처님의 첫 설법이 시작되어 45년 간 법륜이 구른 뒤, 마침내 북쪽으로 동쪽으로 흘러서 오늘날 전 아시아, 전 세계에 부처님의 법이 전파된 첫 출발지가 바로 이 곳이다.

부처님이 몸을 나툰 것을 부처라고 한다면 룸비니에서 탄생하였을 때 이미 부처님은 이 세상에 온 것이고, 깨달음을 얻어야 부처라고 한다면 부다가야 핍팔라 나무 밑에서 정각을 이루었을 때 부처님은 이 세상에 온 것이다. 중생의 입장에서 생각한다면 부처님의 가르침을 듣고 우리가 알아듣고 깨달을 수 있어야 우리에겐 진정한 의미의 부처님이라고 느껴질 것이다. 그러므로 사르나트는 부처님이 세상에 왔을 때 중생과의 첫 만남의 장소로 의미가 있는 곳이다.

초전법륜

교화의 첫걸음

이 때 부처님께서는 삼마야에서 마가다에 나아가 바라나시 성의 서쪽 문으로 들어가셔서 차례로 걸식하여 밥을 얻은 뒤 동문으로 나와 조용히 성 밖 어느 물가에 이르러 단정히 앉아 드시고, 공양이 끝난 뒤에 북쪽으로 향하여 조용히 녹야원에 이르렀다. 그 때 다섯 수행자는 멀리 부처님께서 차츰 그 곳에 이르심을 보자 서로 일러 말하였다.

"저기에 우리들을 향해 오고 있는 이는 바로 석가족의 사문 고오타마로구나. 우리들은 서로 맹세하자. 그는 고행을 포기하여 타락한 까닭에 선정을 상실하고 온몸이 욕망에 얽매었다. 우리들은 그를 공경하여 맞을 필요도 그에게 앉을 자리를 권할 필요도 없다. 그러나 다만 그가 원한다면 스스로 앉게는 하자."

그 때에 부처님께서는 잠자코 다섯 수행자에게 나아가셨다. 부처님의 상호는 청정 원만하고 몸은 황금으로 장엄한 산과 같이 빛났으며 크고 거룩한 덕이 있어 짝할 이가 없었다. 다섯 수행자들은 부처님이 가까이 다가올수록 거룩한 덕에 감화되어 편안히 앉아 있을 수가 없었으므로 마치 조롱

속의 새가 조롱이 불에 타면 불안해서 날고 뛰듯이 스스로의 맹세를 어기고 모르는 결에 함께 일어났다. 그 때 다섯 수행자는 부처님을 위하여 어떤 이는 자리를 펴서 앉을 자리를 만들고, 어떤 사람은 물을 길어와 발을 씻어드리려 하고, 혹은 발우를 받으면서 스승의 예를 갖추어 맞으며 인사를 하였다.

"어서 오십시요, 장로 고오타마시여. 이 자리 위에 앉으소서."

이 때 다섯 수행자들은 부처님이 자리에 앉으신 것을 보고 부처님께 아뢰었다.

"장로 고오타마시여, 신색과 피부가 대단히 좋고 청정하오며 면목이 원만하옵고 또 광명이 족하오며 모든 근이 청정하나이다.

장로 고오타마시여, 이제는 좋고 묘한 감로를 만났거나 청정한 감로의 성도를 얻었습니까?"

"그대들은 나를 여래라고 부를 것이요, 고오타마라고 하지 말라. 무슨 까닭인가? 나는 이미 감로의 도를 발견하였고 나는 곧 바로 부처로서 일체지를 완전히 갖추었으며 고요하고 번뇌가 없어서 마음에 자재로움을 얻었느니라."

이 때에 부처님의 말씀을 들은 다섯 수행자는 곧 부처님께 아뢰었다.

"장로 고오타마시여, 예전에 6년 간의 극심한 고행을 하면서도 무상정등정각을 증득하지 못하였고 모든 성인들이 수행하였던 그 같은 길을 증진하지도 못하였거늘, 하물며 지금 육신의 욕망을 쫓아 나태를 내어 선정을 잃고 해태함이 몸에 얽혀 있는데 장로께서 어찌 무상정등정각을 얻었다고 하십니까?"

그 때에 부처님께서 말씀하셨다.

"수행자여, 그런 말을 하지 말라. 여래는 욕망에 끌리지 아니하며 선정을 잃고 해태함이 몸에 얽혀 있지도 않다. 그대들은 스스로 알리라. 지난 날 내가 사람들에게 망령되이 거짓을 말한 적이 있는가? 또한 일찍이 상호가 이처럼 청정하고 원만히 빛나던 때가 있었는가?"

"그렇지 않습니다. 존자여."

이 때에 부처님께서는 다시 말씀하셨다.

"그대들이 만약 나의 가르침을 받고자 한다면 내 그대들에게 법을 설하리라. 그대들이 나의 가르침을 받아지녀 따르고 청정히 수행한다면 곧 해탈락을 얻으리라. 그대들이 만약 나의 가르침을 받고자 한다면 이제 조용히 법을 들을 귀를 준비하라."

『불본행집경』 제35권 37, 전묘법륜품 『불설중허마하제경』 제7권

여래의 교법

이 때에 부처님께서는 기수월 보름 전 12일에 해가 사람의 그림자 반을 지날 무렵 북쪽으로 향하여 앉으셨다. 부처님은 초야분이 되자 더 말씀을 않고 가운데 계셨다. 중야분에는 대중을 편안하게 위로하여 기쁨을 내게 하였다. 이윽고 후야분이 되자 부처님은 다섯 수행자를 향하여 말씀하셨다.

"수행자들이여, 잘 알아야 한다. 출가 수행자에게는 반드시 버려야 할 두 가지 장애가 있다. 무엇이 두 가지 장애인가? 첫째는 마음이 욕망의 경계에 집착하여 쾌락에 빠진 것이니 이는 어리석은 범부들이 찬탄하는 바이며 출가인의 숭고한 목적을 위해서는 무익한 것이다. 또 하나는 자신의 육체를 스스로 괴롭히는 것에 열중하여 고행에 빠지는 것이니 이는 출가의 목적과 수단을 전도한 것으로써 심신이 모두 고통의 과보에 떨어질 뿐 출가인의 숭고한 목적을 위해서는 버려야 할 것이다. 이 두 가지는 해탈의 원인이 아니며 욕망을 소멸하는 원인이 아니며 부처를 성취하는 원인이 아니

므로 반드시 버려야 한다. 수행자들이여, 여래는 이 두 가지 치우침을 버리고 중도의 길을 깨달았다. 수행자들이여, 중도란 무엇인가? 이는 여덟 가지 성스러운 길을 말함이니 곧 바른 눈·바른 관찰·바른 말·바른 행위·바른 생활·바른 노력·바른 집중·바른 마음의 통일이니라. 이 중도는 모든 것을 바르게 보고 바르게 알 수 있는 통찰력과 직관이므로 지혜를 낳아 범부의 눈을 뜨게 하고 마음의 평화와 진리의 크나큰 체험으로 열반을 성취케 하리라."

부처님께서는 이어서 고집멸도(苦集滅道)의 네 가지 거룩한 진리[四聖諦]를 말씀하셨다.

"수행자들이여, 괴로움이라고 하는 진리가 있다. 태어나는 것도 괴로움이며, 늙는 것도 괴로움이며, 병을 앓는 것도 괴로움이며, 죽는 것도 괴로움이다. 근심과 걱정과 슬픔과 안타까움도 괴로움이다. 미워하는 사람끼리 만나는 것도 괴로움이며 사랑하는 사람과 헤어지는 것도 괴로움이다. 바라는 것을 얻지 못하는 것도 괴로움이며 우리들의 인생 전부가 괴로움이다. 수행자들이여, 이와 같은 괴로움이 생기는 원인을 말하는 진리가 있다. 미혹한 생존을 있게 하고 기쁨과 탐욕을 동반하고 모든 것에 집착하는 애욕과 갈망이 곧 괴로움의 원인이다. 그것은 정욕적인 애욕과 생존에 대한 갈애와 생존이 없어질까봐 집착하는 갈망의 셋이다. 수행자들이여, 이같은 괴로움이 소멸된 진리가 있다. 이 갈애를 남김없이 없애고 버리며 떠나고 벗어나 집착하지 않는 것이다. 수행자들이여, 괴로움을 소멸시키는 길인 진리가 있다. 그것은 여덟 가지 거룩한 실천이다. 수행자들이여, 괴로움에 대한 거룩한 진리를 발견하고 그것을 바로 알아 철저히 인식해야 하며 괴로움의 원인을 발견하고 그것을 끊어버려야 한다. 괴로움이 소멸되는 경지를 증득하고자 괴로움을 없애는 길을 발견하고 그것을 실제로 실천하여야 한다. 나는 이 네 가지 거룩한 진리를 각각 세 가지 단계로 나누어 바르게 알고 소멸시키고 닦고 증득함으로 해서 부처가 되었다. 이 네 가지 법은 다른 이로부터 듣거나 스스로 만들어 낸 것이 아니요, 세상의 법을 수순하여 이치대로 관함으로 해서 부처가 되었다. 이 네 가지 법을 수순하여 이치대로 관함으로써 지(智)가 생기고 눈이 트여서 두루 밝게 살핌으로써 혜(慧)가 생겨서 광명을 얻었느니라. 수행자들이여, 세상 사람들은 고통의 바다에 빠져 있나니〔苦〕 이 고통은 잘못된 탐욕과 집착 때문에 생기는 것이다〔集〕. 그런 까닭에 눈을 떠서 이 탐욕과 집착의 뿌리를 뽑아버리면 고통을 벗어나 무한 생명의 기쁨을 성취하리니〔滅〕, 그대들이 여덟 가지 성스러운 길〔八正道〕을 힘써 행하여 닦으면〔精進〕 누구든지 눈을 뜨고 큰 깨침을 얻을 것이다〔道〕."

부처님이 이러한 법을 말씀하실 때 수행자 카운디냐는 부처님의 법음을 모두 자신의 것으로 받아들였다.

카운디냐는 곧 그 자리에서 번뇌의 티끌을 제거하고 업장의 때를 닦아내어 청정한 지혜의 눈을 떴으니 마치 더러운 때가 없는 깨끗한 옷이 물들이는 대로 그 빛을 받아들이는 것과 같았다.

이 때 부처님은 카운디냐가 여래의 교법을 처음으로 이해하는 것을 보고 큰 기쁨으로 말씀하셨다.

"오! 카운디냐는 깨달았다. 카운디냐는 정각을 얻었다. 여래의 교법은 깊고 깊어 말로는 다할 수 없고 오묘하고 적정하여 이름 붙일 수도 없다. 이제 가장 뛰어난 카운디냐가 여래의 진리에 법안을 밝히니 이제 부처의 법이 그 빛을 찾았구나."

이 때 모든 신 중에 땅의 신들이 이를 보고 듣고 일시에 크게 외쳐 선언하였다.

"모든 하늘이여 들으라. 오늘 부처님께서 바라나시 성 녹야원에서 위없는 미묘한 법바퀴를 굴리시도다. 일체 세간의 어떤 사문이나 바라문이나 천상의 범천이나 마군이나 그 누구도 참으로 이런 법바퀴를 굴릴 수 없으리라. 이 여래의 교법은 그 누구에 의해서도 결코 뒤집혀질 수 없으리라."

이 때 사문 카운디냐는 법안을 열어 여실히 모든 법을 보고 알았으며 여실히 모든 법을 증득하였다. 또한 여실히 욕망의 깊은 계곡을 건넜고 번뇌의 험한 벼랑을 건넜고 혼돈과 의혹의 숲을 건넜고 마음 가운데 결정코 걸림이 없어 이미 두려움이 없음을 얻었으니 남에게 배운 것이 아니라 여래의 위신력이었다.

그 때 카운디냐는 그 법향(法香)을 알고 자리에서 일어나 부처님 발에 정례하고 오른 무릎을 꿇고 합장한 뒤 부처님께 사뢰었다.

"위대하신 세존이시여, 저는 세존의 법에 들어가겠사오니 세존께서는 저를 건지시와 구족계를 주시고 비구가 되게 하여 주소서." 그 때 부처님께서는 카운디냐에게 이르셨다.

"어서 오너라, 법은 이미 잘 설해졌다. 그대는 괴로움의 뿌리를 뽑을 때까지 청정한 수행을 하라."

그리고 부처님은 나머지 네 수행자를 위하여 각각의 근기에 맞추어 가르침을 설하였다. 이 때에 네 수행자 중에서 카운디냐의 뒤를 이어 발제리카와 바사파가 청정한 법안을 얻어 부처님께 귀의하고 구족계를 받았다. 이 때에 다섯 사람은 언제나 걸식을 행하였는데 부처님께서 오셔서 가르침을 받는 동안은 그들 중에 이미 정각을 얻은 세 사람이 마을로 내려가 걸식을 하고 아직 법안이 열리지 않은 두 수행자는 오직 부처님의 가르침을 받는 것에만 진력하였다. 그 뒤에 세 사람이 걸식하여 밥을 얻어오면 부처님과 함께 여섯 사람이 같이 공양을 하였다. 부처님께서는 나머지 두 수행자의 닫힌 눈을 띄우고자 전념하였으며, 부처님께서 여래의 교법을 나타내 보일 때 마하나마와 앗사지 또한 차례로 청정한 법안이 열려 아라한의 경지에 이르게 되었다. 이 두 수행자 역시 부처님께 귀의하여 계 받기를 원하였으며 부처님 또한 이들에게 계를 주었다. 이 때에 삼보가 출현하였나니 석가 세존께서는 불보가 되고 전법륜의 가르침은 법보가 되고 부처님과 다섯 수행자는 승보를 이루었다.

『불본행집경』 제34권 전묘법륜품 하 『방광대장엄경』 제11권 16, 전법륜품

최초의 재가 신자

그 때는 부처님께서 바라나시에 계시며 처음으로 위없는 법바퀴를 굴린 뒤였다. 부처님께서는 이른 아침에 가사를 입고 발우를 드시고 장로 앗사지〔調馬〕와 함께 바라나시 성으로 걸식하러 들어 가셨다. 이 때에 바라나시 성에는 구리가라고 하는 큰 부호 장자가 살고 있었는데 그에게는 야사라 는 총명한 아들이 있었다. 야사는 부모가 지어준 전당 안에서 오욕의 쾌락을 구족히 받고 소요하고 노닐다가 날이 밝을 무렵 네 마리의 말이 끄는 수레를 불러 타고 동산에 가서 좋은 곳을 구경하러 다녔다. 그 때 야사는 멀리 부처님께서 그의 앞으로 오시는 것을 보았다. 부처님께서는 위의가 단정 하고 걸음걸이가 침착하고 몸은 구족히 모든 상으로 장엄하여 마치 허공에 별이 가득한 것과 같았 다. 야사는 광휘가 빛나고 위의가 거룩하신 부처님을 뵙자 마음 속 깊은 곳으로부터 기쁘고 청정한 마음이 솟구쳐 올라 자신도 모르는 사이에 스스로 수레에서 내려와 부처님 앞으로 나아갔다. 부처 님 앞에 나아간 야사는 부처님의 발에 머리를 대고 엎드려 정례하고 오른쪽으로 세 번 도는 예를 취 한 후 부처님 앞을 물러났다. 부처님께서는 장로 앗사지에게 말씀하셨다.

"앗사지야, 이 야사 선남자는 오늘밤에 출가하여 내 곁에 와서 사문이 되기를 청할 것이요, 사문 이 되고 나서는 머지 않아서 아라한과를 얻으리라."

그 때에 야사는 산으로 말을 몰아 좋은 곳을 구경하며 차례로 노닐었다. 야사는 죽은 여자의 시 체 하나를 보았는데, 그 몸은 퉁퉁 부어서 막 썩으려 하고 쉬파리와 온갖 벌레들이 군데군데 엉기어 빨아먹고 있었다. 야사는 그 시체가 이렇게 썩어 냄새나는 것을 보자 마음에 혐오스러운 생각이 나 서 스스로 생각하였다.

'이렇게 비참하게 죽어가고 냄새나고 썩을 몸에 무슨 즐거울 것이 있어 애착하는 마음을 내고 스스로 방일하며 다시 이 가운데 즐겁다는 생각을 낼 것인가.'

그리고는 괴롭게 부르짖었다.

"나는 이제 이토록 비참하고 냄새나고 더러운 낙을 즐기지 않으리라."

그날 밤이 되어 야사는 놀이에 지쳐 자기의 전당에서 잠이 들었다. 야사를 즐겁게 하여 주던 시녀들도 모두 잠이 들었는데, 이 때 야사는 문득 깨어나 집안을 보았다. 처처에 팔뚝 같은 등불이 밝았는데 모든 시녀들이 잠자는 모습을 보니 그 모습이 너무도 추하고 흉측하여 마치 시체와 조금도 다름이 없어서, 꼭 낮에 본 시타림(屍陀林)의 송장과 같았다. 그는 이것을 보자 혐오스러워 당장 그 전당을 떠날 생각이 나서 매우 큰 공포에 떨며 소리쳤다.

"이는 큰 공포의 곳이요, 이는 크게 요란하고 불안하고 원수 같은 곳이로다."

야사는 이렇게 탄식하며 그 전당에서 내려와 온갖 보배로 만든 가죽신을 신고 아무도 모르게 집을 뛰쳐나와 성 밖으로 나왔다. 야사는 성문에서 나와 차츰 바루나 강가에 이르렀다. 그 때 야사는 그 강 언덕에 이르러 멈추어 서서 머리를 감싸고 부르짖었다.

"아! 화로다. 참으로 두렵구나. 참으로 괴롭고 불안하구나."

이 때 부처님께서는 강 저쪽 언덕에서 거닐고 계시다가 야사를 위하여 온 몸에서 광명을 놓고 금빛 팔을 들어 손으로 야사를 부르며 말씀하셨다.

"어서 오너라. 그대 야사여, 이 곳에는 두려움이 없으며 이 곳은 안락하고 이 곳은 자재로우니라."

이 때 야사는 부처님의 광명을 보고 그 말씀을 듣자 곧 마음의 두려움과 근심이 사라지고 마음의 안정을 얻었다. 온갖 보배로 만들어서 2백천의 가치가 되는 가죽신을 벗어버리고, 바루나 강물

속으로 걸어 들어갔다. 마치 어떤 사람이 눈물이나 가래침을 버릴 때 다시 생각지 않고 등지고 가듯이 야사가 가죽신을 버림도 또한 그러하였다. 강물을 건너고 언덕을 올라서 부처님의 처소에 당도한 야사가 멀리서 부처님을 뵈오니, 광명이 더욱 빛났으며, 위의가 정돈되고 모든 근(根)이 적정하여 마음과 뜻에 흔들림이 없는 분임을 느낄 수 있었으며, 용모가 훌륭하고 32상으로 장엄되어 마치 허공에 별들이 두루 찬듯하였다. 야사는 가슴 속 깊은 곳으로부터 청정한 기쁨이 솟구쳐 올라 스스로 이기지 못하면서 점점 부처님 곁에 이르러 부처님 발에 절하고 물러나 한쪽에 서 있었다.

이 때 부처님께서는 야사를 살펴보시고 곧 그를 위하여 차례로 법을 설하셨다. 이른바 보시의 행과 지계의 행을 설하시고 다음에 하늘에 나는 인연의 행을 설하셨다. 그리고 욕망으로 인하여 죄악과 더러움〔汚穢〕에 빠져 모든 누(漏)가 다하지 못하면 오히려 번뇌가 있음을 설하고, 출가의 뛰어난 이익과 공덕에 관한 청정의 법을 찬탄하셨다. 야사는 부처님의 말씀을 듣고 회심(廻心)을 일으켰다. 그의 마음은 기쁨과 청정으로 충만하여 의혹과 걸림이 없으며, 이미 부처님을 향하여 마음이 모두 열려 있어 법을 받아들이기에 충분하였다. 야사의 마음을 아신 부처님께서는 부처님이 지니신 바 남을 기쁘게 하는 말과 도에 이르게 하는 말로써 야사를 향하여 법을 설하셨으니, 그것은 고(苦)와 그 고의 원인〔集〕과 고의 지멸〔滅〕 및 고의 지멸에 이르는 길(道)에 대한 네 가지 성스러운 진리〔四聖諦〕였다. 야사는 곧 그 자리에서 번뇌의 티끌을 제거하고 업장의 때를 닦아내자 청정한 지혜의 눈〔法眼〕이 열려서, 여실히 모든 법을 보고 알았으며 여실히 모든 법을 증득하였다. 마치 더러운 때가 없는 깨끗한 흰옷이 물들이는 대로 그 빛깔을 받아들이는 것과 같았다. 이 야사는 자리에서 일어나 부처님 발에 정례하고 무릎을 꿇고 합장하고 부처님께 아뢰었다.

"위대하셔라 세존이시여, 오직 원하옵나니 저를 출가하게 하시어 구족계를 받고 비구가 되게 하여 주소서."

부처님께서는 야사에게 이르셨다.

"어서 오라 비구여, 법은 이미 설해졌나니, 그대는 괴로움의 뿌리를 모두 뽑을 때까지 청정한 수행을 하라."

그 때 구리가 장자는 집안에서 야사가 없어졌다는 말을 듣자 집안에 있는 모든 사람들을 불러모아 지혜 있는 사람에게 보내고 혹 산수 선생, 노름하는 사람, 음녀들의 집에 보내며 그들에게 일렀다.

"너희들은 성 밖으로 속히 나가 우리 야사를 찾으라."

이 때 야사의 부친 구리가 장자는 그 밤이 밝을 때 근심에 싸여 눈물을 흘리고 울면서 급히 발다라제 성문으로 나가 점점 가다가 야사의 가죽신 자국을 보고 그 발자국을 찾아 보았으나 그 자취가 다하는 강 언덕에서 2백천 가치의 가죽신을 보고 그는 문득 바루나 강을 건너서 그 아들을 찾아갔다. 이 때 야사의 부친은 멀리서 부처님을 보니 위의가 가지런하게 고르고 단정하고 훌륭하며 마치 허공 중의 별이 해와 달을 장엄하듯 했다. 그는 기쁜 마음으로 부처님 계신 곳에 이르러 부처님께 아뢰었다.

"착하고 착하신 대덕 사문이시여, 내 아들 야사가 여기 온 것을 보지 못하였습니까?"

그 때 부처님은 그 장자에게 이르셨다.

"장자여, 그대가 만약 때를 알거든 잠깐 편히 앉으라. 오래지 않아 그대의 아들인 야사를 보게 되리라."

이 말을 들은 구리가 장자는 크게 기쁜 마음이 온몸에 가득함을 이기지 못해 뛰놀며 부처님 발에 정례하고 물러나 한쪽에 머물러 섰다.

이 때 부처님은 야사의 아버지에게 말하였다.

"나에게는 미묘한 법이 있으니 그대는 즐거이 듣겠는가?"

"원컨대 부처님께서는 가엾이 여기시어 펴보여 주소서."

이 때 부처님은 곧 장자를 위하여 차례차례 방편으로 법을 설하셨다. 이른바 보시를 행하는 것과 계행과 생천에 관한 것이며 얽힘을 다 멸하고 여실히 증득해 아는 것이었다. 마치 깨끗한 옷이 염색되기 쉽듯 이렇게 그 장자는 곧 그 자리에서 멀리 티끌과 때를 여의고 여실히 증득해 알았으며 모든 법 가운데서 조촐한 법의 눈을 얻어 번뇌의 바다를 건너고 모든 걸림을 건너 뛰고 다시 의심이 없고 두려움이 없는 곳에 이르렀다. 부처님은 그 장자의 마음과 뜻이 열리고 풀리어서 은혜와 사랑이 담백해졌음을 알고, '만약 그의 아들이 사문의 형상이 된 것을 보았다 하더라도 반드시 근심하고 괴로워함은 없으리라.' 하고 야사를 부르셨다. 그러자 야사 부친은 그 자리에서 아들을 보고 말하였다.

"아들 야사여, 너의 어머니는 너를 생각하고 큰 고뇌를 받으며 너를 위하기 때문에 통곡하고 너를 위하는 까닭에 슬퍼하며 너 때문에 목숨이 끊어질지 모르니 너는 그녀에게 가서 그녀의 목숨을 살려다오."

이렇게 말하자 그 야사 선남자는 곧 부처님의 얼굴을 쳐다보았다.

그 때 세존께서는 곧 야사 부친에게 이렇게 말씀하셨다.

"이 야사 선남자는 이제 이미 지혜의 눈을 배워 모든 법을 증득하였느니라. 지금 야사도 도의 자취를 증득하였고 모든 누가 이미 다하여 마음이 해탈하였느니라. 이 야사 선남자는 이제 다시 집안에 돌아가 옛날 집에 있듯이 오욕락을 받지 않을 것이니라."

장자는 야사를 다시 보자 사문의 형상으로 되었고, 다시 번뇌가 다하여 아라한의 과위까지 증득하였음을 알고서 말하였다.

"나의 아들아, 반갑구나. 처음에는 자기를 이롭게 하고 또 남까지 이롭게 하였도다. 나에게 미묘한 법을 듣게 하여 티끌과 때를 멀리 여의고 법의 눈이 깨끗하게 한 것은 모두가 나의 아들로 말미암아 이런 미묘한 이익을 얻었기 때문이다."

구리가 장자는 다시 부처님 앞에 엎드려 말하였다.

"위대하셔라, 세존이시여. 위대하셔라, 세존이시여. 넘어진 자를 일으켜 세워주듯이, 감추어진 것을 드러내듯이, 길 잃고 헤매는 자에게 길을 가리키듯이, 혹은 '눈이 있는 자는 보라' 하고 어둠 속에 등불을 밝혀주듯이, 세존께서는 여러 가지 방법으로 진리를 밝혀 주셨습니다. 저는 이제 세존께 귀의하여 받들고자 합니다. 또 세존의 가르침[法]과 승단에 귀의하여 받들겠습니다. 세존이시여, 저를 재가 신도로 받아주십시오. 저는 오늘부터 목숨이 다하기까지 귀의합니다."

부처님은 이것을 묵언으로 허락하셨다. 이리하여 그는 이 세상에서 처음으로 삼보에 귀의한 최초의 재가 신자가 되었다.

그 때 천축 바라나시 성에 큰 장자(長者)이며 가장 훌륭한 선남자 네 사람이 있었다. 그 네 사람이란 첫째는 비마라요, 둘째는 수바후요, 셋째는 부란나가요, 넷째는 가바발제라 불렀다. 그들은 야사 선남자가 한 사문 곁에 가서 출가 수행하고 있다는 이야기를 듣고 서로 생각했다.

"희유하도다. 참으로 희유한 일이로다. 야사 선남자가 사문 곁에 가서 출가 수행하고 있다는 것을 보면, 분명 그 큰 사문의 가르침은 견고하여 흔들림이 없을 것이요, 다른 사문들보다 뛰어나서 그 법회의 모임은 반드시 가장 수승할 것이다. 우리들도 그 큰 사문 곁에 가서 출가하여 청정한 수행을 함이 어떠한가?"

그들은 이렇게 서로 의논하고 나서 함께 야사에게 이르렀다. 그들은 야사의 얼굴을 대하여 부드럽고 선한 말로 기쁜 마음을 이야기하고 공경하는 마음으로 서로 문안하고 나서 그 네 장자는 함께 야사에게 말하였다.

"존자 야사여, 이 큰 사문의 가르침은 반드시 견고하여 결단코 흔들림이 없을 것이며 이 승가는 공경스럽습니다. 당신이 지금 큰 사문 곁에서 출가 수행을 하듯 우리들도 이제 큰 사문 옆에서 출가하여 청정한 수행을 닦고자 하옵니다."

그 때 장로 야사는 집에 있을 적에 오십 인의 벗이 있었으니 여러 나라에서 모이기도 했고 혹은 어려서부터 함께 자란 선남자들이었다. 그들은 야사 선남자가 큰 사문 곁에서 청정한 수행을 하고 있다는 말을 듣고 서로 의논하고 함께 어울려 야사 장로를 찾아와서 출가의 뜻을 전했다. 그 때 야사는 오십 인의 옛적 벗들과 함께 부처님께 나아가 법을 설하시기를 간청하자 부처님께서는 그들을 수순하여 법을 설하셨다. 그 모든 장자들은 부처님이 말씀하시는 것을 듣고 여실히 일체를 다 알았다. 그들 장자는 모두 삼보에 귀의하고 구족계를 받아 출가하였으며, 오래지 않아 누(漏)가 다한 아라한을 이루어 마음이 잘 해탈되었다. 세간에서는 예순 한 사람의 아라한이 있었으니 부처님과 다섯 비구와 야사와 그 바라나시 성의 네 벗, 또 야사 선남자 재가시의 벗 오십 인들이었으니 다른 나라에서 서로 불러 모인 선남자들이었다.

(전법의 길을 나서다)

부처님께서는 바라나시 성 녹야원에서 여름을 보내신 후, 모든 비구들에게 이와 같이 말씀하셨다.

"수행자들이여, 나는 이미 그것이 천계의 것이건 인간계의 것이건 일체의 속박으로부터 해탈하였다. 그대들도 또한 천계와 인간계 일체의 속박으로부터 자유롭게 되었다. 수행자들이여, 이제 모든 천인과 인간들 속에서 그들을 제도하라. 많은 사람들에게 이익이 되고 많은 사람들에게 안락을 주기 위하여, 현실 속에서 구체적인 이익과 안락을 구해 주기 위하여 속히 떠나가라.

　　마을로 들어갈 때는 홀로 스스로 갈 것이요, 두 사람이 함께 가지 말라. 수행자들이여, 유행할 때는 많은 사람들을 위해 애민(愛愍)하여 섭수(攝受)하고자 법을 전하되, 항상 처음과 중간과 끝을 모두 올바르게 설해서, 의미가 분명하고 어구가 명료하여 의심이 없도록 하라. 그리고 수행자들은 항상 원만 구족하고 청정한 범행(梵行)을 보여주어야 한다. 수행자들이여, 세상의 많은 중생들은 업장이 두텁지 않고 마음이 더러움에 적게 물들었으며 번뇌가 엷어서 선근(善根)이 성숙되어 있으나, 바른 법을 듣지 못하여 고통받고 두려워하고 있다. 이들에게 법을 전하라. 수행자들이여, 나도 이제 곧 우루벨라로 가서 병장촌에 머무르면서 그들을 위하여 법을 설하리라."

『불본행집경』 제35권 야수다인연품 하 『불설중허마하제경』 제8권 『경집』 1 사품

사르나트의 유적들

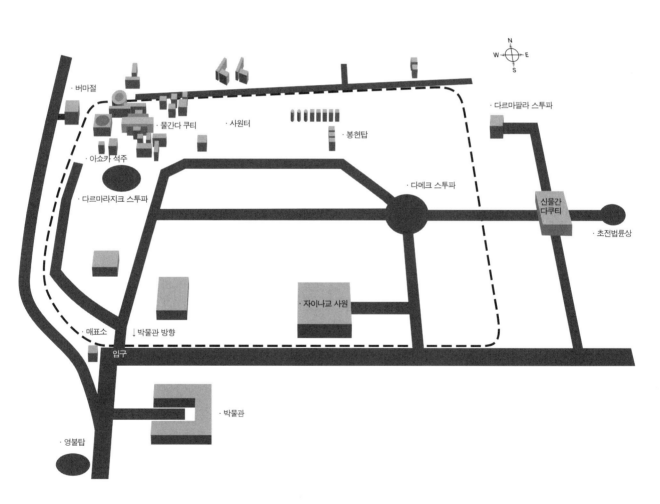

다메크 스투파 *Dharmekh Stupa*

부처님께서 두 번째 설법을 하신 장소에 세워진 탑으로 다섯 아라한이 탄생한 곳이다. 이 탑은 직경이 약 28m, 높이가 약 33m이다. 탑의 아랫 부분은 철재 선반에 의해 함께 지탱된 큰 돌로 이루어져 있는데, 북쪽 기반을 보면 명백하게 나타난다. 한편 탑의 윗부분은 벽돌로 이루어져 있다. 탑의 왼쪽 부분에 있는 돌들은 자카트 싱의 약탈로 훼손되었으나 지금은 보수된 상태이다.

· 진리를 보는 탑이란 뜻의
다메크 스투파는 아쇼카 왕이 세워
굽타 왕조 때 증축되었다.
이 곳은 부처님의 두 번째 설법 장소이다.

탑 둘레는 위로 갈수록 점점 좁아지며 8개의 돌출된 감실들이 있다. 그리고 탑 중간쯤엔 복잡하게 새겨진 띠가 있으며, 이 띠의 양쪽 위아래 가장자리는 부드럽게 말아 올라간 줄기의 연꽃들이 조각되어 있다. 한편 띠의 중앙은 대칭 구조의 기하학적인 무늬로 이루어져 있는데, 마치 고운 수를 놓은 얇은 천으로 탑 전체를 감싼 듯한 모습이어서 보는 이로 하여금 감탄을 자아내게 한다.

· 다메크 스투파 외벽에 있는 8개의 감실 중 하나이다.
양 옆으로 현란하게 조각된 모습이 섬세하고 아름답다.

다르마라지크 스투파 *Dharmarajika Stupa*

법륜이란 뜻의 다르마라지크는 불멸 후 200년이 지나 부처님이 이 곳 나무 아래서 다섯 비구에게 한 첫 설법을 기념해 아쇼카 왕이 세운 탑이다.

"녹야정사의 서남쪽에 아쇼카 왕이 세운 스투파가 있다. 기단은 붕괴되어 기울었으나 지금도 100척(33m) 남짓 된다."라고 현장 스님이 다녀갔을 당시의 기록이 있지만 현재는 탑의 거대한 형상은 사라지고 그 기반만 남아 있을 뿐이다.

이 탑은 1794년, 이 지역 이슬람 군주였던 자카트 싱이 자신의 집을 짓기 위해 필요한 석재와 벽돌을 충당하기 위하여 헐어버렸다고 한다. 그 때 탑의 꼭대기 약 9m되는 지점에서 돌상자가 발견되었는데, 그 속에는 녹색 대리석으로 된 사리 용기에 뼛조각이 들어 있었다. 그리고

· 다르마라지크 스투파로 거대했던 탑은 완전히 무너지고 탑터만 발굴되어 있다. 사르나트 박물관에 소장되어 있는
초전법륜상은 이 곳에서 출토되었다고 한다. 부처님이 첫 번째 설법한 장소이다.
다메크 스투파 뒤로 부다가야 대탑을 닮은 뾰족한 모습의 물간다 쿠티가 보인다.

그 유물 상자에는 명문이 새겨져 있었지만 그것을 해독하지 못한 그들은 뼛조각은 갠지스 강물에

버렸고 사리 용기는 탑터 근방에 버렸는데, 뒷날 커닝험이 다르마라지크 탑터를 발굴하다가 다시

발견하여 현재 캘커타 국립인도박물관에 보관하고 있다.

물간다 쿠티 *Mulgandha Kuti*

이 절은 대보리회 또는 대각회를 창시한 스리랑카의 고승 다르마팔라가 1923년에

시작해 1931년에 완공한 인도의 전통 건축 양식의 튼튼한 건물이다. 탑처럼 뾰족하게 공중에 솟아

· 캘커타 마하보디 소사이어티에 모셔져 있는
다르마팔라의 흉상으로 성지를 순례하는 순례객에게
많은 것을 생각하게 한다.

다르마팔라 Dharmapala

스리랑카에 다르마팔라(1864-1933)라고 하는 불심이 아주 깊은 한 청년이 있었다. 이 청년이 이십 대 초반에 부처님께 참배하기 위해서 부다가야 대탑에 들렀을 때, 힌두 사원이란 이유로 출입이 허락되지 않았다고 한다. 이 일이 계기가 되어 다르마팔라는 인도 전역에 마하보디 소사이어티(Mahabodhi Society)라는 단체를 만들어 부처님 성지 복원 운동을 하기 시작했다. 대탑을 복원할 때는 미얀마 국왕의 큰 도움이 있었다고 한다. 마하보디란 대각(大覺)이란 뜻이다. 처음 마하보디 소사이어티를 만들어 불교 운동을 시작한 곳은 1892년 캘커타에서부터이다. 일평생을 바쳐 전 세계를 돌아다니며 모금하여 성지마다 절을 짓고, 여행자 숙소를 지으며 그 성지를 가꾸기 시작했다. 그리고는 죽기 바로 3개월 전에 머리를 깎고 스님이 되었다.

이 분은 평생을 독신으로 머리를 기른 채 불교 운동을 하였다. 왜냐 하면 그 당시 인도에는 불교가 사라진 후였기 때문에 스님이 존재하지 않았다. 그래서 비구로 살면서 불교 운동을 하기에는 굉장히 어려웠기 때문이다. 이 분이 뿌린 씨앗에 의해 지금 인도 전역의 불교 성지가 그나마 가꾸어져 있다고 볼 수 있다. 마하보디 소사이어티에서는 중학교, 고등학교는 물론 병원도 운영하고 여행자 숙소도 운영하고 있는데, 비단 8대 성지뿐만 아니라 인도의 큰 불교 성지마다 거의 갖추어져 있다. 소사이어티를 근간으로 많은 스님들이 배출되었고, 지금의 대각회는 스님들에 의해 운영되고 있다. 이후로 많은 나라에서도 인도에 들어와 불교 성지를 가꾼다고는 하지만 전부 자기 나라의 불교를 이 곳에 심는 정도에 그치고 있다. 인도 성지 순례를 할 때마다 우리는 다르마팔라와 미얀마 불교도들에게 항상 감사하는 마음을 가져야 한다고 생각한다. 이 분이 인도에 불교의 씨앗을 다시 뿌린 사람이라면, 우리는 마땅히 그것을 키워 인도에 다시 불교를 중흥시키는 원을 세우는 사람이 되어야 한다. 신(新)물간다쿠티 뒤쪽에 가면 이 분의 사리가 모셔진 부도탑이 있다.

있는 부분은 부다가야의 대보리사를 모방한 것이다. 법당에는 초전법륜상의 부처님이 모셔져 있다. 그리고 벽에 그려져 있는 항마도는 1931년 일본 화가 노우스 고세즈가 그린 것이다.

초전법륜상(初轉法輪像)

· 부처님이 성도 후 다섯 비구에게 처음으로 중도와 사성제 그리고 팔정도를 설하고 있는 초전법륜상의 모습이다.

경전에 나오는 다섯 비구를 조각해 놓은 곳이다. 부처님이 다섯 비구에게 처음으로 설법하는 모습을 조각한 것인데, 오른쪽부터 깨달은 순서로 있다. 이것은 옛날부터 있었던 게 아니라 근대에 와서 만든 것으로 중국에서 자금을 대었기 때문에 비구들의 생김생김이 중국 사람을 닮았다.

아쇼카 석주 *Asoka's Pillar*

아쇼카 왕은 부처님이 열반한 지 200년 후에 부처님의 흔적이 있었던 곳마다 석주를 세워 부처님을 기렸다고 한다. 그 덕분으로 지금 우리가 부처님의 발자취를 따라 성지 순례를 할 수 있게 된 것이다. 기원 전 250년경 마우리아 왕조의 아쇼카 왕이 이 곳을 순례하고 부처님이 초전법륜을 한 자리라고 해서 아쇼카 석주를 세워 표시해 놓았는데, 13C 경에 불교가 망하자 모든 흔적이 사라져 버렸다. 다행히 120~130년 전에 석주가 발견되어 이 곳이 초전법륜지라는 것과 그 당시 살던 승려의 수 등을 알 수 있게 되었다.

석주에는 이 곳에 사는 비구 · 비구니들은 계율을 엄격하게 지키며 생활하여야 하

· 아쇼카 석주의 기단부만 남아 있으나 석주에 새겨져 있는 명문은 읽을 수 있다. 이 아쇼카 석주의 상단 부분은 박물관에 소장되어 있다.

고 지키지 않는 사람은 추방한다는 것과 이 주위에 사는 사람들은 세금을 면제해 준다는 기록이 새겨져 있다. 현재 2m 정도의 기단부만 남아 있는 석주는 본래 높이 15.25m의 장대한 외양에 네 마리의 사자상이 장식되어 있었다. 현장 스님은 "높이가 70척이 넘는 돌기둥으로 표면은 윤기가 나서 거울같이 모습을 비춘다."고 기록하고 있다. 석주 표면에 브라흐만 문자로 된 아쇼카 왕의 포고문은 다음과 같다. "상가는 어느 누구에 의해서도 분열될 수 없음을 행동으로 보여야 한다. 그러나 만약 어느 비구나 비구니가 이 상가의 화합을 깬다면, 그는 흰옷을 입고 승단에서 축출되어야 할 것이다. 이것이 상가의 화합을 유지하는 금계이다."

아쇼카트리 *Asoka's Tree*

경전에 자주 등장하는 나무다. 아쇼카트리는 그냥 위로 뾰족하게 자라는 나무와 둥글게 퍼지며 그늘을 만드는 나무 두 가지 종류가 있다. 부처님을 낳을 때 마야 부인이 가지를 붙잡고 의지했다는 나무가 바로 무우수인데 인도에서는 아쇼카트리라고 부른다. 그리고 부처님이 깨달았을 때 앉아 있던 나무는 본래 핍팔라 나무로 불리웠으나, 그 곳에서 깨달았다 하여 보리수라고 불리며 선신이 깃든다는 속설이 있다. 또 부처님이 열반에 들 때 그 아래 누웠던 나무는 한 쌍의 사라나무였다. 무우수나무그늘이 너무 좋기 때문에 아쇼카 왕이 전국에 식수를 할 때 무우수나무를 비롯해 세 종류의 나무를 심었는데 이 나무들을 아쇼카트리라고 한다.

· 삐죽하게 키가 큰 아쇼카트리로 매우 싱그러워 보이며 가로수로 흔히 볼 수 있다.

· 마야 부인이 가지를 잡고 싯타르타 태자를 낳은 무우수이다.

죽림정사는 대나무 숲이 우거져 있다고 하여 붙여진 이름인데, 인도 대나무는 우리나라의 대나무와 전혀 다르게 생겼다. 우리 것은 하나하나 따로 떨어져 높게 뻗어 올라가지만, 이곳의 대나무는 가시 같은 것이 돋혀 있으며 한 50그루가 엉켜 한 덩어리를 이루고 있다. 그리고 자

· 반얀나무의 번식력은 대단하여 줄기인 듯 보이는 것이
가지에서 내려오는 뿌리이다.

· 인도의 대나무는 이렇게 큰 다발을 이루며 자라기 때문에
그늘이 아주 좋다.

연적으로 뚝 떨어져 다시 엉켜 있고, 뚝 떨어져 다시 엉켜져 있어 그늘이 아주 좋다. 그래서 대나무 그늘에 수행자들이 머물며 공부할 수 있었던 것이다.

또 인도에 흔한 나무로 반얀나무가 있는데 나뭇가지에서 산발적으로 뿌리를 내려 번식력이 대단하다. 그 모습이 머리를 풀어 헤친 듯 산만한 느낌을 주어 악신이 깃든 나무라 하여 단지 그늘만을 즐길 뿐 성스럽게 취급하지는 않는다.

사슴 동산

사르나트 뒤쪽 숲이 우거진 곳에 우리를 만들어 사슴을 방목하고 있다. 그 곳에 가면 아낙과 어린애들이 모여들며 사슴 먹

· 녹야원을 상징하여 사슴을 방목하고 있다.

이로 당근과 사과 등을 섞어 만든 잡동사니를 팔아달라고 한다. 그냥 막무가내로 쥐어주며 돈을 달라고 하여 한바탕 전쟁이 일어나는데, 흥정하지 말고 적당히 돈을 주고, 그들이 주는 대로 먹이를 받아 재미로 사슴에게 주면 좋겠다.

자이나교 사원

자이나교는 수행이 오래된 수행자는 옷을 벗고 나체로 다닌다. 인도 조각을 보면 부처님의 모습과 똑같이 생겼는데, 남자 성기가 노출되어 있으면 자이나교의 성자인 마하비라상이다. 불상은 옷으로 가려져 있어 거의 표가 나지 않는다. 불교 성지와 자이나교 성지는 거의 겹쳐 있는데, 그것은 부처님과 마하비라가 거의 동시대의 사람으로 활동 영역이 비슷했고 또 인도에 불교가 없어진 뒤에 그 곳에 자이나교 사원이 들어섰기 때문이기도 하다.

영불탑(迎佛塔)

사르나트 박물관의 남쪽, 걸어서 약 5분 거리에 위치한 챠우칸디 스투파(Chaukhandi Stupa)는 부처님이 정각을 이룬 뒤 옛날 가야에서 같이 수행하던 다섯 동료들을 찾아 사르나트로 왔을 때, 다섯 명의 수행자들이 머물고 있다가 부처님을 맞이했던 곳이다. 기단은 넓고 높으며 그 위에는

· 부처님이 성도 후 부다가야에서 이 곳으로 올 때 다섯 비구가 부처님을 맞이했던 곳에 세운 영불탑으로 원래 그 높이는 3백 여 척이나 되었다고 한다.

탑신과 산개가 세워졌지만 지금은 무너져 마치 흙더미가 쌓여 있는 듯 보인다. 기존의 탑 위에 현재 8각으로 된 3층 건물이 세워져 있는데, 이것은 무갈 제국의 악바르 황제가 아버지 후마윤이 쉐르샤에 쫓겨다닐 당시 맘타 비구니의 도움으로 이 곳 스투파에 몸을 숨긴 것을 기념하기 위해 건립된 것이다. 탑 위에 올라가 사방을 둘러보면 사르나트와 바라나시가 훤히 내려다 보여 전망이 좋다.

고고학 박물관(考古學 博物館)

· 아쇼카 석주 상단 부분에 있었던 사자상이다.
　마우리아 왕조 때 작품으로 인도의 국장으로 쓰이고 있다.

사르나트에서 출토된 유물을 모아 놓은 곳으로, 작은 규모에 비해서 뛰어난 소장품들이 많다. 입구에 들어서면 정면에 아쇼카 석주의 상부에 안치되었던 4마리 사자 석상이 사방을 향해 버티고 있다. 원반 모양의 좌대에는 사방으로 4개의 법륜과 그 사이사이에 암소, 말, 사자, 코끼리가 새겨져 있다. 이 사자상은 녹야원에서 발견된 가장 오래된 예술품으로 기원전 3세기 마우리아 왕조가 남긴 걸작품 중의 하나이다. 현재 인도의 국장(國章)으로 쓰이고 있어 지폐나 동전에서 흔히 볼 수 있다. 왼쪽으로 돌아가면 맨 끝방에는 부처님이 최초의 설법을 하는 모습을 새긴 초전법륜상이 잔잔한 미소를 머금고 있다. 설법인을 맺은 결가부좌의 초전법륜상은 굽타 시대 불상 가운데에서 최고 걸작의 하나인 동시에 인도 미술을 대표하는 작품으로 꽃무늬와 좌우에서 내려오는 두

천녀의 모습이 매우 아름답다. 대좌 아래에는 중앙에 다섯 비구와 두 마리의 사슴과 입체적으로 조각된 법륜 마크가 있다. 그 옆으로 부인과 아이의 모습이 새겨져 있는데 아마도 이 불상을 시주한 사람이 아닌가 추정하고 있다. 이 사르나트의 불상은 같은 시기의 마투라 불상과 비교해서 옷이 더 얇고 주름도 거의 보이지 않는다.

· 다르마라지크 스투파에서 출토된 이 불상은
초전법륜하는 모습을 조각한 것으로 사르나트
고고학 박물관에 소장되어 있다.

8대 성지를 표현한 조각을 감상할 때는 아이가 조각되어 있다면 그것은 '룸비니'이고, 항마인을 하고 있는 부처님이라면 '부다가야'를, 설법인을 하고 있는 것이라면 '녹야원'을 상징하고 있다고 보면 된다. 그리고 누워 있는 모습이 보이면 '쿠시나가라'이고, 코끼리가 앞에 와서 무릎을 꿇고 엎드려 있는 것은 '왕사성'을 상징하며 여러 분의 부처님이 나뭇가지에 걸리듯 그려져 있으면 '사위성'의 천불화현을 표현한 조각이다. 원숭이가 발우를 들고 공양을 올리는 원후봉밀(猿候奉蜜)의 모습은 '바이샬리'를 나타낸 것이고, 부처님이 양쪽에 인드라 신과 브라흐만 신을 대동하고 계단을 내려오는 모습은 '상카시아'이다.

바라나시 *Varanasi*

바라나시가 의미하는 뜻은 '영적인 빛으로 충만한 도시'로 경전에는 '카시'로 표기되어 있다. 옛부터 인도 문화의 중심지였던 이 도시는 3000년 이상의 유구한 역사를 지니고 있다. 또 1,500여 개가 넘는 힌두 사원이 있는 힌두교의 최대 성지이며 가장 신성한 성지로 여겨, 이 도시를 찾는 순례자들이 해마다 백만 명이 넘는다고 한다. 영국의 오랜 식민 통치 하에서도 민족 정신과 문화를 그대로 지켜낸 자긍심과 더불어 아직도 고대 도시의 형태가 고스란히 남아 있음을 자랑하고 있다.

바라나시는 낙후되어 있는 듯 보여도 정치적으로는 굉장한 영향력을 갖고 있는 게 눈에 띄며, 힌두 대학은 우리 나라 서울 대학교의 5배 가량으로 엄청나게 크다. 거리로 나서면 복판에서 교통 정리를 하는 경찰을 중심으로 소, 사람, 자전거, 인력거, 마차, 오토릭샤, 택시, 버스, 트럭 등 다닐 수 있는 것 모두가 길을 재촉한다. 또한 사방에서 울려대는 경적 소리와 사람들의 고함 소리, 먼지와 매연은 정신을 차릴 수가 없을 정도의 혼돈을 준다. 그러나 잘 살펴보면 그 나름대로 원칙을 지키며 별 문제 없이 서로 갈 길을 잘 찾아가고 있어 혼돈 속에 질서를 본다.

바라나시 시장 *Varanasi Bazar*

지금의 시장 모습은 고대 도시 당시 모습과 거의 같다고 한다. 좁은 골목 양쪽으로 화려하게 상품을 진열해 놓은 거리는 그 곳이 그 곳 같아 자칫 길을 잃기 쉬운 미로를 연상하면 된다. 그 복잡한 속에 황금 사원이 있는데 이교도는 출입이 통제되어 있다. 종교적 의식이 강한 곳으로 안에 들어가려면 힌두식으로 예의를 갖추어야 된다. 릭샤가 다니는 큰길이나 시장 골목이나 복잡하기는 매 일반이다. 행인과 순례자뿐만 아니라, 좁은 골목길을 소도 볼 일이 있는 듯 어슬렁거리고, 지붕 사이를 뛰어다니는 원숭이들, 길에는 오물과 쓰레기로 인상을 펼 수가 없다. 그러나 그 곳 사람들의 표정은 아무렇지도 않은 듯 바쁘고 즐겁기만 하다. 그러한 분위기 한 옆에는 짜이를 팔며 또 짜이를 마시며 담소하는 모습도 볼 수 있는데 그야말로 모든 것을 내포하고 있는 하나의 세계이다. 또한 이 곳은 카시 비단으로 유명한데, 부처님이 출가하기 전 왕자 시절에 카시 비단으로 만든 옷을 입었다는 기록이 있다.

강가 강 *Ganges*

바라나시의 샛길은 모두 강가 강으로 이어져 있다. 세계 곳곳에서 모여든 다양한 계층의 순례자들은 성스러운 이 강물에 몸을 담그려는 열망으로 이른 새벽부터 서둘러 몰려들기 시작하여 강변은 분주한 모습이다. 강물은 매우 탁하고 지저분해 보이나 그들은 전혀 개의치 않는다. 그 곳에서 의식을 치르며 머리까지 푹 담궈 목욕하고 물을 마시며 물병에 담아가기도 한다. 힌두교에서는 이 강가 강에서 목욕을 하면 모든 죄가 사라져 윤회하지 않는다고 믿기 때문에, 인도인이라면 평생에 한 번이라도 이 성수(聖水)에 몸을 담그거나 죽어서라도 몸을 적셔 이 곳에 뿌려지기를 소망하는 사람들이 많다. 이를 보고 부처님은 '강가 강에서 목욕을 함으로 해서 죄가 소멸되고 승천할 수 있다면, 강가 강에서 살고 있는 물고기들이 제일 먼저 승천했을 것이다.' 라고 말씀하였다.

● 강가강으로 가는 길

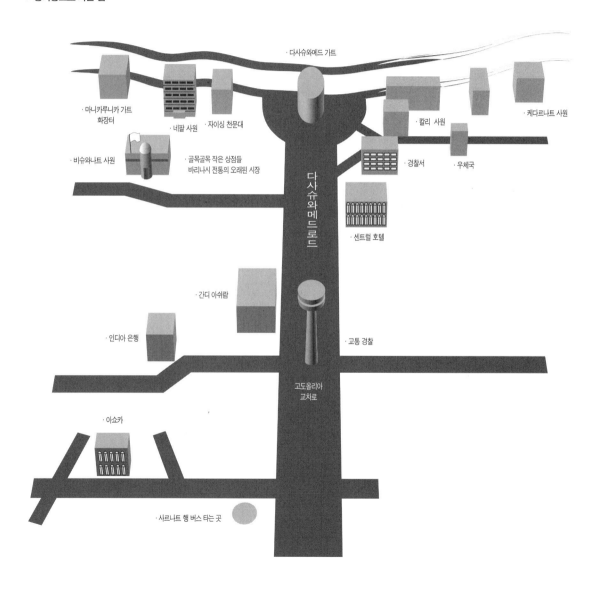

·다사슈와메드 가트

·마니카루니카 가트
화장터

·네팔 사원

·자이싱 천문대

·칼리 사원

·케다르나트 사원

·비슈와나트 사원

·골목골목 작은 상점들
바리나시 전통의 오래된 시장

·경찰서

·우체국

다사슈와메드로드

·센트럴 호텔

·간디 아쉬람

·인디아 은행

·교통 경찰

고도울리아
교차로

·아쇼카

·사르나트 행 버스 타는 곳

· 강가 강변에 있는 마니카루니카 가트의 모습이다. 한편으로는 시신을 모셔와 화장되기를 기다리며,
또 다른 곳에서는 시신을 태우는 연기가 사방으로 퍼지고 있다.

가트 *Ghat*

바라나시 시가지에서 강으로 이르는 샛길로 나오면 강으로 접근할 수 있도록 계단으로 이루어져 있다. 그리고 그 강변을 따라 100여 개의 가트가 줄을 지어 설치되어 있다. 가트는 목욕하는 곳이 될 수도 있고, 화장터로 이용되기도 한다. 가트는 18세기 경에 이루어졌는데 부유했던 힌두 오이조의 맥을 이은 마하라자들이 각자의 저택을 조성하여 만들었다고 한다. 이들이 만든 가트는 중세 분위기가 물씬 풍기는 그들의 궁전과 어우러져 특유의 정취를 자아내고 있다.

바라나시 강가 강에 있는 수많은 가트 중에서 대표적인 곳으로 북쪽의 바루나 강가 가트, 판치 강가 가트, 마니카루니카 가트, 다시슈와메드 가트, 아시 가트가 있다. 그 중에서도 시 중심과 가장 가깝고 많은 사람들이 찾는 곳은 다시슈와메드 가트이다. 이 곳에 이르는 주변은 몸을 풀어주는 안마사들, 의식을 돕는 뿌자리바바들, 목욕하는 모습과 화장하는 모습을 볼 수 있게 배를

· 엉성하게 엮은 들것에 짚을 깔고 그 위에 시신을 베로 감싸고 노란 천을 덮어 놓았다.
  화장의 차례를 기다리고 있는 중이다.

빌려주는 뱃꾼들, 차를 파는 아이들 그리고 동냥을 구하는 불구자들로 항상 시끌벅적하다.

가트에서는 시신을 태우는 연기가 그칠 새가 없다. 얇은 천으로 슬쩍 감싼 시신을 성글게 짠 들것에 얹고, 가볍게 어깨에 메고 가트로 들어서

시신을 강물에 세 번 잠근 다음 쌓아 놓은 장작더미 위에 올려놓고 다시 장작으로 잘 덮는다. 이 때 머리는 강가 강 쪽으로 두며 두 발은 밖으로 내놓은 채 곽모양으로 네모지게 쌓는다. 시신의 머리 끝과 양발이 비쭉이 나와 있는 모습으로 부처님이 열반한 후 가섭 존자가 왔을 때, 곽 밖으로 두 발을 내밀어 보였다는 경전의 의미를 짐작할 것이다. 부잣집에서는 시신을 금색 천으로 덮기도 하지만, 일반적으로 황색 천으로 덮는다. 이 황색의 천이 소위 부처님이 걸쳤다는 분소의이며 오늘날 스님들이 입는 가사의 유래가 되었다.

화장하는 일을 돕는 하리잔과 상주 사이에 흥정이 있게 되는데, 흥정이 끝나야 정수리 부분 몇 가닥만 남기고 삭발한 흰옷을 입은 상주는 비로소 시신의 발과 머리에 강물을 뿌리며 세 바퀴 돈 후 장작더미에 불을 붙인다. 시신이 타고 있는 동안 상주는 긴 장대를 가지고 시신이 고루 탈 수 있도록 장작을 뒤적거리나 얼굴에는 아무런 표정이 없다. 화장터에서는 상주의 여자 가족들은 볼 수 없으며 울음 소리도 들을 수 없다. 화장에 쓰이는 나무로는 향나무를 최고로 치나 가격이 너무 비싸 서민들은 주로 일반 나무를 사용하며 향나무 조각을 준비해 마지막에 뿌림으로써 화

장을 마친다. 불이 꺼지면 타고남은 재와 뼈는 그대로 강물에 흘려 보낸다. 인도에는 산이 없어서 나무가 무척 귀하다. 그래서 가난한 사람은 장작을 충분히 준비하지 못해, 전소되지 못한 시신 토막을 곁에서 어슬렁거리던 개가 물어가기도 하나 별로 상관하지 않는다. 그들에게 죽음은 삶과 그대로 연결되는 그저 하나의 현상으로 강가 강이 모든 것을 무심히 받아들이며 흘러가듯 그들 또한 그러한 듯하다.

바라트마타 사원 *Bharat Mata Temple*

바라나시 칸트역에서 가까운 거리에 있는 이 사원은 힌두 사원으로, 네모 반듯한 여러 개의 흰 대리석 조각으로 인도의 입체 지도를 만들어 놓고 그것을 신앙의 대상으로 삼고 있는 것이 특징이다. 바라트는 인도요, 마타는 어머니로 인도 대륙은 어머니를 상징하고 있다. 인도 사회에서는 어머니의 개념으로 소와 강가 강과 대지를 숭상하고 있다. 사원에 들어서자마자 눈앞을 가득 메우는 거대한 인도가 공연히 마음을 숙연케 하고 깊은 생각에 잠기게 한다. 영국 식민지 통치

아래서 종교적인 대립과 수많은 언어와 지역의 빈부 차를 뛰어 넘어, 민족주의를 고무시키고 독립과 통일을 염원하며 1936년 자와하랄 네루가 세운 것이라고 한다. 차가운 냉기를 뿜어내는 대리석인 데도 불구하고 모국에 대한 애정의 따스함이 절절히 묻어 나온다.

· 바라트마타 사원은 커다란 대리석으로 인도 대륙을 대규모로 조각해 놓고 신으로 섬기고 있다.

Bodhgaya

부다가야

부다가야 주위는 부처님이 성도하기 전 6년 간 고행한 곳이며, 부처님이 성도한 곳이며, 성도한 뒤에 교화하여
1,000명의 제자를 한꺼번에 두게 된 곳으로 수행과 성도와 교화의 사례가 같이 공존하는 지역이다.

부다가야 주위는 부처님이 성도하기 전 6년 간 고행한 곳이며, 부처님이 성도한 곳이며, 성도한 뒤에 교화하여 1,000명의 제자를 한꺼번에 두게 된 곳으로 수행과 성도와 교화의 사례가 같이 공존하는 지역이다. 이 곳은 가야에서 얼마 떨어지지 않은 곳이나 부처님이 깨달음을 얻은 곳이라 하여 특별히 부다가야라고 부르게 되었다.

부처님은 룸비니에서 태어나 약 28km 떨어진 카필라바스투에서 29살까지 왕자로서 성장하였다. 그러나 모든 것을 버리고 카필라바스투에서 출가하여 바이샬리를 지나 라즈길로 들어오면서 두 분의 스승을 만나게 된다. 그 곳에서 아라라 까라마와 웃타카라마푸트라로부터 가르침을 받고 드디어 스승의 경지에까지 이르게 되지만, 그것이 완전한 해탈의 길이 아님을 알고 다시 남서쪽으로 이동하여 그 당시 수행자들이 모여들던 곳인 가야로 온 것이다. 여기서 6년 간 정진을 하고 마침내 깨달음을 얻게 되었다. 성도 후 옛 도반인 다섯 비구를 찾아 서북쪽으로 걸어가서 바라나시 근방에 있는 사르나트에서 다섯 비구에게 첫 설법을 하고, 다시 부다가야로 돌아와 가섭 삼 형제를 교화하였다.

부처님은 라즈길에서 도반인 다섯 비구와 같이 가야에 이르자 근방에 있는
가야산으로 올라가 주위를 둘러보았다. 앞으로는 네이란자라 강이 흐르고 있었고 강 건너편으로 전
정각산 또는 둥게스와리가 보였다. 부처님은 그 산을 보자 가장 정진하기 좋은 곳이라 생각하고 그
곳으로 건너갔는데, 그 곳은 가야에서 8㎞ 정도 떨어져 있는 곳으로 죽은 사람을 갖다버리는 시타림
이었으며 고행림이었다. 이 곳에서 6년 간 극심한 고행을 하며 정진하였지만 깨닫지 못하자, 이것 역
시 길이 아님을 알고 산에서 내려와 네이란자라 강변에서 목욕을 하다가 지쳐 쓰러지고 말았다. 그런
데 마침 그 모습을 본 우루벨라 촌장의 딸 수자타가 유미죽을 공양드려 부처님은 원기를 회복하게 되
었다.

기력을 찾은 후 다시 네이란자라 강을 건너서 보리수나무 밑에 앉아 49일 간 용맹
정진한 끝에, 음력 12월 8일 새벽 샛별을 보는 순간 마침내 깨달음을 얻었다. 깨달음을 얻은 후 이
곳에서 7주 동안 법열(法悅)을 누리다가 사르나트 녹야원으로 가서 첫 교화를 하였다. 그리고 다시
이 곳으로 돌아와 이 지역의 우루벨라가섭, 나디가섭, 가야가섭과 그들의 제자 천 명을 여러 가지
신통으로 경쟁하면서 교화하였다. 모하나 강쪽에 우루벨라가섭과 그 강 밑쪽으로 나디가섭 그리고
가야산 밑이 가야가섭의 수행터였는데, 마지막 동생 가야가섭을 교화하고 가야가섭이 수행하던 상
두산 아래에서 1,000명의 비구를 모아놓고 설법을 하였다. 그 수행 집단은 불을 섬겼기 때문에 "이
제 너희들은 불을 섬기는 행위는 버렸다. 그러나 밖의 불은 껐지만 아직도 마음 속에 있는 탐진치
삼독의 불은 *끄지* 못했다."라고 불에 비유한 그 유명한 '불의 설법' 을 하게 되었다.

여래의 세계

(6년 고행)

그 때 고오타마는 라자그리하를 떠나서 다섯 수행자와 함께 네이란자라 강이 굽이쳐 흐르는 가야산(伽倻山)에 머무르면서 산꼭대기의 한 나무 아래서 풀을 깔고 앉아 생각하였다. '세간에 사문이거나 바라문들이 몸과 마음이 방일하여 타오르는 욕망에 집착하면 번뇌가 따르므로 비록 고행을 행하더라도 도에는 이를 수 없다. 또한 몸을 제어하여 욕락을 행하지 않더라도 마음은 오히려 쾌락에 집착하면, 비록 고행을 닦더라도 도에는 이를 수 없다. 그러나 몸을 제어하여 욕락에 탐착하지 않고 마음이 순일하여 타오르는 번뇌를 소멸하고 부지런히 고행을 닦아 행하면, 곧 스스로 이익되고 또 남을 이익케하는 도를 증득할 수 있으리라.' 고오타마는 가야산을 나와서 차례로 돌아다니다가 우루벨라 못 옆의 동편에 이르러 네이란자라 강가에 닿았다. 고오타마는 이미 외도들이 삿되게 해탈을 구함을 보고 발심하여 두렵고 괴로운 행을 행하고자 하였다.

고오타마는 풀옷을 입거나 무덤 사이에 버려진 천으로 몸을 감싸거나 혹은 걸레로 옷을 지어 입었다. 또 고오타마는 무더위 속에서도 시원함을 찾지 않고 추위가 와도 따뜻함을 찾지 않으니 그의 자세는 한결 같았다. 소나기가 쏟아져서 몸을 씻어내려도 그는 앉은 자리에서 움직이지 않았다. 파리와 모기가 몸에 붙어 피를 빨아도 쫓지 않았다. 또 고오타마는 시체와 인골(人骨)이 흩어져 있는 묘지에서 야숙을 하였다. 그럴 때에 양치는 아이들이 침을 뱉고 진흙을 던지며 귀에 나뭇가지를 쑤셔박았다. 그래도 고오타마는 움직이지 않았으며 아이들에 대해 손톱만큼도 진심을 일으키지 않았다. 고오타마는 입을 다물어 이를 악물고 혀를 입 천정에 대고 한 생각으로 아픔을 섭수한 후 몸과 뜻을 조복하여 수행하자 겨드랑이 밑에서 땀이 흘렀다. 또 들숨과 날숨을 제어하였다. 입과 코로 쉬는 숨을 막자 귓구멍에서 풀무 소리를 내며 바람이 나와 마치 예리한 송곳으로 귀를 뚫는 듯 하였다. 귀로 숨쉼도 그치자 속 바람이 굉장한 기세로 정수리로 치솟아 마치 날카로운 도끼로 정수리를 치듯 하였다. 그 때 고오타마는 입과 코와 귀와 정수리의 숨도 모두 멈추자 바람이 벼락 같은 소리를 내며 늑골 사이에서 소용돌이쳐서 마치 백정이 날카로운 칼로 몸을 가르는 듯 하는 최고의 고행을 하였다. 고오타마는 또 하루에 한 알의 과일을 먹고 혹은 대추를 먹고 혹은 팥이나 콩을 먹으며 혹은 이틀에 한 번 먹었고, 혹은 사흘에 한 번 먹고 이윽고 이레에 한 번을 먹고 드디어는 보름에 한 번을 먹었다. 그 때에 고오타마는 몸이 점점 더 여위어 갔다. 살갗은 익지 않은 오이가 말라 비틀어진 것 같았으며 수족은 갈대와 같았고 드러난 갈비뼈는 부서진 헌 집의 서까래와 같았으며 척추는 대나무 마디와 같았다. 뱃가죽을 만지면 등뼈가 만져지고 손을 들어 몸을 만지면 몸의 털이 말라 떨어졌다. 해골이 드러나고 눈이 깊이 꺼졌으며 일어서려면 머리를 땅에 박고 넘어졌다. 그러나 오직 눈만은 깊은 우물 속의 별과 같이 반짝이며 빛나고 있었다.

『방광대장엄경』 제7권 17, 고행품 『불본행집경』 제24권 29, 정진고행품 상

(중도의 발견)

이 때에 고오타마는 힘써 닦고 정진하여 고행하기를 6년 동안 계속 한 후 생각하였다.

'나는 이제 이 가장 극진한 고행을 하였지만 세상을 뛰어나는 훌륭한 지혜를 증득할 수 없었다. 과거 · 현재 · 미래의 모든 사문이거나 바라문들로서 도를 구할 때에 몸과 마음을 괴롭혀서 고통을 받는 이러한 고행은 다만 스스로의 몸과 마음을 괴롭힐 뿐이요, 도무지 이익이 없는 줄 이제야 알겠도다. 고행은 보리의 인(因)이 아니며 또한 괴로움을 알고 쌓임〔集〕은 열반〔城〕을 증득하고 도를 닦는 것도 아니다. 반드시 다른 법이 있어서 나고, 늙고, 병들고, 죽음을 끊어 없애게 되리라.'

그리고 또 이런 생각을 하였다.

'이 세상에는 출가 수행자가 받들어서는 안 되는 두 개의 극단이 있다. 그 두 가지 극단이란 무엇인가?

그 하나는 관능이 이끄는 대로 애욕의 기쁨에 탐닉하여 욕망과 쾌락에 빠지는 것이다. 이는 어리석은 범부들이 찬탄하는 것이며 출가인의 숭고한 목적을 위해서는 무익한 것이다. 또 하나는 자신의 육체를 스스로 괴롭히는 것에 열중하여 고행에만 빠지는 것이다. 이것은 심신이 모두 고통스럽기만 할 뿐이다. 이는 목적과 수단을 전도한 출가자가 하는 것이며 출가인의 숭고한 목적을 위해서는 무모한 것이다. 이 두 가지는 스스로 이익을 얻지 못하고 남에게도 이로움을 주지 못하는 것이므로 반드시 버려야 한다. 나는 이 두 가지의 극단을 버리고 중도의 길을 찾았다. 이 중도는 모든 것을 바르게 보고 바르게 알 수 있는 통찰력과 직관이므로 지혜를 낳아 범부의 눈을 뜨게 하고 이를 통하여 마음의 평화와 진리의 체험과 크나큰 깨달음으로 열반을 성취케 하리라.'

고오타마는 자신이 수행하였던 과정을 되짚어 보다가 다시 또 이러한 생각을 하였다.

64

'내 생각하건대 지난 날, 출가하기 전에 카필라 성을 나와서 농부들이 고통스럽게 밭가는 것을 보았다. 그 때에 한 그루의 염부수나무가 만들어 준 시원한 그늘 밑에 앉아 있으면서 모든 욕망으로 물든 마음을 여의고 일체의 고통을 주는 법을 극복하고 중생을 구제하고자 하는 마음을 일으킴으로써 적정한 상태를 얻어 초선(初禪)을 증득하였었다. 나는 이제 다시 그 선정을 생각하리라. 이 길이 보리를 향하는 길이로다.'

『방광대장엄경』 제7권 18, 왕니련하품 『불본행집경』 제34권 전묘법륜품 『불본행집경』 제25권 정진고행품 하

깨달음의 길로

이 때에 고오타마는 몸을 일으켜 앞으로 나아가려 하였으나 기력이 모자라서 앞으로 나아갈 수조차 없었다. 곧 물을 조금 마시고 잠을 자서 몸과 마음을 편안히 알맞게 하였더니 조금 힘이 생겼다.

이 때에 고오타마는 생각하였다.

'나의 육신은 이제 말할 나위 없이 허약해져 있다. 이 육신으로써는 도를 성취할 수 없을 것이다. 비록 신통력으로 몸을 회복할 수 있다 하더라도 이는 일체 중생을 속이는 일이 될 것이며 이는 모든 부처님이 도를 구하는 법이 아니다. 나는 이제 육신의 힘을 얻기에 좋은 음식을 받아서 체력을 회복한 이후에 보리장(菩提場)에 나아가리라.'

이 때에 여러 하늘 신들은 고오타마가 마음 속으로 작정한 것을 알고 고오타마에게 아뢰었다.

"존자시여, 굳이 음식을 구하실 필요 없습니다. 우리가 이제 신통력으로써 존자의 모공을 통해 자미(滋味)를 주입하여 기력을 본래와 같이 회복시켜, 음식을 드시는 것과 다름없이 하겠습니다."

그러자 고오타마는 이를 거절하여 말하였다.

"나는 이미 음식을 먹지 않은 지가 오래 되었으며, 그것은 모든 이들이 알고 있는 바이오. 이제 만약 내가 이 파리한 몸으로써 도를 얻는다면 저 외도들은 굶주림의 고행이 깨달음의 원인이라고 말할 것이오. 그것은 모든 중생을 기만하는 일이므로 그로써는 도의 결과를 취득하지 않으리라. 나는 세간의 음식을 받아 먹은 후에야 도를 이루리라."

이 때에 고오타마는 또 생각하였다.

'6년의 고행 끝에 옷이 모두 헤어져 발가숭이와 같구나. 내 이제 분소의를 갖추리라.'

고오타마는 시타림(屍陀林) 속에 누더기의 천이 있음을 보고 주워서 네이란자라 강가로 내려가서 그것을 빨고자 하였다.

그 때에 제석천이 다가와 고오타마에게 말하였다.

"존자여, 제가 존자를 위하여 이 헌 옷을 빨겠사오니, 오직 원컨대 허락하소서."

그러나 고오타마는 이것을 거절하였다.

"모든 사문들은 남을 시켜서 옷을 빨지 않소. 누더기를 스스로 빠는 것이 출가 사문의 법이오."

분소의를 빨아 나뭇가지에 넌 고오타마는 강에 들어가 목욕을 하였다. 고오타마는 목욕하기를 마쳤으나 몸이 쇠약한지라 물결에 밀려 혼자서는 기슭으로 올라올 수가 없었다. 그 때 못가에 있는 아사나나무의 신이 나뭇가지 하나를 휘어 낮게 드리우자 고오타마는 그것을 잡고 언덕으로 올라올 수 있었다.

이 때에 고오타마는 걸식을 하기 위해 분소의를 걸치고 전정각산을 내려와 우루벨라 마을로 들어갔다. 고오타마가 마을에 이르자 수자타라는 여인이 유미죽을 발우에 담아 고오타마에게 바치며 기원하였다.

"이 유미죽을 받아 드시고 반드시 무상정등정각을 이루소서."

그 때 고오타마는 유미죽을 들고서 마을을 나와 네이란자라 강가로 나아가 언덕 위에 발우를 놓고 수염과 머리를 감은 후 유미죽을 먹었다. 그러자 고오타마는 옛날과 같이 젊고 아름다운 모습을 되찾았다. 그리하여 보살의 특색인 32상(相)을 다시 볼 수 있게 되었다. 이 때에 고오타마는 몸을 깨끗이 씻고 다시 유미죽을 먹어 기력이 회복되자 보리도량(菩提道場)을 찾아 나아갔다. 고오타마는 마치 최후의 결전장에 나가는 장수와 같이 마음을 다지고 사자왕과 같이 당당하게 그리고 소의 왕과 같이 굳건한 걸음으로 나아가 이윽고 핍팔라나무에 이르렀다.

그 때 고오타마는 생각하였다.

'과거의 부처님들은 무엇을 자리로 하여 무상정등정각을 성취하셨을까?'

그 때에 제석천왕은 그 뜻을 알고 목동으로 몸을 변하여 고오타마의 오른편에서 풀을 베고 있었다. 그 풀은 푸르고 아름다웠으며 공작의 깃털과 같이 부드럽고 매끄러웠다. 그 풀은 오른쪽으로 나선을 그리며 돌아 말렸고 향기가 풍겼다.

고오타마는 목동에게 다가가서 물었다.

"당신의 이름은 무엇입니까?"

"저의 이름은 길상(吉祥)입니다."

고오타마는 그 이름을 듣고 생각하였다.

'내 이제 나와 남이 길하고 상서롭게 되는 길을 구하고자 하는데, 이 목동으로부터 길상함을 얻는구나. 이 길상함이 내 앞에 있으니 내 결정코 무상정등정각을 성취하리라.'

그리고 나서 고오타마는 길상에게서 받은 풀로 자리를 만든 후 줄기에 등을 대고 동쪽을 향해 앉되, 백 개의 벼락이 한꺼번에 떨어지더라도 부서지거나 움찔하지 않을 자세로 앉으며 크게 다짐하였다.

'비록 내 온몸의 살과 피가 다 마르고 피부와 힘줄과 뼈가 다 마르고 부서지더라도, 기필코 무상 정등정각을 이루기 전에는 결단코 이 가부좌를 풀지 않으리라.'

『방광대장엄경』 제7권 18, 주니련하품

마왕 파순의 항복

고오타마가 핍팔라나무 아래 앉아서 대원(大願)을 세웠을 때 하늘이며 용의 모든 신들이 함께 기뻐하며 공중에서 뛰놀면서 찬탄하였다. 그러나 그 때 욕계의 제육천(第六天)에 주하고 있는 마왕 파순의 궁전이 크게 흔들렸다.

고오타마는 보리좌에 앉아 생각하였다.

'나는 이제 정각을 이루리라. 욕망 세계의 주인인 마왕 파순은 욕계에 살고 있는 이 가운데서 가장 높고 가장 뛰어나다고 하니, 내 이제 그를 여기로 불러와서 항복을 시키리라. 또 욕망의 세계에 있는 하늘과 마군의 모든 권속들을 항복시키고 섭수하여 교화를 이루리라.'

고오타마는 양 미간의 백호상 가운데로부터 마왕의 광휘를 제압할 한 줄기 광명을 발휘하였다. 그 광명은 삼천대천세계를 두루 가득 채우고, 나아가 마왕의 궁전에까지 비추었는데 그 광명 속에서는 게송이 울려나왔다.

"세간에서 가장 뛰어나고 청정한 이, 고오타마여. 욕망 세계의 탐 · 진 · 치를 모두 항복받고서 이제 보리도량의 금강좌에 앉아 곧 부처를 성취하고 나와 남을 제도하여 불국정토를 이루리라."

그 때 마왕 파순은 그의 궁전에서 스물 두 가지의 불길한 꿈을 꾸고 있었다. 파순은 고오타마의 광명을 받고 악몽에서 깨어나 게송을 듣자 걷잡을 수 없이 마음이 불안하고 두려워서 독을 마신 듯 번민하고 몸을 벌벌 떨었다. 파순은 그의 대신들과 일천 명의 아들과 모든 권속을 불러 모아놓고서 말하였다.

"세간에 있는 사문 고오타마가 지금 보리좌에 앉아 있다. 그는 오래지 않아 무상정등정각을 성취하여 나의 세계를 무너뜨릴 것이다.

지금 사문 고오타마는 법의 갑옷을 입고 욕망을 제압할 활을 들고서 지혜의 화살을 쏘아 중생을 항복시켜서 나의 경계를 무너뜨리려 한다. 그가 만약 부처를 성취한다면 중생들은 모두 그를 믿고 귀의하여 나의 세력을 잠식하고 나의 성을 무너뜨리며 나의 세계를 파멸시킬 것이다. 그러므로 아직 그의 도가 이루어지기 전에 달려가서 그를 쳐부수리라. 너희들은 이제 모두 한마음으로 힘을 합하여 어떤 수단을 써서라도 모든 방법을 동원해서 반드시 그를 항복시켜라."

마왕에게는 세 딸이 있었는데 큰 딸의 이름은 염욕(染欲)이요, 둘째는 능열인(能悅人)이요, 세째 딸의 이름은 가애락(可愛樂)이었다. 이 세 딸들은 미녀들이어서 그 요염하고 교태로운 아름다움이 모든 천녀들 가운데 으뜸이었다.

그 때에 마왕은 그 딸들에게 명하여 말하였다.

"아름다운 나의 딸들아, 너희들은 모두 함께 저 핍팔라나무 아래로 내려가서 사문 고오타마를 유혹하여 애욕의 덕을 찬미하여 그의 청정한 수행을 무너뜨려라."

그 때에 마왕의 딸들은 갖가지 요염한 몸짓으로 교태를 부리며 달콤한 목소리로 고오타마를 유혹하였다.

"꽃 피고 새 우는 아름다운 봄날에 나무도 풀도 한창이어라. 청춘은 두 번 다시 돌아오지 않는 것, 젊었을 때 모든 욕락을 즐겨야 하리. 우리들의 고운 얼굴과 아름다운 몸매를 보소서. 몸이 늙기 전에 쾌락을 받는 것이 어떠리. 열반의 길은 멀고도 먼 것, 또한 깨달음을 얻은들 무엇하리. 자, 우리와 어울려 욕락을 누립시다."

고오타마는 마음과 몸의 자세를 조금도 흐트리지 않으며 조용히, 그러나 단호하게 말하였다.

"칼날에 발린 꿀은 혀를 상하게 하고 오욕은 뱀의 머리와 같아 쾌락을 즐김은 불구덩이에 들어감과 같다. 나는 이제 모든 욕락을 버려 공중의 바람처럼 자유로우니, 너희들은 결코 욕락으로 나를 묶어두지 못하리라.

너희들의 육체는 비록 아름다우나 마음이 요사스럽고 추악하여, 마치 아름답게 채색한 항아리 속에 독이 들어 있음과 같구나. 가죽주머니에 똥을 가득 담은 물건들이 와서 무엇을 하려느냐. 떠나거라. 나는 기뻐하지 않노라."

이 때에 마왕 파순은 크게 분노하여 모든 군사들에게 명령하였다.

"마군(魔軍)들아, 크게 모여서 끝이 없는 힘으로 싸워야겠다. 나는 옛부터 지금까지 아직 이런 자를 보지 못했도다. 너희들은 온 힘을 합쳐 저 사문 고오타마를 향해 공격하라."

천지는 어둠에 싸이고 뇌성벽력이 요란하게 울렸다. 이 때에 고오타마는 조금도 놀라거나 두려워하지 않고 미동도 하지 않은 채 선정에 들어 중생의 고통을 생각하며 십바라밀을 관하였다.

'오랫동안 수행해 온 보시·지계·인욕·정진·선정·지혜·방편·원(願)·력(力)·지(智) 등의 열 가지 수행 덕목만이 나의 힘있는 군대이며 몸을 지키는 보배 검이며 견고한 방패이니, 내 이 힘으로써 마군을 분쇄하리라.'

마왕의 군사들이 아무리 맹렬히 공격하여도 고오타마는 자비심을 일으켜 조금도 적의를 품지 않았다. 무수한 마왕의 군사가 공격하였으나 고오타마의 몸에는 조금도 해를 입히지 못하였다. 마왕의 아들 가운데 많은 이들이 고오타마의 자비심에 감화되어 싸우기를 포기하였다. 마왕은 아홉

가지 이변(異變)을 일으켜 고오타마를 정복하려 하였으나 실패하고 말았다.

이 때에 마왕 파순은 다시 부드러운 목소리로 말하였다.

"사문 고오타마여, 그대가 원하는 열반은 결코 얻을 수 없으리라. 육 년 간 고행을 함에 신명을 아끼지 않았음에도 아직도 무상정등정각을 증득하지 못했거늘 하물며 정진의 뜻을 버린 지금 어찌 얻을 수 있겠는가. 또 애써서 부처를 이룬들 무엇 하겠는가."

고오타마가 질책하여 말하였다.

"마왕 파순이여, 그대는 욕망 세계의 주인으로서 스스로 가장 높은 체 하나 그것은 가장 높은 것도 아니며 진정한 주인도 아니다. 열반을 증득하여 부처님 법에 도달한 이라야 비로소 높은 것이며, 해탈을 이루어 부처님의 세계에 들어갈 때 진정한 주인이 되리라. 내게는 선정을 닦을 만한 공덕이 있으며, 거룩한 힘을 잃지 않고 부지런히 수행할 정진의 힘이 있다. 이로써 기필코 부처님의 도를 이루리라."

파순은 고오타마에게 다시 말하였다.

"사문 고오타마여, 깨달음은 얻기가 어렵거늘 공연히 스스로 몸만 고통스러우리. 그대는 빨리 이 곳을 떠나라. 그리하면 반드시 전륜성왕이 되어 4천하를 다스리는 왕이 되고 대지의 주인이 되리라. 그대가 만약 전륜왕위를 받아들이면 자재로운 주인이 되어 거룩한 덕이 더할 나위 없으며 일체를 거느릴 터인데, 이 들판에서 벗도 없이 홀로 있으매 그대의 몸을 해칠까 두렵다."

"전륜왕의 위의 또한 욕망의 세계에 속하는 것, 나는 이미 욕망의 세계를 떠나고자 사해 바다에 이르는 영토와 일곱 가지 보배를 버렸으니 파순이여, 이는 마치 어떤 사람이 밥을 뱉은 뒤 그것을 탐하지 않음과 같다. 나는 이제 금강좌에 앉아 보리를 증득하리라."

때에 파순은 다시 고오타마에게 말하였다.

"고오타마여, 부처는 성취하기 어려우리라. 만약 그대가 인간 세계의 향락에 불만이 있다면 나와 함께 하늘 세계의 궁전으로 승천함이 어떠한가. 내가 다섯 가지 욕망의 도구와 나아가 나의 제육천 하늘의 지위도 모두 버리고 그것들을 모두 가져다 그대에게 부여하리라."

"마왕 파순이여, 그대는 숙세에 지은 단 한 번의 큰 보시로 욕망 세계의 지배자인 자재천왕이 되었으나, 그 복의 힘은 한계가 있어 복이 다 하면 반드시 삼악도(축생·아귀·지옥)에 빠져 헤어나올 수 없으리니 그대로서는 부처됨이 불가능하리라. 그러나 나는 셀 수 없는 많은 생을 통하여 모든 재물과 생명을 중생에게 보시하였나니, 이로써 나는 반드시 부처를 성취하리라."

"고오타마여, 나의 공덕과 과보에 대해서는 나도 알고 그대도 확인하였으며 나의 권속들이 증명할 수 있다. 그렇다면 그대의 과보에 대해서는 누가 알 수 있겠는가?"

이 때에 고오타마는 무수한 과거생에 쌓은 선업의 공덕이 담긴 오른손을 조용히 내밀어 그 손으로 자신의 머리를 쓰다듬고 다리를 어루만지다가 손을 아래로 뻗쳐 손가락 끝을 땅으로 향한 다음, 다음과 같이 말했다.

"만물의 생성지이며 회귀처인 대지여, 상(相)에 걸림이 없어, 일체 모든 것을 평등히 받아들이는 대지여. 나를 위해 진실한 증인이 되어다오. 원컨대 현전에서 진실을 말하라."

때에 대지가 여섯 가지로 진동하고 이어 여러 지신들이 칠보의 병속에 연꽃을 가득 채우고 고오타마가 앉아있는 곳 근처에 땅으로부터 솟아 나와 반신을 나타내어 고오타마에게 예배한 후 말하였다.

"가장 위대한 장부시여. 내 당신을 증명하리라. 당신은 천만억 겁 동안 나라와 성이며 권속과 재산을 헤아릴 수 없이 보시하였을 뿐만 아니라 머리와 눈과 골수며 팔다리조차도 남들에게 보시하였는지라 그 피가 지금도 대지에 침윤되어 있습니다. 이 헤아릴 수 없는 공덕은 오직 중생 구제를 위한 무상정등정각을 구하기 위함이었습니다. 그러므로 마왕 파순이여, 그대는 이제 이 분을 결코 괴롭혀서는 안 될 것이다."

이 말을 마치자 갑자기 그 땅과 삼천대천세계는 동서남북 상하 사유로 크게 진동하고 하늘이 무너지는 소리가 났다. 마왕 파순은 이를 두고 마음이 두려워지며 몸의 털이 곤두섰으며, 모든 마군의 군사들이 두려워 하여 대열이 흩어지고 뿔뿔이 도망을 갔다.

『과거현재인과경』 재3권 『방공대장엄경』 제19권 21, 항마품 『불설보요경』 제18권 18, 항마품
『본생경』 서계2, 악마들의 침노

(여래 세계의 선포)

그 때에 고오타마는 이미 일체의 마군을 항복받고 탐진치의 독한 가시를 모두 빼내고 승리의 깃발을 높이 올렸다. 금강좌에 앉은 고오타마는 세간의 다투는 마음을 멸하여 자비심을 내고, 나태와 혼돈을 제멸하여 일체의 업장을 끊고, 혼탁한 마음과 의심하는 마음을 소멸하여 일체법 가운데 걸림이 없는 청정한 마음을 얻었다.

고오타마는 이 청정한 눈으로 분별하여 선한 법과 악한 법을 관찰함으로써, 욕망과 악한 법을 소멸하고 맑은 선법 속에 들어가 제 1선을 증득하여 행하였다. 이어서, 다시는 악에 물들지 않게 되자 마음이 스스로 열리어 선법과 악법의 분별관을 버리고 오직 적정한 삼매의 기쁨 속에서 제2선을 증득하여 행하였다. 나아가 선악의 분별을 떠난 기쁨을 버리고 대상과 스스로의 마음 작용에 대하여 의도와 욕구를 모두 여의자, 몸과 마음의 괴로움이 모두 제멸되고 편안함이 증장되는 속에서 제 3선에 들어 행하였다. 이에 더 나아가 괴로움에 매이거나 즐거움에 안주하지 않고 괴로움 없음과

즐거움 없음도 모두 버리고, 선에 의지하거나 악에 염착하지도 않는 오직 청정한 마음 속에서 제4
선을 증득하여 행하였다. 그리고 고오타마는 선악과 고락 그리고 경계를 분별짓던 모든 업장이 소
멸되자 오직 청정한 마음으로 경계의 벽을 허물고 덮었던 세계를 꿰뚫어 모든 것이 조화롭게 드러
나는 생명의 참모습〔法實相〕을 여실히 보게 되었다. 그리고는 초저녁에 이르러 지혜를 얻고 광명
을 얻어서 마음을 잡도리하여 천안통(天眼通)을 증득하였다. 고오타마는 곧 천안으로써 일체 중생
들이 한없는 고통 속에 빠져 있는 모습을 살펴보았다.

지옥의 중생들을 보매 혀를 자르고 귀에 끓는 물을 부으며 눈을 뜨거운 쇠꼬챙이로 지지며 몸을
결박당하고 끓는 가마에 넣거나 온몸을 베고 자르는 고통 속에 있었으며, 축생의 중생들은 살아서
인간에게 혹사당하고 죽어서 제 몸의 살은 사람들에게 바치면서도 도리어 저희들끼리 싸우고 잡아
먹는 등 갖가지 고통을 당했다. 아귀의 중생들을 보매 태산 같은 배에 바늘 같은 목구멍으로 어떤
것을 먹든 입에서 불길로 타오르고 온몸의 마디마디가 불이 되어 타올라 고통이 떠나지 않았으며,
인간 또한 삼악도를 돌듯 고통을 받았고 하늘의 세계를 보매 모든 것이 아름답고 풍요로운 곳에 살
되 복락이 다 하면 곧 삼악도에 떨어져서 고통을 받았다.

고오타마는 이를 보고 크게 가엾이 여기는 마음을 내면서 탄식하며 생각하였다.

'아, 중생들의 세계에는 실로 모든 것이 고통일 뿐 즐거움이 하나도 없구나.'

그 때에 고오타마는 마음의 흔들림이 없이 깊이 중생계를 관(觀)하자 한밤 중에 이르러 모든 생
명의 지나온 과거와 미래를 꿰뚫어 보는 숙명지통(宿命智通)을 증득하였다. 고오타마는 곧 자신과
타인의 나고 죽는 생명의 과정과 하나의 생명에서 시작하여 우주 생성의 모든 시간대를 통하여 모
든 존재들이 성·주·괴·공(成住壞空)의 과정으로 형성 발전하는 것을 모두 다 관찰하여 확연히
알았다. 고오타마는 나고 늙고 병들어 죽어 가는 고통의 수레바퀴 속에서 헤어나지 못하는 중생들

을 보고 그 원인을 찾아 소멸하여 중생을 고통에서 해방시켜 줄 방법을 관하였다. 고오타마는 늙고 병들어 비참히 죽어 가는 원인을 찾으니 노병사는 생으로 인하여 있으며 내지 열두 가지 연관 고리 〔十二因緣〕로서 무명(無明)으로 인하여 비롯된 것임을 알았다. 고오타마는 인간 삶의 열두 고리의 연관을 관하니, 처음부터 끝까지 순서대로 관하고〔順觀〕 끝에서부터 처음을 거꾸로 관하고〔逆觀〕, 나는 인연으로 관하고 소멸하는 인연으로 관하였다. '이른바 저것이 생김으로 인해 이것이 생기고 저것이 있음으로 인해 이것이 있으며, 저것이 멸함으로 인해 이것 또한 멸하고 저것이 없음으로 인해 이것 또한 없느니라. 곧 무명으로 인하여 제행을 연하고 내지 인간의 모든 고통이 생겨나며, 무명이 소멸되면 인간의 모든 고통이 소멸되는 것이다.'

고오타마는 이 뜻을 알고 나서 게송을 읊으셨다.

"만약 청정한 눈과 행이 있어 세간을 관하면 곧 이렇게 서로 생멸함을 보리니, 곧 모든 법이 인연임을 알리라."

고오타마는 새벽녘에 이르러 누진통을 완성하고 네 가지 성스러운 진리〔四聖諦〕로써 생사 고통의 사슬〔十二緣起〕을 끊고 뭇 중생을 제도할 신통을 체득하였다. 그리고 고오타마는 동쪽에서 솟아오르는 밝은 새벽 별을 보는 순간 무상정등정각에 이르고 큰 소리로 사자후하였다.

"이제 어둠의 세계는 타파되었다. 내 이제 다시는 고통의 수레에 말려 들어 가지 않으리. 이것을 고뇌의 최후라 선언하며 이제 여래의 세계를 선포하노라."

『불본행집경』 제30권 33, 성무상도품 『불설보요경』 제8권 19, 행도선사품
『방광대장엄경』 제9권 22, 성정각품 『과거현재인과경』 제3권

부다가야의 유적들

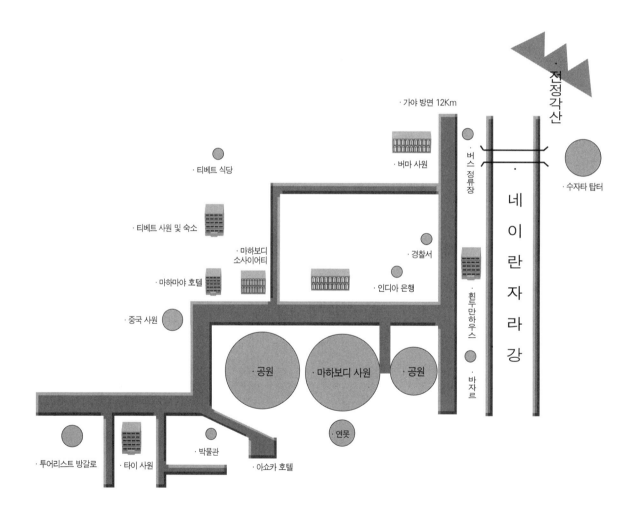

· 전정각산

· 가야 방면 12Km

· 버마 사원

· 티베트 식당

· 버스 정류장

· 수자타 탑터

· 티베트 사원 및 숙소

· 마하보디 소사이어티

· 경찰서

네이란자라강

· 마하마야 호텔

· 인디아 은행

· 중국 사원

· 힌두만하우스

· 공원

· 마하보디 사원

· 공원

· 바자르

· 연못

· 투어리스트 방갈로

· 타이 사원

· 박물관

· 아쇼카 호텔

부다가야 대탑 *Mahabodhi Temple*

1880년에 커닝험이 이 대탑은 힌두 사원이 아니고 부처님이 성도한 자리에 아쇼카 왕이 세운 불교 탑인 사실을 세상에 알렸다. 불교가 없어지자 이 대탑은 힌두절이 되어 불자들은 참배도 할 수 없었던 때였다. 미얀마의 왕이 이 정보를 듣고 이 곳의 힌두 왕에게 엄청난 돈을 주고 이 탑을 수리할 수 있는 권한을 얻고 나서 많은 사람을 보내 거의 현재처럼 복원하였다. 그리고 미얀마 왕은 이 곳의 왕과 함께 참배하였다고 한다.

지금은 부다가야 사원 경영위원회가 발족되어 힌두교 4명, 불교인 4명, 정부 관리 1명이 관리하고 있는데, 정부 관리는 반드시 힌두교인이어야 한다니 아직도 소유권이 완전히 불교로 넘어온 것은 아니라 하겠다. 계속 소유권을 요구하고는 있지만 인도에는 스님도 불자도 소수이기 때문에 쉽게 타결의 기미가 보이지 않는다. 그러나 국제적으로 많은 순례객들이 오고, 또 인도 정부의 관광 수입에 굉장한 비중을 차지함으로 성지 관리는 잘 되는 편이다.

부처님이 보리수나무에서 동편으로 앉아서 새벽 별빛을 보고 깨달음을 얻었다고 하여 나무 동편에 대탑을 쌓았다고 한다. 대탑 1층은 굴로 된 법당으로 부처님을 받들어 놓았다. 한때 힌두 사원의 역할을 하고 있었으므로 부처님 불상 밑에 링가를 받들었으나 지금은 철거되었다. 안쪽 2층 계단으로 올라가면 동편에도 역시 돔이 있어 아침 5시부터 저녁 9시까지 스님들과 외국인들이 함께 참선을 한다. 대탑의 2층 네 귀퉁이에는 대탑과 거의 같은 모양의 탑이 세워져 있다.

대탑 주변의 조그마한 스투파들은 봉헌 스투파라고 하여 대탑에 공양을 올리는 탑으로써, 후대 사람들이 작은 탑을 쌓아 수천 개가 되었다. 현장 스님의 기록에 큰 탑 주위에 작은 탑이 수천 개 있다고 하는 것이 바로 봉헌 스투파이다. 이런 탑들은 나란다 대학에 사리푸트라 탑 주변에서도 볼 수 있다. 대탑 주변 이곳저곳에서 온몸을 쭉 펴 엎드려 절한 다음, 다시 자기 머리 댔던

· 부다가야 대탑으로 아쇼카 왕이
  부처님이 깨달음을 얻은 금강보좌 위에
  증축하여 세운 큰 탑이다.

곳에 서서 온몸을 엎드려 절하는 티베트 스님들의 모습을 볼 수 있는데, 이것을 오체투지라 한다. 존경하는 분께 경의를 표하는 인도식은 무릎을 꿇고 이마를 그 분의 발에 댄다거나, 그렇지 않으면 상대의 옷을 잡고 무릎 있는 곳에 머리를 대기도 한다. 티베트에서 최고의 성스러움을 표시할 때는 흰 천을 부처님한테, 나뭇가지에, 사람 목에 걸어주며 그 마음을 나타내기도 한다.

· 티베트 스님의 오체투지하는 모습으로 부처님께 예경하는 마음이 절절히 묻어 나온다.

깨달은 후 선정(禪定)에 들었던 7장소

대탑 동문으로 들어와 대탑을 끼고 돌아가면 서편에 부처님이 그 아래 앉아 깨달음을 얻었다는 보리수가 있다. 그러나 이 나무는 2600년 전 그 보리수는 아니다. 부처님이 깨달음을 얻을 당시 있던 보리수의 씨앗을 스리랑카에 가져다 심었었는데, 우여곡절 끝에 이 곳의 보리수가 죽자, 그 씨앗에서 자란 나무의 자손인 어린 묘목을 가져와 다시 심은 것으로 수령은 200년 정도 되는 나무이다.

· 부처님이 그 아래 앉아 깨달음을 얻었다는 보리수로 그 보리수와 대탑 사이에 금강보좌가 있다.

보리수 오른쪽으로는 부처님의 발자국이 그려져 받들어 있다. 부처님이 열반에 든 뒤에 많은 제자들이 부처님을 그리워했지만, 부처님은 원래 남긴 것이 하나도 없었다. 불상은 부처님이 열반에 들고 500년이 지나서, 그리스의 영향을 받아 간다라 지역에서 처음으로 조성되었다. 그래서 초기에는 부처님이 맨발로 다니며 남겼던 족적을 떠서 조각으로 만들거나 또는 보리수로 부처님을 상징하며 숭배하였다. 그 보리수와 대탑 사이에 길상초를 깔고 깨달음을 얻은 금강보좌(金剛寶座, Vajrasana)를 받들어 놓았다. 지금은 돌 위에 길상초를 새겨 기념하고 있다. 부처님은 보리수 아래서 깨달음을 얻고 그 자리에서 첫 일 주일을 머물면서 법열을 즐겼으며, 선정에 들어있는 동안 시방 세계의 불보살들이 모인 가운데 화엄경을 설하였다고 한다.

둘째 주에는 동문 왼편에서 자신이 깨달은 그 보리수를 눈을 깜빡거리지 않고 일 주일 간 응시하였다는데, 그것은 나무의 은혜에 보답하기 위한 것이라고 한다.

셋째 주는 대탑 북편에서 동서로 19발자국을 왔다갔다 하면서 일 주일 간 행선, 즉 움직이면서 선정에 들었다. 그 걸음걸음마다 연꽃이 피어올라 부처님 발을 받쳐주었다고 하여 연꽃 무늬를 바닥에 새겨놓았었는데 지금은 다 파괴된 모습으로 남아 있고, 다시 단을 쌓고 그 위에 새롭게 19개의 연꽃 무늬를 조각해 놓았다.

· 깨달음을 얻은 지 이주일이 지난 후, 대탑 북편에서 동서로 19발자국을 왕래하며 경행한 곳이다. 그 때 부처님께서 걸음을 내딛는 곳마다 땅에서 연꽃이 피어올라 부처님 발을 받쳐 주었다고 한다.

● 대탑(Mahabodhi Stupa)내 지도

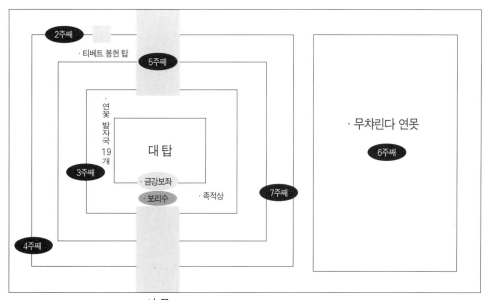

동 문

2주째

· 티베트 봉헌 탑

5주째

· 연꽃 발자국 19개

대 탑

· 무챠린다 연못

6주째

3주째

· 금강보좌

· 보리수

· 족적상

7주째

4주째

서 문

     넷째 주는 보리수로부터 북쪽으로 조금 떨어진 곳에 다시 일 주일 간 앉아 있을 때, 부처님의 온몸에서 오색 광명의 빛이 발하며 보리수를 비추었다고 한다. 이를 형상화 한 것이 불교의 5색기이다.

     다섯째 주는 동문과 대탑 사이에 팻말이 있는 그 곳에서 일 주일을 보냈다. 그 때 어떤 바라문이 와서 부처님에게 "어떤 것이 훌륭한 바라문이냐?"고 물었는데 "마음이 깨끗한 것이 훌륭한 바라문이다."라고 대답하니까, 이 바라문은 흥흥하면서 그냥 지나가 버렸다고 한다. 이 사람

· 무차린다 연못으로 부처님이 선정에 들었을 때 머리가 9개 달린 용이 부처님 몸을 감싸 비바람과 천둥을 막아주었다고 한다.

은 부처님이 깨달음을 얻은 이후에 첫 번째 만난 사람인데, 자기의 생각에 빠져 깨달을 수 있는 기회, 법을 들을 수 있는 기회를 놓쳐버린 셈이다.

　　　　여섯째 주에는 대탑의 입구에서 남쪽으로 무차린다 연못(Mucalinda Pond)이 있는 그 곳에서 선정에 들어 있었는데 비가 엄청나게 와서 그 지역이 물바다가 되었다. 그 때 머리가 아홉 달린 코브라가 나타나 부처님의 몸을 감싸고, 뱀의 머리를 펼쳐 비를 맞지 않도록 부처님을 덮었다고 한다. 이 연못에 조각된 뱀은 머리가 하나이나 보통 방콕이나 인도의 다른 조각을 보면 머리가 9개 달린 뱀이 부처님 뒤에서 호위하는 모습을 하고 있다. 우리는 이것을 무차린다 용왕이라고 부른다.

일곱째 주는 대탑과 무차린다 연못 중간쯤에서 선정에 잠겼는데, 이 곳에 머무를 때 지나가던 두 상인이 깨달음을 얻은 후 부처님에게 첫 공양을 올렸다. 그러나 그들은 자신의 복을 빌기 위해서 공양을 올렸을 뿐 부처님에게 법은 청하지 않았다. 그래서 부처님에게 공양을 올리고 세속적인 복은 받았겠지만, 역시 법을 듣고 해탈할 기회는 놓쳐버렸다. 이 때 상인이 올린 공양을 어떤 그릇에 받아야 할까를 생각하자 사방의 사천왕들이 금, 은, 유리, 마노로 만든 발우를 바쳤는데 부처님이 그것은 수행자에게 맞지 않는다 하여 받지 않았다. 다시 사천왕들이 돌로 만든 발우를 드리자 부처님은 그 모든 것을 포개어 하나의 발우로 만들었다고 한다. 지금 우리가 사용하고 있는 펼치면 4개가 되고 포개면 하나가 되는 발우는 바로 이렇게 유래된 것이다.

부처님은 7주가 지난 뒤에 이 깨달음의 법을 듣고 과연 깨달을 수 있는 사람이 있을까 하고 관하다가 자신의 스승이었던 웃타카라마푸트라와 아라라까라마를 떠올렸다. 그러나 그들은 이미 돌아가셨음을 알고, 자기의 옛 다섯 친구를 찾아 사르나트로 떠나게 된 것이다.

부다가야 주변의 유적들

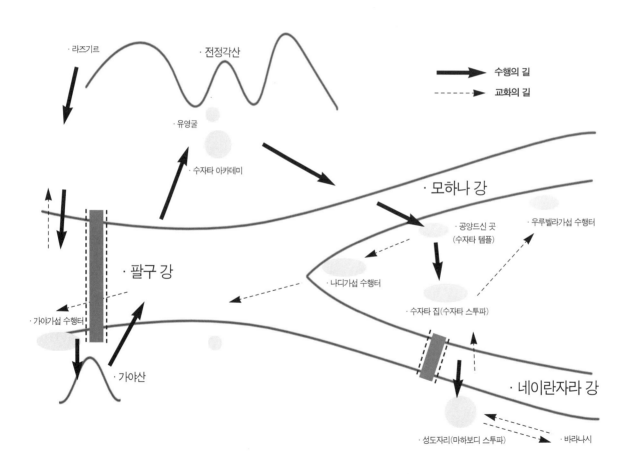

수자타 탑터 *Sujata's Stupa*

　　　　　수자타의 공양을 기념해서 쌓은 스투파이나 지금은 다 허물어져 작은 언덕을 이루고 있다. 이 마을은 휙 둘러보아도 농토가 굉장히 비옥해 보인다. 그 당시에도 이 우루벨라 마을은 농사가 굉장히 잘 된 곳이었다. 부처님이 네이란자라 강 건너 둥게스와리 고행림에서 6년간 고행하다가 중도를 발견하고 산에서 내려왔다. 그 곳 시타림에서 시체를 쌌던 분소의를 가지고 네이란자라 강을 건너 목욕을 하다가 이 곳에 쓰러졌는데, 마침 소젖을 짜 가지고 돌아오던 이 마을 촌장의 딸 수자타가 쓰러진 수행자를 발견하고 우유에 쌀을 섞어 미음을 쑤어드렸다고 한다. 그래서 부처님은 기력을 회복할 수 있었고, 이를 기념하기 위해서 그 자리에 수자타 템플이 세워졌다. 현재는 힌두절로 남아 있다. 불교에서 수자타의 공양을 최고의 공양으로 간주하는 것으로 보아, 아마도 이 주위가 전부 절터였을 것으로 추정하고 있다. 수자타가 올린 공양을 들고 회복한 부처님은 여기는

· 수자타의 공양을 기념해서 쌓은 스투파이나 지금은 다 허물어져
작은 언덕을 이루고 있다.

· 수자타가 부처님께 공양을 올린 자리에 수자타 템플이 세워졌다.
  현재는 힌두절로 남아 있다.

마을하고 너무 가깝기 때문에 네이란자라 강을 건너서 지금 대탑이 있는 자리로 가서 성도하였다. 강가에 흔하게 있는 억새 같은 풀이 쿠싸, 길상초이다. 부처님은 목동이 베고 있는 그 풀을 한 움큼 얻어 자리에 깔고 앉아서 정진을 하였다. 세월이 흘러가면서 경전 기록은 조금 추상화되긴 하였지만, 거의 이 지역 상황과 경전 내용은 일치하고 있다.

가섭 삼 형제 교화(敎化)장소

네이란자라 강은 두 갈래로 나뉘어 흐르게 되는데 위쪽을 모하나 강, 아래쪽을 네이란자라 강이라고 한다. 우루벨라 마을은 이 두 강을 끼고 있는 마을이며 우루벨라가섭이 제자 500명을 데리고 수행했던 자리이다. 모하나 강 밑으로 한 4㎞ 정도 내려가면 네이란자라 강과 만나는 지점에 동생인 나디가섭이 수행했던 자리가 있고 또 밑으로 한 4~5㎞ 내려가면 가야산 아래 막내인 가야가섭이 수행했던 자리가 있다. 이들의 성(姓)이 원래는 가섭이고 수자타 마을이 있는 이 동네 이름이 우루벨라인데, 이 마을에서 가섭이라는 사람이 수행을 한다고 해서 그 이름이 우루벨라가섭이 된 것이다.

이 삼 형제는 우루벨라가섭이 500명, 나디가섭이 300명, 가야가섭이 200명의 수행자를 거느리고 큰 종교 집단을 이루고 있었다. 이들은 불을 피워 신에게 제사를 지내는 불을 숭배하는 집단이었다. 그리고 힌두교는 뱀, 코브라를 아주 중요시하는데 우루벨라 역시 큰 코브라를 우물처럼 생긴 깊은 굴에 넣고 갖은 조화를 부려 많은 제자들로부터 숭앙을 받고 있었다. 빔비사라 왕도 이 우루벨라를 스승으로 받들고 공양을 받쳤었다.

　　　부처님이 녹야원에서 60명의 제자들을 모아놓고 모두 전도의 길을 떠나라 하고, 나도 우루벨라의 병장촌으로 가서 교화하겠다고 하며 온 곳이 바로 이 곳이다. 이 곳에 도착하여 부처님은 우루벨라가섭에게 "하룻밤 재워달라."고 했으나 "여기는 잘 장소가 없다."며 거절당했다. 그러자 부처님은 "어디든지 좋다."고 대답하였다. '어디든지 좋다.'는 말은 '네 맘대로 해도 된다.'는 의미가 있다. 그러자 우루벨라가섭은 "남은 장소라고는 독룡이 있는 굴밖에 없다."면서 그 곳으로 안내하며 내심 '오늘 젊은 수행자가 죽게 됐구나.' 이렇게 생각했다.

　　　부처님이 굴 속에 들어가 앉자 화룡이 불을 뿜으므로, 부처님도 불을 내뿜어서 신통으로 제압해 조그마한 물고기 정도로 만들어 발우에 담아놓았다고 한다. 아침이 되자 죽은 줄 알았던 부처님이 멀쩡하게 걸어나오는 것을 보고, 우루벨라가섭이 별일 없었느냐고 묻자 발우를 보여줬다는 이야기가 있다. 또 다른 경전의 기록은 부처님이 앉아있으니까 큰 코브라가 기어오더니 부처님의 무릎으로 올라와 목을 감더니 그냥 내려가 버렸다고 한다. 부처님은 이미 일체의 두려움에서 벗어나 그대로 무념의 경지에 들어 있었기 때문에 뱀이 나무를 타고 지나가듯 그냥 지나가 버린 것이다. 아침에 일어나서 우루벨라가 아무 일 없었느냐고 묻자 아무 일도 없었다고 대답하였는데 후자가 훨씬 더 사실적인 것 같다. (경전에는 '독룡이 있는 굴'로 표현하고 있어 옆으로 들어가는 동굴을 연상하게 한다. 그러나 현재의 유적지에는 우물같이 생긴 깊은 굴의 모습으로 남아 있다. 그 안에 코브라를 조각해 놓고 흰 천으로 덮어놓았다. 그 외에는 주변에 링가를 받들어 놓은 신전들만 있다.) 그

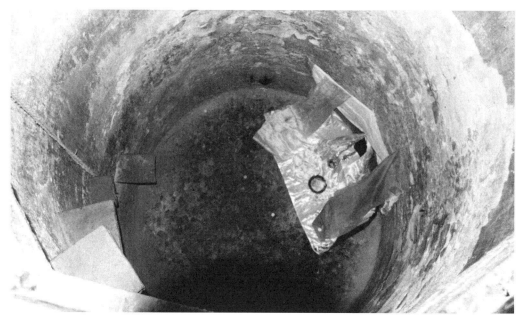

· 독룡이 살았다는 굴로 부처님이 독룡과 하룻밤을 묵었던 곳이다. 후에 우루벨라가섭이 부처님 제자가 되었음에도 불구하고
  지금은 힌두교 사원으로 남아 조각한 코부라를 받들어놓고 예배드리고 있다.

러자 우루벨라가섭이 이 젊은 수행자가 보통이 아님을 알았지만, 그래도 나의 신통보다는 못할 것
이라고 생각하며 은근히 자랑을 늘어놓았다. "우리는 빨대를 물고 물 속에 들어가면 하루 종일도 있
을 수 있다."고 하자, 부처님은 빨대도 안 물고 옷 입은 채로 물 속으로 들어가 나오지 않았다고 한
다. 우루벨라가섭이 결국 죽었구나 생각하며 배를 타고 찾으러 다녔는데, 부처님은 몸에 물 한 방울
도 젖지 않은 채 사흘만에 물 속에서 나왔다. 우루벨라가섭이 다소 놀라기는 했지만 그래도 부처님
을 인정하지 않았다. 그래서 부처님은 가섭과 3,600여 가지의 신통을 겨루었다고 하니, 그만큼 우
루벨라가섭을 교화하기가 쉽지 않았다는 의미이다. (캘커타 박물관이나 델리 박물관에 이러한 모습이
조각되어 전시되고 있다.)

며칠이 지나자 힌두 교단에 큰 행사가 있었다. 제단을 쌓고 의식을 행하기 위해 제 시간에 나무에 불을 붙여 기도를 해야 하는데, 아무리 나무를 비벼 불을 붙이려 했지만 도무지 불이 일어나질 않았다. 제자들이 달려와 우루벨라가섭에게 불이 안 일어난다고 하자, 옆에 있던 부처님이 지금 가 보면 불이 일어날 거라고 일러주었다. 미심쩍어하며 가 보았더니 정말 불이 확 붙는 것이었다. 놀란 우루벨라가섭은 사람들도 많이 오고 큰 행사를 진행하는데 이 젊은 수행자가 또 무슨 일을 할지 몰라 '없었으면 좋겠다' 이런 생각이 은근히 마음 속에 일어났다. 그러자 부처님은 그 마음을 알고 슬며시 자리를 피했다가 행사가 끝난 뒤 저녁 무렵에야 돌아왔다.

부처님이 돌아온 것을 본 우루벨라가섭은 "오늘 굉장한 행사를 했는데 그대가 있었으면 좋았을 걸 말이야." 하니 부처님이 "당신이 오늘 아침에 내가 여기 없었으면 좋겠다고 생각하지 않았냐."고 말씀하였다. 속을 훤히 들여다본 것이다. 그러면서 "일체의 세상 만사를 다 변화시킬 수 있는 신통이 있다 하더라도 마음에 나라고 하는 상이 있고, 욕심이 있으면 질투심이 생긴다. 이것이 모든 고통의 근본이오."라고 하였다. 우루벨라가섭은 신통이 자유자재해도 지금까지 자기 번뇌의 뿌리를 못 봤는데, 이 말씀을 듣는 순간 번뇌의 뿌리를 확연히 보게 되었다. 해탈한 것이다. 그 자리에서 일어나 부처님에게 절을 하면서 제자로 받아들여줄 것을 청했으나, 부처님은 "당신은 유명한 수행자이고 제자들이 이렇게 많은데 경솔히 처신하면 안 됩니다."라고 하였다고 한다. 그러나 거듭 세 번을 청하여 허락을 받는다.

우루벨라가섭은 500명의 제자들을 모아놓고 "나는 이제까지 불을 섬기면서 복을 빌어왔으나, 오늘 부처님을 만나서 번뇌의 뿌리를 뽑게 되었다. 나는 이 분의 가르침을 따라 정진하기로 하였으니 너희들은 자유로이 어디든지 가거라." 하였다. 그러자 500명의 제자들 역시 스승님이 존경하는 분이라면 우리도 당연히 그 분을 모시고 정진하겠다고 하며, 불을 섬기는 제구를 전부 강에 갖다 버리고 머리를 자르고 부처님의 제자가 되었다. 4㎞ 밑에 있던 나디가섭이 제단을 쌓는 갖가지 신성한 제구가 물에 떠내려오는 것을 보고 무슨 큰 변고가 생긴 줄 알고 제자 300명과 함께 달려왔으나, 형의 얘기와 부처님의 설법을 듣고 300명이 다 교화되어 또 출가하였다.

　　　　　이 소문을 들은 가야가섭은 큰 마법을 쓰는 사람이 나타나 교단을 완전히 전멸시킨다 하여 아예 가야산 아래에서 움직이지 않았다. 결국 우루벨라가섭이 동생을 찾아가 설득하고, 부처님이 가야가섭 수행터에 가서 설법하여 그들도 귀의하게 된다. 여기서 1,000명의 비구를 모아놓고 부처님은 "밖에 있는 불은 껐다. 그러나 우리들의 마음 속에 불타고 있는 탐진치 삼독의 불은 아직 끄지 못했기 때문에, 비구들은 모든 번뇌의 근본인 탐진치 삼독의 불을 꺼야 한다."고 하는 유명한 '불의 설법' 을 하였다.

　　　　　아쇼카 왕이 이 곳을 기념하여 기념비와 사원을 세웠지만 불교가 멸한 후, 가섭 형제들이 수행했던 자리는 모두 브라흐만들에 의해 힌두교 성지로 자리바꿈하고 가섭 형제들은 불자가 아닌 힌두교 성자로 전해지고 있다.

전정각산(前正覺山)의 유영굴(留影窟)

　　　　　원래는 둥게스와리(Dungesuri)라고 하나 부처님이 정각을 이루기 전에 6년 간 머무른 산이라고 해서 전정각산(prakbodhi)이라 불리게 되었다. 이 산은 작은 가시나무 천지로 험한 돌산이다. 산 정상과 능선이 10여 개의 고대 탑이 허물어진 채 남아 있다. 이 산에는 부처님이 머물렀다는 3개의 굴이 있다. 산의 중간쯤 가파른 절벽 밑에 커다란 굴이 유영굴인데, 향과 초의 그을림으로 부처님의 그림자가 깃들어 있다는 이미지와는 조금 거리가 느껴진다. 지금은 티베트 스님들이

절을 짓고 지키고 있다. 또 부처님이 마셨다는 샘과 연못이 산 중턱에 있다. 부처님은 고행을 그만

두고 네이란자라 강에서 목욕을 하고 수자타가 준 유미죽으로 원기를 회복한 뒤 수도를 계속하기

위해 전정각산에 올랐다. 그러자 대지가 진동하고 산꼭대기도 기

울면서, 이 곳의 산신과 천신이 부처님에게 이 산에서 내려가 우루

벨라 마을의 핍팔라나무 아래서 정진하기를 간청했다고 한다. 그

러자 이 산을 지키는 용이 섭섭해 하며 자신이 사는 동굴에서 성도

하기를 부탁드렸다는데, 부처님은 이 용을 위로하기 위해 부처님

의 그림자를 동굴에 남기고 떠났다고 한다. 그래서 이 굴을 유영굴

· 전정각산 전경으로 이 곳에는 유영굴(상)과 부처님이 마셨다는 샘(중)과 연못(하)이 있다.
 전정각산 위에는 흔적만 남은 여러 개의 탑터를 볼 수 있다.

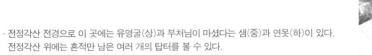

(留影窟)이라고 하는 것이다. 산을 내려오면 시체를 갖다 버리는 시타림이 있는데 이 주변에 다섯 비구와 함께 있으면서 6년간 극심한 고행으로 수행을 삼았던 곳이다. 그 때 부처님의 형상은 뼈에 가죽만 남은 몰골로 죽은 사람으로 착각할 정도였다고 한다. 이 곳의 돌무더기는 부처님의 6년 고행을 기념해 세운 탑터라고 하나 허물어져 커다란 돌들만 뒹굴고 있다. 해마다 티베트 스님들이 찾아와 이 곳을 기리는 행사를 갖기도 한다.

가야의 상두산 *Gaya shirsha*

가야는 힌두교 7대 성지 가운데 하나이며 비하르주에서 3번째로 큰 도시이다. 일년에 힌두교 순례자들이 30만 명이 찾아 든다고 한다. 그들은 네이란자라 강변에 와서 조상의 뼈를 뿌리고 물에 공양을 올림으로 하여 조상 숭배를 하는 예식을 베푼다. 이 곳 가야산은 산 꼭대기에

코끼리 머리 같은 평평한 바위가 있어서 상두산이라고도 하며 지금은 브람조니(Brahamayoni)라고 부른다. 산 밑자락에는 가야가섭의 수행터가 있고 역시 이 곳에도 부처님을 기념하는 아쇼카 탑이 세워져 있다.

· 산 꼭대기에 코끼리 머리 같은 바위가 있어서 상두산이라고도 하며,
이 곳에서 가섭 삼 형제를 비롯하여 1,000명의 비구들에게 그 유명한
'불의 설법' 을 하였다.

수자타 아카데미 *Sujata Academy*

전정각산 밑에 부처님이 고행하던 시타림이 마주 보이는 곳에 위치하고 있다. 이 곳 둥게스와리 지역은 비하르주에 속하며 인도에서도 가장 극심한 빈곤 지역으로 문명의 혜택을 전혀 받지 못하는 곳이다. 하리잔 중에서도 더 계급이 낮은 불가촉 천민들이 살고 있는 마을로 문맹

률은 거의 100%에 가깝다. 땅은 거의 거친 모래로 그나마 연 중 3개월 정도 겨우 농사를 지을 수 있어, 부족한 식량은 이 곳을 방문하는 여행객들에게 구걸을 하거나 때로는 약탈로 생계를 꾸려갔다.

　　　　1993년 12월 처음 이 지역을 방문한 것을 계기로 사단법인 한국 JTS는 이 지역 주민들과 협의 하에 주민들은 땅과 노동력을 제공하고 한국 JTS는 자재를 공급하여 수자타 아카데미라고 하는 초등학교를 세워 운영하고 있다. 1994년 1월에 개교한 이래로 현재 첫 졸업생을 배출했으며, 학생 수는 200여 명이고, 중학교와 12개의 마을을 대상으로 한 11개의 마을 유치원도 개설하였다. 그 밖에 16개 주변 마을 만여 명의 주민들을 무료로 진료하고 있는 지이바카 병원을 운영한다.

　　　　학교 앞 시타림은 싯타르타 공원으로 조성 중이며 부처님이 고행하며 명상에 잠겼던 곳은 명실공히 명상 센터로 복원, 구상 중에 있다. 지금은 몇 년 전과는 달리 마을이 많이 깨끗해졌으며 구걸하는 어린이들은 더 이상 볼 수 없다. 모든 학생에게 무료 교육과 무료 급식을 하고 있으며, 선생님들도 자원 봉사자들로서 모든 것은 보시금으로 운영되고 있다.

· 수자타 아카데미의 전경으로, 마주 보이는 건물은 교실이며 지이바카 병원은 법당 건너에 있다.
　교실을 마주하는 곳에 법당과 이 곳 선생님을 위한 기숙사가 있다.

Rajgir

라즈기르

라즈기르는 강대한 북인도의 군주 국가 마다가 국의 수도였다. 인도에서 산을 보기는 참으로 드문 일인데
바이바라 언덕과 비푸라 언덕, 라트나 언덕, 찻타 언덕, 소나 언덕으로 둘러 싸여 있는 천연의 요새이다.

라즈기르는 강대한 북인도의 군주 국가 마가다 국의 수도였다. 인도에서 산을 보기는 참으로 드문 일인데 바이바라(Vaibhara) 언덕과 비푸라(Vipula) 언덕, 라트나(Ratna) 언덕, 찻타(Chhatha) 언덕, 소나(Sona) 언덕으로 둘러 싸여 있는 천연의 요새이다. 라즈기르는 빔비사라 왕이 머물고 있던 구 왕사성과 아들인 아자타삿투 왕에 의해 건립된 신 왕사성으로 나뉘어져 있다. 2500년 전에 쌓은 옛 성의 방벽은 길이가 무려 40Km나 되며 현재까지 남아 있는 것 중에 인도에서 가장 오래된 석조 성벽이라고 한다. 당시 강가 강 북쪽의 강대국이었던 코살라 국을 의식해 튼튼히 쌓은 것으로 보인다.

북인도의 정치, 경제, 문화의 중심지로 꽃피우던 왕사성은 부처님과 인연이 깊은 고장이다. 부처님은 카필라바스투를 떠나 출가하여 이 곳에서 두 분의 스승을 만나 수행하였고, 빔비사라 왕과 첫 만남을 갖게 된다. 성도 후 천 명의 비구를 이끌고 돌아와 오랫동안 머물면서 교화 설법하여, 빔비사라 왕은 물론 사리푸트라와 목갈리나 등 유능한 제자의 귀의를 받고 최초의 불교 사원인 죽림정사를 기증받은 곳이기도 하다. 그러나 관개 용수의 부족으로 파탈리푸트라로 수도를 옮겨 이 곳은 차츰 황폐해졌다.

불교의 쇠락으로 이 곳 불교 성지는 소수의 바라문과 자이나교도들에 의해 유지되고 있다. 그리고 이 곳 라즈기르는 자이나교의 창시자 마하비라의 중요한 수행처로써 현재에도 많은 자이나교 사원이 세워져 있으며 신자들의 순례가 끊임없이 이어지고 있다.

Rajgir

성도 전

빔비사라 왕이 부처님을 처음 만났을 때, 왕은 그 수행자의 자태가 거룩해 보여 공주와 결혼하여 이 나라를 같이 다스리면 어떻겠냐는 제안을 하였다. 그러나 부처님이 거절하자 이번에는 이 나라의 반을 주겠다고도 하고 혹은 군대를 줄 테니까 이웃 나라를 쳐서 영토를 확보하여 통치하라고 제안하는 등 갖가지로 머물기를 청하였다. 그러나 출가의 목적은 모든 중생이 늙고 병들어 죽어 가는 고통을 구제하기 위해서일 뿐 욕락을 구하기 위한 것이 아님을 밝히고 그 청을 거절하였다. 그리고 부처님은 이 곳에서 아라라까라마 스승을 만나 무소유처의 선정 삼매에 도달하였으나 열반의 길이 아님을 알고 스승 곁을 떠났다. 다시 웃타카라마푸투라를 스승으로 모시고 수행하며 비상비비상처의 선정 삼매에 도달하였으나 이것 역시 세상 고통의 해결 방안이 아님을 알고 가야로 떠났다.

빔비사라 왕의 귀의

부처님은 성도 후 부다가야로부터 천 명의 비구를 이끌고 한 사람이 움직이듯 정적 속에 왕사성으로 돌아왔다. 성문 밖 16㎞지점에 부처님이 이르렀을 때 그 소문을 듣고 빔비사라 왕이 신하들을 거느리고 마중을 나왔다. 그런데 부처님이 아닌 우루벨라가섭한테 공양을 올리며, "우루벨라가섭이여, 세 살 먹은 어린아이가 칠십 먹은 노인을 보고 이 사람이 내 손자요 하는 것은 믿을 수 있지만, 당신이 어떤 젊은 수행자에게 귀의했다는 그 말은 도저히 믿을 수가 없습니다."라고 말했다. 그러자 우루벨라가섭은 부처님을 세 바퀴 돌고 무릎 꿇고 절을 하면서 "이 분은 나의 스승이고, 나는 이 분의 제자입니다." 이렇게 선언하였다. 그리고 "제가 이 분을 만나기 전에는 윤회의 씨앗을 심었습니다. 그런데 제가 이 분을 만나고 나서는 윤회의 씨앗을 버렸습니다."라고 하자 빔비사라 왕은 모든 것이 사실임을 알고 부처님에게 절을 하고 법을 청하였다. 부처님이 법을 설하자 빔비시라 왕은 크게 깨달음을 얻었다. 그리고는 부처님에게 이렇게 말했다. "내 평생에 다섯 가지 소원이 있었습니다. 첫째는 내가 왕이 되는 것이요, 둘째는 부처님이 내 나라에 출현하는 것이요, 셋째는 내가 그 부처님을 만나 뵙는 것이요, 넷째는 부처님의 설법을 듣고 깨닫는 것이요, 다섯째는 내가 부처님께 공양을 올리는 것입니다. 그런데 저는 오늘 모든 소원을 다 성취했습니다. 부디 부처님께서는 저의 공양을 받아주십시오."하고 왕궁으로 초청하나 부처님은 거절하였다. 부처님은 걸식만을 하였고, 궁성 출입을 안 하였기 때문이다. 그래서 빔비시라 왕은 왕궁에서 멀지도 않고 너무 가깝지도 않은 왕궁 밖에 있는 자신의 아름다운 대나무 숲을 부처님에게 기증하였다. 이것이 불교 최초의 절인 죽림정사이며, 부처님과 그 제자들은 그 곳에 머물면서 정진하며 교화 활동을 시작하였다.

사리푸트라와 목갈리나

부처님의 첫 교화 대상인 다섯 비구 가운데 맨 마지막에 교화된 앗사지가 성내에 탁발을 나갔을 때였다. 사리푸트라는 앗사지의 위의를 보고 너무 존경스러워서 당신은 어떤 성자냐고 물었다. 앗사지가 부처님의 제자라고 대답하니 "당신 같은 분에게도 스승이 있다니!"하고 놀랐다고 한다. 사리푸트라가 그 분은 무엇을 가르치느냐고 묻자 "이것이 있으므로 저것이 있고, 이것이 없으면 저것이 없다. 이것이 생기므로 말미암아 저것이 생기고, 이것이 사라지므로 말미암아 저것이 사라진다. 마치 두 개의 볏단이 서로 의지해서 존재하듯이 이 세상의 이치도 그렇다."라고 연기법을 설하였더니 사리푸트라는 마치 덮인 것이 벗겨지듯 마음의 눈이 열렸다.

사리푸트라와 목갈리나는 어릴 적부터 친구로 회의론자인 산자야를 스승으로 모시고 수행을 하고 있었고 제자도 각각 100명씩이나 있었다. 그러나 두 사람은 늘 공부에 뭔가 만족하지 못한 점이 있어 누구든지 좋은 일이 있으면 서로 나누어 가지자고 약속을 한 터였다. 오늘 사리푸트라가 기쁜 얼굴로 돌아오는 모습을 보고 목갈리나가 물었다. 사리푸트라는 목갈리나에게 자초지종을 이야기한 후 스승을 찾아가 그 수행자에 대한 이야기를 하지만, 스승은 그런 것은 소문이지 믿을 게 못된다고 회의적으로 대답하였다고 한다. 그래서 이 둘은 자기 스승을 뒤로 하고 부처님을 찾아가서 부처님의 설법을 듣고 마음의 눈이 열려, 부처님보다 나이도 훨씬 많았지만 그 분의 제자가 되었다.

사리푸트라는 본래 아주 뛰어난 수행자였다. 부처님의 제자가 되어서는 이후 교단을 조직적 체계로 틀을 잡고, 새로 들어오는 비구들의 모든 교육이나 수계를 담당하며 교단을 이끌어간 공로가 혁혁하다. 목갈리나 또한 부처님에게 귀의하기 전에 이미 인도 당대 신통 제일이란 별칭이 있었다. 그러나 부처님을 만난 이후로는 그 신통을 죽을 때까지 한 번도 사용하지 않았다고 한다. 뛰어난 신통을 갖고 있는 목갈리나가 부처님의 제자가 되었다는 것 역시 교단에 대해서 누구도 함부로 할 수 없는 요인이 되지 않았나 하는 설도 있다.

부처님이 성도하고 1년 안에 사르나트에서 교화한 60명과 더불어 우루벨라에서 교화한 1,000명과 라즈기르에서 교화한 200명의 제자를 두게 되었는데, 경전에 나오는 1,250아라한은 이들을 말하는 것이며 모두 부처님이 성도하고 2~3년 내로 출가한 이들이기에 교단에서는 장로라고 불렀다.

두타 제일 마하가섭

출가하기 전 마하가섭은 아주 부잣집에 신분이 높은 브라흐만이었다. 가섭은 수행하기를 즐겨 결혼하지 않으려고 했으나 부모의 강요로 어쩔 수 없자 꾀를 하나 내었다. 향나무로 아주 아름다운 처녀를 하나 조각하여 어머니에게 보여주면서 이런 처녀가 있으면 결혼하겠다고 제안하였다. 어머니는 백방으로 수소문하여 마침 그런 처녀를 찾아내었고 마하가섭은 어쩔 수 없이 결혼하게 되었다.

　　　　그런데 첫날밤 마하가섭이 부인에게 사실은 결혼할 생각이 없었는데 부모님을 편안하게 해 드리려고 결혼했다고 고백을 하였다. 그랬더니 그 아름다운 여인마저도 똑같이 그런 생각으로 어쩔 수 없이 결혼했다고 하였다. 그래서 그들은 부모님이 돌아가실 때까지 단지 부부의 흉내만 내기로 서로 약속을 했다. 사정을 모르는 부모님은 손자를 얻기 위해 갖은 애를 쓰다가 결국 죽게 되자, 마하가섭은 이 재산을 부인에게 다 물려주고 자신은 출가해야 되겠다고 생각했다. 그런데 부인 또한 거짓 결혼 생활이 끝났으니 출가해야겠다고 마음을 내었다. 그리고 서로 동시에 똑같은 말을 꺼냈다고 한다. 그들은 재산을 가난한 사람에게 모두 나누어 주고 등을 서로 맞대고 한 사람은 동쪽으로 또 한 사람은 서쪽으로 출가의 길을 떠났다.

　　　　불나방이 불빛에 이끌리듯 마하가섭은 자기도 모르게 죽림정사로 와서 부처님을 만나게 되었다. 부처님은 마하가섭을 보자 "마하가섭이여, 내 이미 당신을 기다린 지 오래요"하며 마치 가섭을 기다렸던 사람처럼 환영하였고, 마하가섭 또한 부처님을 뵙자마자 바로 출가를 해서 부처님의 제자가 되었다.

　　　　마하가섭은 출가한 후에도 아마 부잣집의 귀태를 쉽게 못 버렸던 것 같다. 어느 날 부처님과 같이 수행을 하다가 부처님이 가섭의 옷을 만지면서 "가섭이여, 옷이 참 좋구려."라고 했다고 한다. 마하가섭이 깜짝 놀라 옷을 비교해 보니까 자기 옷은 비단 옷이고 부처님의 것은 거의 누더기였다. 그 때까지 가섭은 아무런 의식도 하지 못하고 산 것이다. 그 자리에서 일어나 자기 옷을 벗어 부처님에게 드리고 부처님 옷을 받아서 자신이 입었다. 그 이후로 평생을 분소의가 아니면

입지 않고 거친 음식을 먹으며 편안한 곳에서는 잠자지 않는 두타행(頭陀行)을 했다고 한다.

제1결집

부처님이 열반에 들자 사람들은 각자의 생각과 의견을 마치 부처님이 말씀한 것처럼 주장하여 여러 가지로 의견이 갈라지게 되었다. 이것을 보고 가섭 존자는 세월이 흐르면 부처님의 가르침을 자기 식대로 해석할 것을 우려하였다. 그래서 아라한과를 증득한 장로 500명을 칠엽굴에 모아놓고, 늘 부처님 곁에서 시봉했던 아난 존자가 경의 초안자가 되고, 우팔리 존자가 율의 초안자가 되어서 부처님의 말씀을 읊었다. 그러면 부처님으로부터 직접 들은 다른 대중들이 그것을 하나하나 검증하여 부처님이 한 말씀인지 아닌지를 확인하여, 이 곳에서 확인된 것만을 경전으로 인정하기로 했다. 이렇게 경율이 편집된 것을 제 1결집이라고 한다. 당시 이 경들은 글로 남긴 것이 아니라 암송하여 전하여졌기 때문에, 초기 경전인 아함경을 보면 대부분 싯귀로 내용이 축약되어 있다.

아난 존자가 부처님으로부터 들은 말씀을 암송할 때 너무 부처님의 목소리와 흡사하였기 때문에, 모든 대중들은 '부처님이 살아오셨는가? 타방에 계시는 부처님이 오셨는가? 아난 존자가 부처가 되었는가?' 이런 세 가지 의심이 들었다고 한다. 그래서 모든 경전은 시작할 때 반드시 부처님이 한 말씀인 것을 증명하기 위하여 6사성취를 지키고 있다. 예를 들면 금강경 첫 구절을 보면 여시(如是)는 믿음이 성취된 것이고, 아문(我聞)은 들음이 성취된 것이고, 일시(一時)는 때가 성취된 것이고, 불(佛)은 설법주가 성취된 것이고, 사위성 기수급고독원은 장소가 성취된 것이고, 비구대중 1,250인과 구(俱)하심은 대중과 함께 하니 청중이 성취된 것이다.

감옥에 갇힌 빔비사라 왕과 위제희 부인의 원망

　　　　　부처님을 극진히 모셨던 빔비사라 왕은 왕자 아자타삿투에게 왕위를 찬탈당하고, 일곱 겹의 담으로 둘러쳐진 감옥에 갇혀 굶어죽었다. 왕의 부인이며 왕자의 어머니인 위제희의 가슴은 찢어질 듯 아팠다. 평소에는 부처님을 존경하며 극진히 모셨지만 이런 불행을 당하고 보니, 내가 전생에 무슨 죄를 지어 이런 일을 당하는 것이냐며 울부짖으며 부처님을 원망하였다. 이것을 안 부처님은 아들과의 인연을 말씀한다.

　　　　　강력한 마가다 국을 통치하는 빔비사라 왕에게는 후손이 없었다. 초조한 왕은 예언자에게 그의 심정을 토로하게 되었다. 그러자 그 예언자는 어느 숲에서 어떤 선인이 지금 수행을 하고 있는데 그 선인이 수명을 다하면 왕자로 태어날 것이라고 말해 주었다. 이 말을 듣고 뛸듯이 기뻐하며 왕은 그 선인이 수행하고 있는 곳을 미리 확인해 보고는 그가 죽기만을 기다렸다. 그러나 기다리고 기다리던 왕은 답답하고 조급한 나머지 그 선인을 죽이고 만다. 이 때 선인은 왕에게 이 과보는 꼭 받게 될 것이라고 말하며 죽었다고 한다.

　　　　　그 후 위제희 부인은 건강한 왕자, 아자타삿투를 출산한다. 왕자의 탄생으로 왕은 엄청난 기쁨을 누리면서도 죽어 가던 선인의 말이 마음에 걸려, 어느 날 밤 궁궐의 높은 난간에서 왕자를 떨어뜨린다. 그러나 곧 정신을 차리고 뛰어내려가 보니 아이는 손가락 하나만 다쳤을 뿐 아무 이상도 없었다. 자신의 잘못을 뉘우친 왕은 이 세상의 어떤 보물보다도 더 소중히 왕자를 사랑하고 아끼며 키웠다.

　　　　　그러나 왕자가 장성하고 세상 일을 익힐 즈음, 마침 모반을 꿈꾸던 데바닷타는 왕자에게 지난 과거의 일을 알려주며 자신을 죽이려 했던 부왕을 제거할 것을 권유한다. 이에 광분한 왕자는 빔비사라 왕을 감옥에 가두고 왕위를 찬탈한다. 부왕이 굶어죽기만을 기다리던 아자타삿투는 어머니가 면회갈 때마다 음식을 갖다주는 것을 알고 어머니마저 감금시키고 만 것이다.

이런 상황에 처해 부처님 말씀을 듣고 비로소 불법의 진의를 제대로 알게된 위제희 부인은 아미타불의 나라에 태어나기를 원한다. 그래서 부처님은 관무량수경을 설하게 되는데, 모든 경전이 부처님의 뛰어난 제자들이 법을 묻고 부처님이 법을 설한다면, 이 경전만은 극단적 고통 속에 처한 위제희 부인이 부처님에게 자기 신세 타령을 하는 데서부터 부처님의 법이 설해지는 것이 특징이다. 아미타경, 무량수경, 관무량수경을 정토삼부경이라 하는 데 그 중 하나이다.

데바닷타의 반란

데바닷타는 부처님의 아주 뛰어난 제자 가운데 한 사람이었고, 세속적으로는 사촌 동생이다. 그런데 안타깝게도 교단의 분열을 일으킨 사람이기도 하다. 그 당시에도 사람들은 신통에 대한 추앙이 유별했던 것 같다. 데바닷타는 신통력이 뛰어나 마가다 국의 왕자였던 아자타삿투의 스승이 되었다.

어느 날 데바닷타는 부처님에게 이렇게 말씀드렸다. "연세도 드셨는데 이제 부처님께서는 좀 편히 쉬시고 교단은 제가 이끌면 어떻겠습니까?" 그러자 부처님이 "상가는 누구에 의해서 지도되는 것이 아니다. 설령 지도자가 필요하다 해도 하필 왜 너이겠느냐? 사리푸트라나 목갈리나가 있지 않느냐?" 이렇게 말씀하며 데바닷타의 의견을 받아들이지 않았다.

또 데바닷타는 어느 날 부처님과 제자들이 앉아 있는 자리에서 "부처님, 출가 수행자는 이 다섯 가지를 지켜야 합니다. 첫째, 비구들은 분소의만을 입어야 합니다. 둘째, 비구들은 하루 한 끼만을 먹어야 합니다. 셋째, 비구들은 채식만 해야 합니다. 넷째, 밥은 반드시 구걸할 것이며, 일체의 공양에 초대받지 말아야 합니다. 다섯째, 비구들은 나무나 동굴에서 자야 하며 오두막이나

가옥에서 잠을 자서는 안 됩니다." 하고 문제를 제기했다.

　　그런데 부처님이 그 얘기를 듣고 "데바닷타여, 분소의를 입는 것은 수행자로서 참 좋은 일이다. 그러나 분소의가 없을 때는 새 옷을 입어도 괜찮다. 하루 한 끼를 먹는 것은 수행자로서 참 좋은 일이다. 그러나 어린아이나 환자는 때로는 하루에 두 끼도 먹을 수 있다. 나무 밑이나 동굴에서 수행하는 것은 수행자로서 훌륭한 일이다. 그러나 비가 올 때나 혹은 때에 따라서 처마 밑이나 집에서 잘 수도 있다. 채식을 하는 것은 수행자로서 참 좋은 일이다. 그러나 동물이 그들 모르게 죽은 것이 분명하다면 그 음식을 공양받을 수도 있다."라고 말씀하였다.

　　어느 날 부처님이 왕사성을 떠나 다른 곳에 있을 때 데바닷타는 이 다섯 가지 수행을 문제 삼아 교단에 독립을 선언했다. 수행자로서 이 다섯 가지 고행을 더욱 더 강조하며 대중을 이끌고 가야산으로 갔다. 이 나라의 태자가 데바닷타의 제자였기 때문에 가뭄에도 불구하고 공양물이 풍부해서 그런지 어쨌든 교단에 있던 제자들이 거의 다 데바닷타를 따라가 버렸다. 그 때 아난은 어찌 사리푸트라마저도 따라갈 수가 있느냐고 통곡을 했다고 한다.

　　그 곳에서 데바닷타는 새로운 부처로서 행동했다. 부처님이 연세가 많이 들면서 부처님은 쉬고 사리푸트라나 목갈라나가 대신 제자들의 질문에 대답을 할 때도 있었다. 그러면 부처님은 뒤에서 몸을 누이고 듣고 있다가 사리푸트라의 얘기가 맞다고 증명해 주곤 하였다. 부처님이 증명하면 그것은 부처님의 말씀과 똑같은 힘을 갖게 된다. 그러니까 가야에서 데바닷타가 이러한 모습으로 부처님을 흉내내고 있었다.

　　그런데 어느 날 데바닷타가 잠이 들었을 때 사리푸트라는 500명의 제자들에게 무엇이 바른 수행인가에 대해 이야기를 하였다. 그 동안 500명의 제자들이 마치 무엇인가에 홀린 것처럼 있다가 사리푸트라의 설법을 듣고 정신이 번쩍 들었다. 그래서 데바닷타를 포함하여 6명만 남고 모두 사리푸트라를 따라 다시 부처님 곁으로 돌아왔다. 이 때 남은 여섯 명의 비구를 육군비구(六群比丘)라고 한다. 불가에서 육군비구가 반역자를 뜻하는 것은 바로 이 때문이다.

데바닷타는 새로운 교단의 설립에 실패하자 아자타삿투 왕자와 둘이서 음모를 꾸미게 된다. 아자타삿투 왕자는 부왕을 죽이고 왕위를 찬탈하고, 데바닷타는 부처님을 살해하고 교단을 장악하려 하였다. 데바닷타는 부처님을 3번이나 살해하려 했으나 다행히 성공하지 못한다. 처음에는 자객을 시켜 살해하려 했으나 명상에 잠긴 부처님을 뵙고 자객은 스스로 칼을 떨어뜨리고 만다. 자객이 부처님에게 엎드려 이실직고하자 오히려 부처님은 돌아가는 길에 해를 입을 것을 염려해 다른 길로 피해 도망갈 것을 권유한다. 결국 부처님 앞에서는 사람의 마음이 흔들리는 것을 안 데바닷타는 다음에는 코끼리에게 술을 먹여 부처님에게 달려들게 하였다. 그러나 술에 취해 흥분한 코끼리마저 부처님 앞에 얌전히 무릎을 꿇고 순해지자, 데바닷타는 아무것도 믿을 수 없다고 생각하여 스스로 부처님을 살해하려고 했다. 부처님이 영축산에 오르는 길목에서 기다리다 절벽 위에서 바위를 굴린 것이다. 그러나 다행히 부처님은 바위끼리 부딪쳐 조각난 파편에 맞아 발에 약간의 상처를 입었을 뿐이다.

훌륭한 수행자라도 그 마음 속에 시기와 질투가 있고 욕심이 있을 때는 이러한 일을 초래하는 불상사가 있게 마련이다. 부처님에게 음식을 잘못 드려서 열반에 들게 한 춘다마저도 불가에서는 부처님에게 올린 마지막 공양이라 하여 추앙을 받는데, 훌륭한 수행자였던 데바닷타는 많은 경전에서 비판받는 모습으로 비추어지고 있다. 그러나 대승 경전인 법화경에는 데바닷타도 전생에 부처님의 스승이었고, 부처님으로부터 미래에 성불한다는 마정 수기를 받기도 한다.

영산회상에서

일대사(一大事)의 인연

이와 같음을 내가 들었사오니 한 때에 부처님께서 왕사성 기사굴산 영산회상에 머무시었다.

부처님께서 사리푸트라에게 말씀하시었다.

"이와 같은 묘법은 입으로 말할 수 없고 뜻으로 생각할 수 없으므로 모든 부처님께서 때를 당하여 이를 설하시나니 우담발화꽃이 삼천 년만에 한 번 피는 것과 같이 만나보고 얻어듣기 어려우니라.

사리푸트라여, 너희 등은 마땅히 믿을지어다. 부처님 말씀하신 바는 진실이요 허망함이 없느니라.

사리푸트라여, 모든 부처님께서는 중생의 근기에 따라 법을 설하시나니 그 뜻을 알기가 어려우니라. 어찌하여 그러한가 하면 내가 수없는 가지가지 인연과 비유의 말로써 모든 법을 연설한 까닭이니라. 이 법은 사량분별로는 감히 알기 어려우니 오직 부처님만이 능히 알 수 있는 것이라. 이것은 삼승이나 이승이 아닌 오직 일승인 까닭이니라. 어찌하여 그러한가 하면 모든 부처님께서는 오직 일대사의 인연을 가지고 세상에 출현하시느니라.

사리푸트라여, 어찌하여 모든 부처님께서 오직 일대사 인연을 가지고 세상에 출현하신다 하는가 하면, 모든 부처님께서 중생으로 하여금 부처님의 지견을 열어 청정함을 얻게 하고자 하시므로 세상에 출현하심이며, 중생에게 부처님의 지견을 보여 주고자 세상에 출현하심이며, 중생으로 하여금 부처님의 지견을 깨닫게 하고자 세상에 출현하심이며, 중생으로 하여금 부처님의 지견도에 들게 하고자 하시므로 세상에 출현하시었느니라.

사리푸트라여, 이것이 모든 부처님께서 오직 일대사 인연을 쓰는 고로 세상에 출현하신다고 함이니라."

부처님께서 사리푸트라에게 말씀하시었다.

"모든 부처님이 다만 보살을 교화하심은 여러 가지 지은 바가 항상 일대사 인연을 위함이니 오직 부처님의 지견으로써 중생에게 보여 깨닫게 하심이니라.

사리푸트라여, 여래가 다만 일불승으로 중생을 위하여 설법함이요 다른 법이 남아 있지 않거늘 어찌 이승이 있고 삼승이 있겠느냐.

사리푸트라여, 모든 부처님의 법도 또한 이와 같느니라. 과거의 모든 부처님이 한량없고 수없는 방편과 가지가지 인연과 비유의 말씀으로 중생을 위하여 모든 법을 연설하였으니 이 법은 다 일불승을 위한 까닭이니라. 이 모든 중생이 모든 부처님을 따라 법을 받들어 듣고는 구경에 일체 종지를 얻게 되었느니라.

사리푸트라여, 미래의 모든 부처님이 마땅히 세상에 출현하시어 또한 한량없고 수없는 방편과 가지가지 인연과 비유의 말씀으로 중생을 위하여 모든 법을 연설하시리니 이 법도 다 일불승을 위한 까닭이니라. 이 모든 중생이 부처님을 따라 법을 받들어 듣고 구경에 다 일체 종지를 얻으리라.

사리푸트라여, 현재 시방의 한량없는 백천만억 부처님 국토 중에 계시는 모든 부처님께서 중생을 많이 이익되게 하며 안락하게 하시나니, 이 모든 부처님도 한량없고 수없는 방편과 가지가지 인연과 비유의 말씀으로 중생을 위하여 모든 법을 연설하심이니, 이 법도 또한 일불승을 위한 까닭이니라. 이 모든 중생이 부처님을 따라 법을 받들어 듣고 구경에 다 일체 종지를 얻게 되느니라. 사리푸트라여, 이 모든 부처님이 다만 보살을 교화하여 부처님의 지견을 열어 중생에게 보이고자 하심이며, 부처님의 지견으로 중생을 깨치도록 하고자 하심이며, 중생으로 하여금 부처님 지견에 들게 하고자 하시는 까닭이니라.

사리푸트라여, 나도 이제 또한 이와 같아서 모든 중생의 가지가지 욕망이 마음 깊이 집착해 있는 바를 알아서 그 본성을 따라 가지가지 인연과 비유의 언사와 방편의 힘을 가지고 법을 설하였느니라.

사리푸트라여, 이는 다 일승과 일체 종지를 얻게 하고자 함이니라."

『묘법연화경』

나라가 망하지 않는 법

어느 때 세존께서는 라자그라하 영축산에 머물고 계셨다. 그 무렵 마가다 국에서는 국왕인 아자타삿투가 이웃 나라 밧지족의 침공을 기도하고 있었다.

왕은 말했다.

"저 밧지족은 국력이 대단하고, 국위도 크게 상승하고 있다. 그러나 그것이 아무리 대단하다 해도, 나는 그들을 단숨에 괴멸시키고, 멸망시켜야만 한다."

그리하여 마가다 국의 국왕인 아자타삿투는 전쟁의 승패 여부를 영축산에 머물고 계시는 세존께 상의하고자 마가다의 대신, 밧사카라 바라문을 불러 다음과 같이 말하였다.

"바라문이여! 그대는 지금 곧바로 영축산으로 가 나의 뜻을 세존께 전해 드려라. 영축산에 도착하여 세존을 알현하면, 우선 세존의 발에 머리를 대어 예배하고 나의 말로써, 세존께서는 병환과 근심이 없으시며, 기력을 잃지 않고 거동하심이 가벼우시며, 마음 편하게 지내시는지 여쭈어라. 이렇게 인사가 끝나면 다음과 같이 사뢰어라.

세존이시여! 마가다 국왕이며 위제희 왕비의 아들인 아자타삿투께서 이웃 밧지족을 토벌하고자 이렇게 말씀하였사옵니다.

'저 밧지족은 국력이 충실하고, 국위도 크게 상승하고 있습니다. 그러나 그것이 아무리 대단하다 해도, 나는 그들을 단번에 격파하고 괴멸시켜야만 합니다. 세존께 여쭙나니 이 전쟁을 어떻게 하면 성공시킬 수 있겠사옵니까?' 라고.

바라문이여! 그것에 대해 세존께서는 분명히 어떤 묘한 방안을 내려주실 것이니, 그대는 그것을 잘 듣고 돌아와서 나에게 알려주어라. 내가 이와 같이 하는 것에는 여래께서는 결코 거짓을 말씀하시지 않기 때문이니라."

마가다 국의 대신 밧사카라 바라문은, 마가다 국왕인 아자타삿투께

"대왕마마의 뜻을 잘 받들어 수행하겠사옵니다."

라고 대답하였다. 그리고 곧바로 튼튼한 말이 끄는 아름다운 수레 몇 대를 준비시킨 다음 자신도 그 가운데 한 대에 올라타고, 라자그라하를 출발하여 영축산으로 향했다. 이렇게 영축산에 도착한 마가다 국의 대신 밧사카라 바라문은, 수레가 들어가는 곳까지는 수레를 타고 가 거기에서 내려 세존

의 처소까지는 걸어갔다. 그리고 세존을 뵙자 즐거운 마음으로 세존께 "병환과 근심은 없으신지요? 기억력은 좋으시고 거동하심은 가벼우며 마음 편히 지내시는지요?" 문안 인사를 드린 다음 한쪽에 자리를 마련하여 앉았다. 자리에 앉은 마가다 국의 대신 밧사카라 바라문은 세존께 다음과 같이 사뢰었다.

"고오타마시여, 마가다 국왕이며 위제희 왕비의 아들인 아자타삿투께서는 이웃 밧지족을 토벌하고자 합니다. 이 전쟁을 어떻게 하면 성공시킬 수 있습니까?"

그 때 아난 존자는 세존의 뒤편에서 세존께 부채질을 해 드리고 있었다. 그런데 세존께서는 마가다 국의 대신에게는 직접 대답하지 않으시고, 아난다를 향해 다음과 같이 말씀하셨다.

"아난다여! 밧지족은 자주 모임을 개최하고, 그 모임에는 많은 사람들이 모인다는데, 너는 그 말을 들은 적이 있느냐?"

"예. 세존이시여! 저는 틀림없이 밧지족이 자주 모임을 개최하고, 그 모임에는 많은 사람들이 모인다고 들었사옵니다."

"아난다여! 밧지족에게는 번영이 기대될 뿐 쇠망은 없을 것이니라. 그런데 아난다여! 밧지족은 모일 때도 의기투합하여 모이고, 헤어질 때도 뜻을 모으며, 또한 일족의 행사도 뜻을 모아 거행한다는데, 너는 그 말을 들은 적이 있느냐?"

"예. 세존이시여! 저는 틀림없이 밧지족은 모일 때도 의기투합하여 모이고, 헤어질 때도 뜻을 모으며, 또한 일족의 행사도 뜻을 모아 거행한다고 들었사옵니다."

"아난다여! 이와 같이 밧지족이 모일 때도 의기투합하여 모이고, 헤어질 때도 뜻을 모으며, 또한 일족의 행사도 뜻을 모아 거행하는 것이 계속되는 동안은, 밧지족에게는 번영이 기대될 뿐 쇠망은 없을 것이니라. 그럼 아난다여! 밧지족은 정해지지 않은 것을 정하거나, 반대로 이미 정해진 것을 깨뜨리지 않고, 과거에 정해진 일족의 옛 법에 따라 행동한다는데, 너는 그 말을 들은 적이 있느냐?

"예. 세존이시여! 틀림없이 저는 밧지족은 이미 정해지지 않은 것을 정하거나, 반대로 정해진 것을 깨뜨리지 않고, 과거에 정해진 일족의 옛 법에 따라 행동한다고 들었사옵니다."

"아난다여! 그와 같이 밧지족이 이미 정해지지 않은 것을 정하거나, 반대로 정해진 것을 깨뜨리지 않고, 과거에 정해진 일족의 옛 법에 따라 행동하는 것이 계속되는 동안에는, 아난다여! 밧지족에게는 번영이 기대될 뿐 쇠망은 없을 것이니라. 그럼 아난다여! 밧지족은 일족 가운데 노인을 경애하고 존중하며 숭배하고 공양하며, 또한 그러한 노인의 말씀을 듣고자 한다는데, 너는 그 말을 들은 적이 있느냐?"

"예. 세존이시여! 틀림없이 저는 밧지족은 일족 가운데 노인을 경애하고 존중하며 숭배하고 공양하며, 또한 그런 노인의 말씀을 경청하고자 한다고 들었사옵니다."

"아난다여! 그렇게 밧지족이 일족 가운데서 노인을 경애하고 존중하며 숭배하고 공양하며, 또한 그러한 노인의 말씀을 경청하고자 하는 것이 계속되는 동안에는, 아난다여! 밧지족에게는 번영이 기대될 뿐 쇠망은 없을 것이니라. 그럼 아난다여! 밧지족은 양가의 부인이나 규수를 폭력으로 붙잡아 가거나, 구속하거나 가두지 않는다는데, 너는 그 말을 들은 적이 있느냐?"

"예. 세존이시여! 틀림없이 저는 밧지족은 양가의 부인이나 규수를 폭력으로 붙잡아 가거나, 구속하거나 가두지 않는다고 들었사옵니다."

"아난다여! 그렇게 밧지족이 양가의 부인이나 규수를 폭력으로 붙잡아 가거나, 구속하거나 가두지 않는 것이 계속되는 동안에는, 아난다여! 밧지족에게는 번영이 기대될 뿐 쇠망은 없을 것이니라. 그럼 아난다여! 밧지족은 일족에 속하는 성의 안팎에 있는 밧지 영지를 경애, 존중, 숭배하고 공양하며, 아끼고 봉납드리는 방법에 적합한 제식을 폐지하지 않는다고 하는데, 너는 그 말을 들은 적이 있느냐?"

"예. 세존이시여! 확실히 저는 밧지족은 일족에 속하는 성의 안팎에 있는 밧지 영지를 경애, 존중, 숭배하고 공양하며, 아끼고 봉납드리는 방법에 적합한 제식을 폐지하지 않는다고 들었사옵니다."

"아난다여! 그와 같이 밧지족이 일족에 속하는 성의 안팎에 있는 밧지 영지를 경애, 존중, 숭배하고 공양하며, 아끼고 봉납드리는 방법에 적합한 제식을 폐지하지 않는 동안은, 아난다여! 밧지족에게는 번영이 기대될 뿐 쇠망은 없을 것이니라.

그럼 아난다여! 밧지족은 존경받을 만한 이에 대하여 법에 적합한 보호를 해 드리고자 능히 마음을 기울이고, 또한 아직 자기 나라에 오지 않는 존경받을 만한 이가 있다면, 그가 자기 나라를 찾아오도록, 그리고 찾아온 존경받을 만한 이들에 대해서는 마음 편히 머물도록 항상 기원하고 있다는데, 너는 그 말을 들은 적이 있느냐?"

"예. 세존이시여! 저는 틀림없이 밧지족이 그렇게 하고 있다고 들었사옵니다."

"아난다여! 그와 같이 밧지족이 존경받을 만한 이에 대하여 법에 적합한 보호를 해 드리고자 능히 마음을 기울이고, 또한 아직 자기 나라에 오지 않는 존경받을 만한 이가 있다면, 그가 자기 나라를 찾아오도록, 그리고 찾아온 존경받을 만한 이들에 대해서는 마음 편히 머물도록 항상 기원하고 있음이 계속되는 동안은, 밧지족에게는 번영이 기대될 뿐 쇠망은 없을 것이니라."

이렇게 아난 존자에게 여러 가지를 물으신 다음, 세존께서는 마가다 국의 대신 밧사카라 바라문에게 말씀하셨다.

"바라문이여! 나는 예전에 바이샬리의 사란다 영지에 머물렀던 적이 있다. 그 곳에서 나는 밧지족 사람들에게 이상과 같이 쇠망이 오지 않는 가르침을 설하였다. 밧지족이 이러한 일곱 가지의 가르침을 지키고 있는 것이 알려지는 한, 바라문이여! 밧지족에게는 번영이 기대될 뿐 쇠망은 없을 것이니라."

세존께서 이렇게 말씀하시자, 마가다 국의 대신 밧사카라 바라문은 세존께 다음과 같이 사뢰었다.

"고오타마시여! 틀림없이 그대로이옵니다. 쇠망이 오지 않는 일곱 가지 가르침 가운데에서 하나만을 갖추고 있어도 밧지족에게는 번영이 기대될 뿐 쇠망은 없을 것이옵니다. 하물며 일곱 가지 모두를 지킨다고 하는 데 말해 무엇하겠사옵니까? 고오타마시여! 잘 알았사옵니다. 외교 수단이나 이간시키는 계책을 강구하지 않는 한, 마가다의 국왕이며 위제희 왕비의 아들인 아자타삿투께서는 전쟁을 일으킨다 해도 밧지족을 정벌할 수 없다는 것을…….

그럼 고오타마시여! 이만 실례하겠사옵니다. 저희들은 분망하고 해야 할 일이 많기 때문이옵니다."

"바라문이여! 때를 헤아려서 감이 좋으리라."

그러자 마가다 국의 대신 밧사카라 바라문은 세존께서 설하신 가르침을 기뻐하고 만족해 하면서 자리를 일어나 떠났다.

『대반열반경』

서방의 극락 세계

어느 때 세존이 마가다 국 왕사성의 성지인 기사굴 산중에 계셨을 때 천이백오십 인의 뛰어난 비구와 문수 보살을 상수로 하는 삼만 이천 인의 구도하는 보살들과 함께 계셨다.

바로 그 당시 왕사성에는 아자타삿투라고 부르는 태자가 있었다. 그는 어리석게도 데바닷타의 꼬임에 빠져 그의 아버지인 빔비사라 왕을 일곱 겹으로 된 감옥에 가두고 신하 중 어떤 자도 접근하지 못하게 명령을 내렸다. 그러나 왕비인 위제희만은 대왕을 공경하여 생각한 끝에 자신의 몸을 깨끗이 씻고 우유와 벌꿀로써 밀가루를 반죽한 음식물을 그 몸에 바르고 차고 있었던 구슬 장식물 속에 포도즙을 넣어서 은밀히 대왕에게 접근해서 이를 권했다. 이것을 먹고 마신 대왕은 곧 물을 청하여 양치질하고는 멀리 기사굴 산상에 계시는 세존께 예배하고 이와 같이 호소하였다.

"세존이시여, 부처님의 제자이신 목련 존자는 저에게는 인연이 깊은 친구입니다. 원컨대 자비를 베푸시어 목련 존자를 저에게 보내 주시옵소서."

이 호소가 끝나자 곧 목련 존자는 마치 빠른 매가 나는 것과 같이 대왕 앞에 나타나서 매일 팔계의 법을 설해 주었다. 그리고 다시 세존께서는 제자 중에서 특히 설법 제일이라고 하는 부루나 존자를 보내 대왕을 위하여 불법을 들을 수 있게 하니 그 안색은 온화하고 마음은 기쁨이 가시지 않았다.

그러던 어느 날 때를 보아 찾아온 아자타삿투는 문지기에게 물었다.

"부왕은 아직도 살아있는가?"

문지기는 두려워하면서 대답하였다.

"예, 대왕님. 부왕께서는 편안하십니다. 그것은 왕비님께서 몸에 꿀반죽을 바르고 구슬 장식 속에 포도즙을 감추어서 부왕께 권하였고 또 목련 존자와 부루나 존자가 공중에서 내려오셔서 부왕에게 설법하셨기 때문입니다. 저희들에게는 이 일을 막을 힘이 도저히 없습니다."

아자타삿투는 이 말을 듣자 화가 나서 몸을 떨며 말했다.

"아, 나의 어머니도 역적인가? 역적과 한패였던가? 게다가 출가의 악당들이 요사한 주술을 써서 악왕을 언제까지나 살게 했구나."

그리고 칼을 뽑아 어머니를 죽이려고 했다. 이 때에 총명하고 생각이 깊은 월광이라는 한 신하가 이 광경을 보고서 같은 대신인 지이바카와 함께 아자타삿투 앞으로 나아가 절하며,

"대왕이시여, 저희들은 베다 경전의 기록에 의해서 이 세상의 처음부터 오늘에 이르기까지 수많은 악왕이 있어 오직 왕위를 탐내어 자기의 부왕을 죽인 일은 일만 팔천이나 된다고 듣고 있습니다. 그러나 무도하게도 그 어머니를 죽였다는 말은 들어본 일이 없습니다. 그런데 지금 대왕께서 그와 같은 극악 무도한 일을 하신다면 왕족의 이름을 더럽히는 것이며 사람이 아닌 전다라 같은 천민이나 할 행위가 아니겠습니까?"

이 이야기를 들은 아자타삿투는 놀라 두려워하면서 애원하다시피 지이바카를 불러 세워 말했다.

"지이바카여, 그대는 나를 도와 주지 않겠는가?"

그러자 지이바카는 말했다.

"대왕이시여, 생각을 돌려서 어머니를 해치는 일은 삼가해 주십시오."
라고 진심으로 간청하였다.

아자타삿투는 이 말을 듣고 겨우 잘못을 뉘우치고 어머니를 해치는 일은 하지 않기로 생각하고 곧 칼을 거두기는 했지만, 그래도 왕궁 내의 신하에게 명령하여 어머니인 위제희를 궁전의 깊숙한

골방에 가두고 다시는 나오지 못하게 하였다. 이리하여 갇힌 몸이 된 위제희는 수심에 잠긴 채 멀리 기사굴산에 계시는 세존을 향해 깊이 머리 숙여 예배드리고 이렇게 말했다.

"세존이시여, 그 전에는 언제나 아난 존자를 보내주셔서 저를 위로해 주셨습니다. 저는 지금 근심 속에 빠져 있습니다. 이와 같은 모습으로는 도저히 거룩하신 세존을 뵈올 길이 없습니다. 자비로써 아난 존자와 목갈리나 존자를 보내 주셔서 부디 저와 만나게 해 주옵소서."

이 호소와 함께 비오듯 흐르는 눈물로 멀리 기사굴에 계시는 세존을 향하여 예배하였다. 위제희가 예배를 마치고 머리를 미처 들기도 전에 세존께서는 기사굴에 계시면서도 머리 숙여 애도하고 있는 위제희의 간절한 원의 진실을 아시고, 목갈리나 존자와 아난 존자에게 하늘을 나는 것같이 빨리 가도록 분부하시고, 세존께서도 기사굴산에서 몸을 감추어 왕궁에 나타나셨다.

위제희가 예배를 끝내고 머리를 들자 뜻밖에도 세존께서 눈앞에 서 계시는 것을 보았다. 세존의 모습은 황금색으로 빛나고, 많은 보석으로 장식된 연꽃자리 위에 앉아 계셨다. 목갈리나 존자는 왼쪽에, 아난 존자는 오른쪽에 시립하고 있었으며 제석천과 범천과 이 밖에 사대천왕 등의 천인들이 또한 허공에 서서 아름다운 하늘꽃을 뿌려 공양을 드리는 것이었다. 위제희는 뜻밖에 오신 세존의 모습을 뵙자 자기 손으로 몸에 달고 있던 구슬 장식을 떼어 내고는 땅에 엎드려 소리내어 울음을 터뜨리며 말했다.

"세존이시여, 저는 전생에 무슨 죄를 지었기에 이와 같이 나쁜 자식을 낳지 않으면 안 되었습니까? 또 부처님께서는 무슨 인연으로 저 데바닷타와 같은 이를 친족으로 두게 되셨습니까?" 라고 원망 섞인 목소리로 호소한 그녀는 말을 이었다.

"세존이시여, 원컨대 부디 저를 위해서 괴로움이 없는 세상을 널리 가르쳐 주십시오. 저는 그와 같은 세계에 나기를 원하옵니다. 이 세상에는 아무 미련도 없습니다. 더럽고 악한 이 세상은 서로 싸우고 괴로워하고 미워하면서 살아가지 않으면 아니되는 지옥, 아귀, 축생의 세계밖에는 아닙니다. 저는 이제 두 번 다시는 이러한 나쁜 사람의 소리를 듣기도 싫으며 나쁜 사람을 만나기도 싫습니다. 저는 이제 몸도 마음도 세존 앞에 던져 저의 죄를 참회할 뿐이옵니다. 세상의 빛이신 부처님이시여, 부디 저에게 청정한 업으로 이루어진 세계를 보여 주시옵소서."

이 때에 세존께서는 미간에 광명을 나타내셨다. 황금색 광채가 한량없는 시방의 세계를 두루 비치고는, 다시 부처님의 정수리로 되돌아와 황금 좌대가 되었다. 그 모양은 마치 수미산을 우러러보는 것과 같았고, 그 속에는 시방 세계 제불의 맑고 아름다운 국토가 남김없이 비치고 있었다. 또 자재천의 궁전처럼 자유로운 세계에 수정의 거울과 같이 맑은 불국토 등 한량없는 불국토의 찬란한 모습을 위제희에게 보여 주었다.

여기서 위제희는 부처님에게 사뢰었다.

"세존이시여, 이러한 불국토는 모두가 깨끗하며 빛나고 있습니다만, 저는 이제 진실한 행복이 있는 세계, 극락 세계인 아미타불의 나라에 나기를 원하옵니다. 세존이시여, 저를 위해서 저 아미타불의 국토를 뵈올 수 있는 길을 가르쳐 주시옵소서. 그리고 바로 그 경계를 받아들일 수 있는 몸으로 해 주시옵소서."

그 때 세존께서는 미소를 띠우시고 금구에서는 오색의 광명이 빛나고 그 하나하나의 빛은 빔비사라 왕의 머리 위에 비쳤다. 이 때 대왕은 비록 갇혀 있는 몸이었지만, 심안에는 가려지는 것이 없어서 멀리 세존을 보고는 대지에 머리를 대고 경건하게 예배하니 미혹한 마음이 스스로 열리게 되어서 다시는 생사의 세계에는 돌아오지 않는 불환의 경지인 아나함에 들 수가 있었다. 그 때에 세존은 위제희에게 이렇게 말씀하셨다.

"위제희여, 그대는 지금 이것을 아는가? 그대가 원하고 있는 아미타불은 그대가 생각하는 것처럼 이 세상에서 멀리 떨어진 곳에 계시는 것이 아니다. 오직 생각을 한 마음으로 모아서 저 청정한 나라를 완성하신 부처님을 분명히 보겠다고 하라. 나는 지금 그대를 위하여 여러 비유를 들어 널리 설하리라. 이것은 결코 그대 한 사람만을 구하는 것이 아니라 미래의 모든 사람이 구제되는 길이니라. 진정코 깨끗한 진실의 도를 구하는 이로 하여금 반드시 서방의 아미타불 정토에 나게 할 길이니라.

그 나라에 나기를 원하는 사람이라면 진실의 행복을 가져다주는 다음 세 가지의 복을 반드시 수행해야 하느니라.

첫째는 부모에게 효도를 다하고 스승과 어른을 공경하여 섬기며, 자비한 마음으로 생명 있는 것을 함부로 죽이지 아니하며, 십선을 수행해서 어진 생활을 하는 것이다.

둘째는 불과 법과 승의 삼보에 귀의하고 모든 계를 지키며 몸가짐을 흐트리지 않고 올바르게 갖는 일이다.

셋째는 무상의 깨달음을 구하는 뜻에 전념하는 보리심을 내어 깊이 인과를 믿고 경전을 읽고 남에게도 이 길을 권하는 것이다. 세 가지의 수행이 곧 삼복의 행이라고 하는 것이며 정토에 나는 깨끗한 업이니라."

세존은 위제희에게 말씀을 이으셨다.

"그대는 지금 이것을 알고 있는가? 이 세 가지의 행업이야말로 과거, 미래, 현재의 삼세에 걸쳐서 출현하신 제불이 성불하기 위해서 수행한 청정한 인업인 것이다."

세존은 이어서 아난 존자와 위제희에게 말씀하셨다.

"자세히 듣고 마음에 잘 간직할지어다. 여래가 이제야말로 번뇌에 휩싸일 후세의 모든 중생을 위해서 청정의 업을 설하겠다. 위제희여, 그대는 좋은 것을 물었다. 아난이여, 그대는 여래의 말을 잘 기억하였다가 널리 많은 사람들에게 전해야 할 것이다. 여래는 지금이야말로 위제희와 후세의 모든 사람을 위해서 서방의 극락 세계를 관하는 법을 설할 것이다. 물론 마음이 어두운 그대들의 힘으로서는 관할 수가 없지만, 지금은 불력에 힘입기 때문에 맑은 거울에 자기의 얼굴을 비쳐보듯이 저 정토를 보게 될 것이다. 그 나라의 위없는 미묘한 광경을 보게 되면 마음에 기쁨이 가득 차고 그때 미혹함의 얽매임으로부터 벗어나는 경지인 무생법인에 이를 수 있게 된다.”

　세존은 다시 위제희에게 말씀하셨다.

　“위제희여, 그대는 한낱 평범한 범부로 약한 사람이다. 마음이 깨끗하지 못하기 때문에 아직 지혜의 눈을 열지 못하고 심원한 경계를 관할 수는 없느니라. 다만 제불여래에게는 여러 가지의 방편이 있기 때문에 그대는 저 국토를 볼 수 있는 것이다.”

『관무량수경』

라즈기르의 유적들

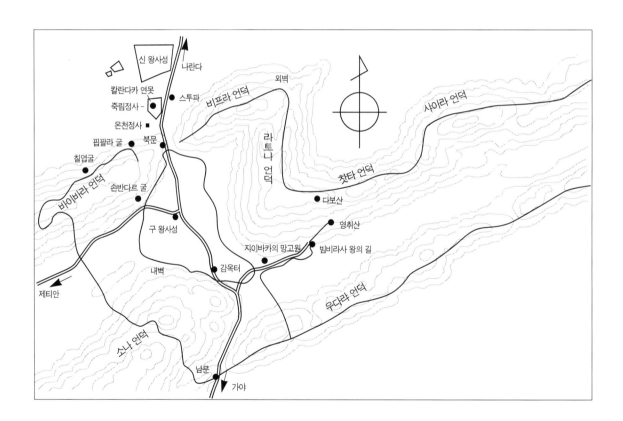

지이바카 망고 동산 *Jivakambavana*

　　명의인 지이바카는 마가다 국의 대신으로 부처님의 주치의였다. 그는 등창을 앓고
있는 아자타삿투 왕을 치료해 주며 옛날 왕자가 몹시 앓았을 때 부왕이 아들에게 어떻게 사랑을 베
풀었는지를 알려주었다. 그럼으로 인해 부왕에 대한 원망을 품고 있던 마음을 열어 자신의 잘못을
뉘우치며, 이 곳에서 부처님에게 귀의하게 하였다. 또 그는 데바닷타가 부처님을 살해하기 위해 굴
린 바위 조각에 부처님이 발을 다쳤을 때도 치료해 드렸으며, 부처님 제자들의 병을 치료하고 질병
예방에도 적극적이었다.

　　구 왕사성을 나서면 지이바카 망고 동산이 위치하고 있는데 지이바카가 이 동산을

· 의사 지이바카의 망고 동산으로 부처님이 좋은 곳이라고 칭찬하며 여러 번 머문 곳이다.

부처님에게 기증하여 부처님이 여러 번 이 곳에 머문 것으로 경전에 기록되어 있다. 부처님이 열반에 들기 얼마 전, 왕사성을 회상하면서 '지이바카의 망고 동산은 좋은 곳이다.' 라고 하며 이 곳을 그리워하는 모습이 대반열반경에 나온다. 이 곳 역시 돌로 얕게 쌓아 경계선만으로 영역을 표시하고 있다.

영축산 (靈鷲山)

라즈기르 동쪽 찻타 언덕의 남단에 위치하고 있으며 능선에서 바라보이는 봉우리가 독수리 모양을 하고 있어 붙여진 이름으로 현지에서는 그리드라쿠타(Gridhrakuta)라고 한다. 영

· 바위 모양이 마치 독수리가 내려앉은 모습을 하고 있다고 하여 영축산이라고 한다.

축산 꼭대기에는 정사가 지어져 있어 이 곳에서 많은 설법을 하였다고 하나 지금은 여래향실과 시자실의 기단 부분만이 벽돌을 얕게 쌓아 복원되어 있으며, 이 곳에서 출토된 부처님 설법상 등 여러 유적들은 나란다 박물관에 보존되어 있다.

성도 후 부처님은 이 산에 자주 머물면서 법화경과 보적경 등 많은 대승 경전을 설하였다. 경전 첫머리에 자주 나오는 '한 때 부처님께서 기사굴 산중에 계실 때 비구 1,250인과 함께 하셨는데' 하는 기사굴산이 바로 이 곳이다. 이외에도 교훈이 되는 불교 설화의 많은 부분들이 영축산을 배경으로 하고 있다. 어느 날 설법 도중 부처님이 연꽃 한 송이를 번쩍 들어올렸을 때, 이를 보고 모든 대중들이 어리둥절하고 있었으나 마하가섭만이 그 뜻을 알고 빙그레 미소를 지었다고 하

· 영축산 정상에 세워진 향실로 부처님이 자주 이 곳에 머물면서 법화경 등 많은 대승경전을 설하였다.

는 곳도 영축산이다.

　　　　빔비사라 왕은 영축산에 있는 부처님의 말씀을 듣기 위해 또는 사적인 일로 여러 차례 이 곳을 오르내렸는데, 그 길을 빔비사라 왕의 길(The King Bimbisara's Road)이라 하여 잘 닦아 놓았다고 한다. 그러나 실제로 왕이 오르내렸다는 길은 아직도 일부가 남아 있는데 오솔길이다. 오르는 길 도중에 두 개의 스투파가 있었다는 팻말은, 한 곳은 빔비사라 왕이 수레에서 내려 걸어갔다는 곳을, 다른 하나는 모든 수행원을 뒤로 한 채 홀로 올라갔다는 곳을 알려준다. 그리고 이 길의 하단부에는 부처님이 데바닷타가 부처님을 살해하려고 굴린 돌의 파편에 맞아 발에 상처가 나서, 지이바카의 망고 동산으로 가는 도중 이 곳에서 잠시 멈춰 상처를 치료했다는 팻말이 있다. 향실이 가까워지면서 아난다 굴, 사리푸트라 굴, 목갈라나 굴, 마하가섭 굴 등 제자들이 머물면서 수행했다는 굴들이 차례로 나온다. 사리푸트라 굴을 지나 오르면 데바닷타가 부처님에게 돌을 굴렸다는 높지 않은 절벽이 있다. 그리고 현장 스님의 방문을 기념하는 탑 자리 안내문도 있다.

　　　　법화경에 의하면 부처님이 영축산에서 법을 설할 때 땅 속에서 탑이 하나 공중으로 까마득히 솟아올랐다고 한다. 그 탑이 다보탑인데 그 속에서 다보여래가 출현하여서 부처님의 설법이 옳다는 것을 증명하였다. 법화경을 신봉하는 일본인들이 다보탑을 그리워하여 영축산의 앞산을 다보산이라고 명명하고, 그 다보산의 정상에 산치대탑을 본 따 다보탑을 지었다. 우리 나라 불국사에도 석가여래상주설법탑을 한쪽에 세우고 다른 한쪽에는 다보여래가 부처님의 법을 증명한다고 해서 다보여래증명탑을 세웠는데 그것은 다 법화경을 근거로 한 것이다.

빔비사라 왕 감옥터 *Jail of The King Bimbisara*

　　　　감옥은 구 왕사성 내성의 가장자리에 위치하고 있다. 현재는 사방 60m의 정방형의

· 빔비사라 왕이 갇혀 멀리 영축산을 바라보며 부처님을 그리며 마음을 달랬던 빔비사라 감옥터이다. 멀리 하얀 탑은 일본에서 세운 다보탑이다.

터만을 알아볼 수 있게 얕게 돌을 쌓아 놓았다. 이 곳에서 영축산이 환히 올려다 보인다. 부처님이 열반하기 8년 전에 빔비시라 왕은 이 곳 감옥에 갇혀 창문을 통해 영축산을 바라보며 부처님에게 예배드리며 편안한 마음으로 죽음을 맞이했다.

죽림정사 *Venuvana Vihara*

　　구 왕사성에서 북쪽으로 나가면 멀지도 가깝지도 않은 거리에 위치한 죽림정사는 불교 교단의 최초의 정사였으나, 지금은 사원터임을 추정할 만한 아무 흔적도 남아 있지 않고 약간의 대나무 숲과 카란다(Karanda) 연못만이 정사의 이름을 확인해 주고 있다.

· 대나무 숲이 우거져 있다는 죽림정사이다. 불교 교단에 최초로 기증된 정사이며 불교 교단의 기반을 형성한 곳으로 갖는 의미가 크다.

부처님과 그 제자들이 이 곳에 있을 때, 탁발 나온 앗사지를 보고 사리푸트라와 목갈라나가 부처님에게 귀의하는 계기를 마련하게 된다. 또 마하가섭 존자가 귀의하고 코살라 국의 상인 수닷타 장자가 왕사성에 왔다가 부처님을 뵙고 귀의하기도 한다. 그러니까 죽림정사(竹林精舍)는 최초의 절의 의미뿐만 아니라 이 곳으로부터 불교 교단의 기반이 형성되어 본격적인 교화 활동이 펼쳐지는 교두보 역할을 한 곳이 된다. 또 부처님이 마지막 열반의 길을 떠날 때 영축산을 내려와서 이 곳 죽림정사에서 승단이 망하지 않는 7가지 법을 설하고 쿠시나가라를 향해 한발 한발 옮긴 추억 어린 곳이기도 하다.

아자타삿투 왕 스투파 *The King Ajatasatru Stupa*

죽림정사를 나와 신 왕사성 쪽으로 가다가 오른쪽 길목에 위치하고 있다. 현재는 기단부만 남아 있어 이 곳이 아자타삿투 왕이 8등분된 사리를 가져와 스투파를 세운 곳이라 하나 확인되지는 않고 있다.

칠엽굴 (七葉窟)

구 왕사성의 북서쪽 바이바라 언덕에 위치하고 있다. 칠엽굴이란 굴안의 모습이 7개의 나뭇잎이 펼쳐진 것 같은 모습이기 때문에 붙여진 이름으로 삽타파르니 굽타(Saptaparni

· 제 1결집이 이루어진 칠엽굴 전경이다. 7개의 동굴이 있는데 오랜 세월이 흘러 그 중 몇 개만이 안이 넓은 곳이 있다.

Kupta)라고 한다. 어떤 동굴의 입구는 커 보이지만 안으로 들어가면 깊이가 없고, 어떤 동굴은 입구는 좁아 보이나 깊이가 있는 것도 있다. 안으로 들어가면 천장이 낮아 기어들어 가야 하는데 한 30분 정도 들어가면 동굴의 끝이 보인다. 고운 먼지가 있는 것으로 보아 양쪽이 뚫린 동굴로 보이며 오랜 세월로 무너져내려 막힌 것 같다. 전하는 이야기로는 이 산 뒷면에 있는 손반다르 굴과 통했었다고 한다. 동굴 앞에는 제법 사람들이 머물 수 있는 공간이 있으나 이 곳도 무너져내려 협소해진 상태이다.

　　　　바로 이 곳에서, 깨달음을 얻었다고 인정받는 최고의 장로 500명이 모여 경(經)과 율(律)을 결집하였다. 이것이 제1결집이다. 이 결집에는 부왕을 죽이고 부처님까지 해치려고 하였지만 나중에 참회하고 부처님께 귀의한 아자타삿투 왕의 후원이 있었다는데, 그 후 왕은 부처님 법을 옹호하며 경전을 결집할 때 대중들에게 공양은 물론 결집이 끝날 때까지 세심한 외호를 하였다고 한다.

핍팔라 석실 *Pip-pala Cave*

　　　　마하가섭의 거처로 추정하고 있다. 온천정사로 통하는 계단을 따라 올라가면 산기슭에 위치하고 있는 석실이 보인다. 이 석실은 기단 위에 7m 정도의 높이로 세워져 있으며 이 곳에서 라즈기르를 조망할 수 있어 이 곳 사람들은 마찬(Machan), 조망대라고 부른다. 석실 측면으로 몇 개의 굴이 보인다.

온천정사 *Tapoda Nani*

　　　　바이바라 언덕으로 오르는 길목에 위치하고 있다. 부처님 당시 온천정사의 유적지

· 온천정사의 한 부분으로 수드라 계급 사람들의 목욕지인데 물이 매우 탁해 보인다.

로 추정하고 있으며 부처님과 그 제자들이 즐겨 찾았던 곳이라고 한다. 빔비사라 왕도 가끔 이 곳에서 목욕을 하였다고 하는데 비구들과 날이 겹치지 않도록 했다는 이야기가 있다.

온천장은 카스트 제도에 따라 층을 분류하여 나뉘어져 있다. 제일 위쪽은 브라흐만 계급만이 목욕할 수 있으며, 제일 밑에는 수드라 출신들이 목욕을 하는데 탁한 구정물에 불과하지만 그들은 태연하기만 하다. 남녀 노소가 유별하여 사용하는 곳이 따로 구분되어 있었으며, 옷을 입은 채 목욕을 한다.

나란다 대학 *Nalanda University*

부처님 당시에는 열반의 길로 갈 때 등장하는, 단지 망고 숲에 불과한 조그만 마을이었다. 이 곳에 조그마한 서당 같은 학교가 있었는데 부처님이 열반한 후 많은 세월이 흐른 뒤에, 불교가 번창하면서 그것이 모체가 되어 길이가 7마일, 폭이 3마일이 되는 그 당시 세계에서 가장 큰 대학이 되었다고 한다. 5세기 경에 이르면서 굽타 왕조 때 완전한 대학 규모의 건물이 들어서게 된다. 7세기 경에 다시 왕조가 바뀌면서 하싸가 증축을 하고 9세기에는 팔라틴에 의해 증축되었다.

그래서 이 곳을 발굴하면 제일 밑에는 5세기 건물이 나오고, 그 위에는 7세기 건물이 나오고, 또 그 위에는 9세기 건물이 발견됨을 알 수 있다. 그러니까 제일 안에 조그마하게 탑을 쌓았으면 증축할 때 그 위에 덧붙여 더 크게 쌓고, 그 다음에도 덧붙여 더 크게 쌓으니까, 탑 가운데를 쪼개면 건축양식이 다른 탑이, 같은 스투파 안에 계단의 방향을 달리하며 모양을 이루고 있는 모습을 볼 수 있다. 거의 모든 탑들은 안에는 벽돌로 쌓았지만 바깥에는 돌로 조각하여 쌓았다. 부다가야의 대탑도, 사르나트의 다메크 스투파도 겉은 돌로 되어 있지만 속은 다 벽돌로 채워져 있다. 우리가 성지에서 보는 흙무더기의 동산 같은 탑도 원래는 속은 벽돌이고 겉은 전부 돌로 되어 있었는데, 돌은 다 떨어져 깨지고 사람들이 가져가서 지금은 안에 있던 벽돌이 흙무더기가 되어 남은 것이다.

● 나란다 대학 배치도

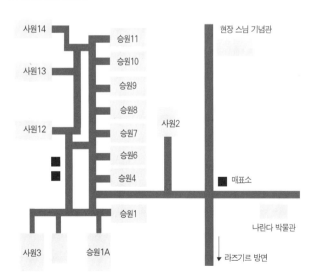

나란다 대학은 불교 대학이지만 불교만 가르친 게 아니고, 힌두교라든지 다른 종교나 철학이나 수학 등 전 학문을 가르친 종합 대학이었다. 7세기 경 현장 법사가 이 곳에 왔을 때는 학생수가 만 명, 선생이 천오백 명이었다고 한다. 건물의 구조를 보면 한쪽으로 기숙사가 나열되어 있는데 방이 'ㅁ'자 모양으로 삥 돌아가며 있고 가운데는 건물이 없다. 대부분 인도 건물은 네모지게 짓고 복도가 안쪽으로 나 있어 방의 문이 가운데를 향해 있다. 이런 식으로 2층이나 3층을 올리고, 가운데는 우물이나 펌프가 있으며 하늘을 볼 수 있게 짓는다.

　　　　또한 이 곳에는 부엌과 식당으로 썼던 큰 건물이 있는 것으로 보아, 그 당시에는 걸식을 했지만 많은 사람이 함께 살기 때문에 걸식에 어려움이 있었던 것 같다. 기숙사 안에는 선생을 위한 방에 침대가 하나 있고, 건너편으로 가면 학생이 사용하던 방에 침대가 두 개 놓여 있다. 수행

· 유적지의 1/10만 발굴된 상태인 나란다 대학의 전경으로 그 당시 세계에서 가장 큰 종합 대학이었다.

자는 절대 방문을 잠그지 않는다. 그래서 아예 문이 없고 나무 막대기가 걸쳐 있으면 들어오지 말란 뜻이고 내려져 있으면 들어와도 좋다는 뜻이다.

겨울에는 춥지 않고, 여름에는 덥지 말라고 벽의 두께가 6피트로 아주 두껍다. 방 안을 보면 촛불 켜는 구멍이 있고, 책을 넣는 책꽂이도 있다. 기숙사 안에는 부처님을 모신 사원과 강당이 있었다고 한다. 다음 건물에 가면 아래에 곡식 창고와 우물이 있고, 형식은 거의 같다. 현재까지 발굴된 것이 전체 규모의 한 10분의 1 정도 된다고 하니 엄청난 규모였다는 걸 알 수 있다.

정확하지는 않지만 이 마을 가까이 사리푸트라와 목갈리나의 고향이 있었다고 한

· 사리푸트라 탑으로 어마어마한 규모이다.
　주변에는 크고 작은 봉헌 스투파가 즐비하다.

다. 그래서 학교 안에다가 사리푸트라의 사리를 모셔 큰 탑을 세웠는데, 그것이 사리푸트라 스투파이다. 탑 주변으로 빙 돌아가며 봉헌 스투파라고 하여 작은 탑들이 수도 없이 세워져 있다. 이렇게 번성했던 대학이 사라진 이유는 무슬림의 침공에 의한 것으로 이 곳은 물론 많은 불교 승원들이 파괴되었다. 이들의 침공으로 많은 승려들은 타국으로 피신하였고, 피신하지 못한 승려들은 건물과 함께 불태워졌는데 일설에 의하면 그 불이 6개월 간 탔다고 한다. 지금은 9세기에 증축했던 건물의 기단만 남아 있는 것이다.

9세기 경 혜초 스님은 신라를 출발해 중국을 지나 바닷길로 캘커타 조금 아래쪽에 있는 고대 도시인 탐눅으로 들어와 나란다 대학에서 유학하였다고 한다. 혜초 스님 외에도 신라의 몇몇 스님들이 그 곳에서 수학하였다고 한다.

현재 인도 역사에는 이 곳에 대한 기록이 별로 남아 있지 않으나, 현장 스님이 쓴 '대당서역기' 에 많은 기록이 남아 있다. 중국어로 현장을 '후엔상' 이라고 하는데, 중국 사람들이 이를 기념하기 위하여 가까운 곳에 청기와집으로 현장 기념관을 세워 놓았다. 또 스리랑카에서는 나란다 대학의 이름을 따서 유지 옆 뒤쪽에 나브 나란다 인스티튜트 대학을 설립해 빨리어, 샨스크리트어, 인도 철학, 인도 역사와 불교 역사를 가르치고 있다. 나란다 박물관에서는 나란다 대학 마크를 볼 수 있으며, 대부분 7세기, 9세기 때 유물로 불교 유물과 함께 힌두교 신상 유물을 많이 볼 수 있다.

파탈리푸트라 *Pataliputra*

       마가다 국이 천하를 통일해 가는 중에 마가다 국 자체의 왕조가 바뀌어 마우리아 왕조가 되었다. 바로 마우리아 왕조의 3대인 아쇼카 왕은 불멸 후 200년 경 후 인물로 인도 전역을 통일하고 이 곳으로 도읍지를 옮겼다. 한문으로 된 경전에 화씨성(火氏城)이라고 나오는 것이 바로 파탈리푸트라, 파트나(Patna)이다. 부처님이 살아있을 때 파탈리푸트라는 작은 마을이었다. 후대에 쓰여졌는지는 확실치 않으나 경전에 보면 부처님이 지금은 작은 마을이지만 앞으로 큰 도시가 될 것이라고 예언하였고, 또 이 도시는 세 가지 재앙으로 망할 것이라고 하였다 한다. 하나는 강가 강이 범람해서 생긴 물에 의한 재앙이고, 두 번째는 불에 의한 재앙이고, 세 번째는 사람들의 불화로 인한 재앙인데 결국 이 세 가지 이유로 없어져버렸다. 이것은 B.C 3세기 일이다. 파탈리푸트라에는 현재 남아 있는 특별한 유적은 없지만, 비하르주에서 나온 중요한 유물을 모아놓은 파트나 박물관은 볼 만하다.

       중국이 춘추 전국 시대를 거쳐서 진나라가 천하를 통일하고, 곧 한나라가 중국을 지배하면서 중국적 특색을 가진 역사를 지니게 된다. 이와 거의 동시에 아쇼카 왕이 인도 전역을 통일하면서 인도로서의 특징을 갖게 되었다. 아쇼카 왕은 원래 힌두교인이었는데 무력 침공으로 천하를 통일하였다. 침공할 때마다 많은 사람들을 죽이게 되고, 마지막 전쟁에서는 다른 나라 사람을 20만이나 죽였다고 하는데, 결국 엄청난 살상을 하는 전쟁에 스스로 환멸을 느끼게 되었다. 아쇼카 왕은 천하를 통일한 뒤에 불교를 알게 되어, 불교의 불살생 계율을 보고 크게 감동을 받았다. 그래서 국가 전역에 일체 불살생 계율을 선포하고, 전쟁에 쏟던 힘을 우물을 파고, 아픈 사람을 치료해 주고, 황무지에 나무를 심는 데 쏟았다. 이 때 아쇼카 왕은 그늘이 좋은 무성한 나무 세 종류를 전국에 심었는데 그 이후로 이 나무들을 아쇼카나무라고 부른다. 인도에서는 아쇼카 왕이 정치가나 일반인들에게 전륜성왕 같은 성군으로 추앙받고 있다.

마우리아 왕조가 망하고 난 뒤로는 인도가 이만한 영역으로 통일된 역사가 거의 없다. 회교 왕국인 무굴 제국이 찬드라굽타 때에 전 인도를 통일했으나 그만큼은 넓지 못했다. 그리고 이 곳이 다시 왕도(王都)가 된 적이 없기 때문에 남아 있는 유물은 별로 없다. 또 인도에 유물이 남

· 쿰라하르 궁전 안의 모습으로 수트파는 무너져 동산을 이루고 있고 그 앞으로 연못이 보인다.

아 있지 못한 중요한 다른 이유는 주로 벽돌로 건물을 짓기 때문이다. 벽돌은 흙으로 반죽하여 그대로 말려 쓰기도 하고, 그 위에 짚으로 덮어서 태워 초벌구이의 벽돌로 사용하기도 한다. 그리고 완전히 가마에 굽기도 하는데, 어느 것이든 장기간 바깥에 노출되어 비를 맞으면 흙이 되어 버린다. 그래서 탑이 무너지면서 흙산처럼 동산이 되는 것이다.

파트나 시에서 동쪽으로 약 7Km 떨어진 곳에 있는 쿰라하르(Kumrahar)는 아쇼카 왕의 왕궁 터로 추정하고 있다. 궁전 터 한 구석에 연못이 있고 그 복판에 2개의 돌기둥이 서 있고, 연못가 옆에 있는 건물 속에 돌기둥이 전시되어 있다. 윗부분이 깨어져 없어졌지만 상당히 긴 기둥으로 기둥을 다듬은 솜씨가 상당하다. 이 곳에서 발견된 중요한 유물은 대부분 파트나 주립 박물관에 마우리아 왕조 것만 모아 별도의 전시실을 만들어 놓았다.

궁궐 내에 있는 승원에서 불멸 후 200년경에 3번째 결집이 있었다. 그래서 불교 역사 속에서 이 곳은 아주 중요한 의미를 갖는다. 아쇼카 시대에 수행자가 아닌 사람들이 교단 안에 들어와 분란을 많이 일으켜 이미 불교 승단 내부에 분열이 심했다. 그래서 아쇼카 왕이 당시 유명한 스님 1,000여 명이 모여 모든 경전을 다시 한 번 결집하게 하였는데 이것을 제 3결집이라 한다. 이 때 부처님의 계와 율뿐만 아니라 고승들이 쓴 논장까지도 결집되게 된다. 그러나 제 3결집을 통해서도 교단은 화합되지 않았다. 결국 대중부와 상좌부로 갈라지고 그 이후로 대중부가 12개, 상좌부가 8개 부파로 나눠지게 된다. 이 부파 불교에 반해 재가 신자로부터 새롭게 일어난 불교를 대승 불교라고 한다.

석가족에는 현재 4개의 카스트가 있다. 이 곳에 석가족 후예들이 살고 있는데 이제까지 자신들의 카스트 기원이 석가족인 줄 전혀 몰랐다고 한다. 근대에 학교에서 역사를 공부하며 자신들의 뿌리가 부처님인 줄 알게 되었는데, 1970년대 후반부터 80년대 들어오면서 이 석가족들이 힌두교에서 불교로 많이 개종하기 시작했다. 그 사람들이 모여서 사립 학교도 열고, 스스로의 힘으로 아쇼카 보드 비하르(Ashoka Bodh Vihar)라고 하는 조그마한 법당도 열었다. 법당은 아주 초라하고 작지만 석가족에 의해서 처음으로 만들어졌다는 것만으로도 자긍심이 대단하다. 그들이 한국 불상을 원했기 때문에 정토회에서 기증한 불상과 불구들이 모셔져 있다.

Vaisali

바이샬리

바이샬리는 북인도 일대의 교통, 문화, 경제의 중심지로 상업이 크게 발달하여 그 당시 가장 화려하고 부유했던 아름다운 도시였으며, 자유로운 사회적 분위기 속에서 언론과 새로운 사상을 마음껏 누리던 인도 최초의 공화국이었다.

바이샬리

옛날에는 파탈리푸트라까지가 마가다 국의 영토이고, 강을 건너 북쪽은 경전에 자주 나오는 밧지족의 영토였다. 파트나에서 10Km가 넘는 세계에서 가장 긴 마하트마 간디 부릿지를 건너 인도 최대의 바나나 집산지인 하지푸르를 지나면, 8대 성지 가운데 하나인 바이샬리가 나온다.

파트나를 흐르는 강가 강은 북쪽 히말라야에서 내려오는 칸타키 강, 골고라 강, 야무나 강이 합쳐진 강가 강과 데칸 고원에서 흘러오는 손강 등 네 개의 강이 모여 하나가 되어 흐르고 있다. 부처님은 이 네 개의 강에 비유하여 자주 이런 말씀을 하였다. "세상에는 브라흐만, 크샤트리아, 바이샤, 수드라의 계급 차별이 있지만 내 법 안에는 없다. 네 개의 강이 결국 하나가 되어 흐르듯 내 법 안에서도 하나가 된다."

바이샬리는 북인도 일대의 교통, 문화, 경제의 중심지로 상업이 크게 발달하여 그 당시 가장 화려하고 부유했던 아름다운 도시였으며, 자유로운 사회적 분위기 속에서 언론과 새로운 사상을 마음껏 누리던 인도 최초의 공화국이었다. 그래서 열반경에 부처님의 마지막 설법으로 밧지족의 나라가 망하지 않는 법 7가지를 설하는 모습이 있다. 역사적으로 공화국 제도의 기원이 이 곳이라 해서 지금도 인도 중앙 정부에서 국회가 개원할 때면 관리들이 이 곳 카라우나 포칼 (Kharauna Pokhar) 연못에서 물을 떠 가지고 가서 성수로 사용하며 의식을 집행하고 있다.

· 카라우나 포칼 연못으로 인도 국회가 개원할 때면 이 연못의 물을 성수로 사용하고 있다.

바이샬리
Vaisali

이 곳은 원래 인물이 출중한 왕족 출신들인 리챠비족이 살던 곳인데, 지금은 반 이상 천민들이 살고 있다. 아마 왕족 계급이 전쟁에 져서 천민으로 전락한 경우도 있을 것이고 나라가 망하니 천민들만 남아서 살고 있는 지도 모른다. 부처님이 천상의 사람들이 어떻게 사는지 보려면 리챠비족을 보라고 할 정도로 옷도 원색으로 아주 화려하게 입고 매우 부유했다고 한다. 그러나 바이샬리가 마가다 국에 의해 망한 후 다시 어떤 왕국의 수도가 되었다거나 한 번도 재건된 적이 없어서, 지금은 교통도 외지고 아주 낙후한 농촌으로 변해버렸다. 농토는 매우 비옥하지만 여름에는 거의 절반이 강물에 잠겨 있어 농사를 지을 수가 없으며, 물이 빠지면 진흙으로 변해버려 신발을 신고 다닐 수가 없을 정도이다. 가옥도 흙벽돌도 아닌 억새 같은 짚으로 엮어 담을 치고 사는 아주 가난한 마을이다.

부처님이 카필라바스투에서 출가하여 수행자가 사는 문명의 도시인 바이샬리에 처음 와서 고행주의자인 발가바 선인을 만나게 되었다. 그러나 고행주의는 도의 길이 아님을 알고 다른 스승을 찾아 강가 강을 건너 마가다 국의 왕사성에 이르게 된다. 그 곳에서 아라라까라마와 웃타카라마푸트라를 만나게 되지만 그들의 최고 경지인 무소유처나 비상비비상처 역시 진정한 해탈의 길이 아님을 알고 가야로 떠난다. 성도 후 부처님이 다시 이 곳을 방문한 것은 깨달음을 얻고 2년째 되는 해로, 바이샬리는 극심한 가뭄으로 사람들이 심한 고통을 겪고 있을 때였다. 전설에 성자(聖者)를 마을에 초청하면 자연 재해를 퇴치할 수 있다는 얘기가 있는데, 마침 왕사성에 성자가 출현했다는 소문을 듣고 이 곳 사람들이 부처님을 청했다. 그런데 정말 부처님이 강가 강을 건너 이쪽 언덕에 발을 딛자마자 비가 쏟아져 바이샬리 사람들의 환영을 받았고, 그래서 온 국민은 아무런 저항도 없이 바로 부처님의 가르침에 귀의하게 되었다. 많은 나라들 중에서 부처님에 대한 존경과 신심이 가장 돈독했고 부처님을 한 번도 음해한 적이 없었던 도시, 그리고 부처님이 가장 사랑했던 도시가 바로 바이샬리이다.

열반경에 보면 부처님은 영축산 라자그라하에서 출발하여 죽림정사에서 설법하고, 암나라티카로 갔다. 암나라티카 동산에서 계정혜 삼학을 설하고 나란다를 거쳐 파탈리푸트라, 지금의 파트나로 왔다고 한다. 그리고 이 마을 저 마을을 들러 피바라카 망고 동산에 머물기도 하며 바이샬리로 왔는데, 이 곳에서 3개월 여름 안거철을 지내는 동안 병이 들었다. 그러나 부처님은 병든 몸을 끌고 쿠시나가라로 가서 결국은 이듬 해 겨울 2월 15일 열반에 들었다.

열반을 선언한 곳, 차팔라 (*Chapala*) 영지(靈址)

우기가 끝나자 부처님은 주위에 흩어져 있던 제자들을 불러모아 이 곳 차팔라 영지에서 계정혜 삼학을 설하고, "지금으로부터 3개월 후, 여래는 열반에 들 것이니라."라고 선언한다. 그리고 어느 날 바이샬리에 들어가 탁발하고 마을을 나오면서, 마치 코끼리가 뒤를 돌아보듯 천천히 몸을 돌려 지그시 바이샬리를 내려다보며 "여래가 이 아름다운 도시, 바이샬리를 보는 것도 이것이 마지막이 될 것이니라."라고 하였다고 한다. 물론 바이샬리 사람들도 부처님을 존경하였지만, 부처님도 바이샬리를 매우 사랑하였다. 이 곳에 나트막한 두 개의 언덕이 있는데 아마 그 곳에서 바이샬리를 내려다보지 않았나 추정된다. 현재 이 곳 지명은 비마세나 카팔라라고 한다.

부처님이 80노구에 병든 몸을 이끌고 이 마을을 떠나 열반의 길을 걸어갈 때, 리챠비족들은 다시는 못 뵐 거라는 생각 때문에 부처님을 계속 따라왔다고 한다. 부처님이 칸타키 강을 건너간 뒤에도 사람들은 계속 강변에 서서 이별을 안타까워 하자, 부처님은 발우를 물에 띄워 그들에게 보냈다. 박물관에 가면 그림이나 조각에 강이 흐르고 발우가 물에 떠내려가는 그런 모습이 있는 것은 부처님이 바이샬리 사람들과 마지막 헤어지는 장면을 표현한 것이다.

여성 최초의 출가지

부처님이 성도 후 6년만에 쉬라바스티에서 고향인 카필라 성을 방문했을 때, 많은 사람들이 부처님의 제자가 되기 위해 출가를 했다. 그 이후 아버지인 정반 왕이 죽자 어머니인 마하파제파티가 부처님에게 출가를 청하였고, 이미 남편이 출가를 해 혼자 남은 여자 혹은 과부들과 부처님의 부인이었던 아쇼다라를 포함하여 500명의 여인들도 부처님에게 출가하기를 청하였다. 그러나 한 번도 출가를 거절한 적이 없었던 부처님이 거절하였다. 여인들이 재차 출가를 청하였으나 다시 거절하고는 바이샬리로 떠나버렸다. 그러자 500명의 여인들이 스스로 머리를 자르고 맨발로 카필라 성에서 바이샬리까지 걸어왔다. 이 곳에 도착했을 때 그 비참한 모습을 보고 아난 존자가 가슴이 아파 부처님에게 "여자는 출가해서 성불할 수 없습니까?" 하고 물었는데, 부처님은 "여자들도 수행하면 똑같이 성불할 수 있다."라고 말씀하였다. 이 말씀에 용기를 얻어 아난 존자가 부처님에게 500명의 여인들이 이 곳까지 와서 부처님에게 출가를 청하고 있다고 말씀드리자 마침내 부처님이 여인의 출가를 허락하였다.

이 곳은 세계 최초로 여성 수행자가 공인된 곳으로 여성 해방의 근원지라 할 수 있다. 카톨릭에는 아직도 여자를 신부로 인정하지 않는다. 하물며 당시 인도 풍속으로 본다면 여자는 남자에 예속되어 어려서는 아버지의 딸로, 젊어서는 남편의 아내로, 늙어서는 아들의 어머니로 소위 삼종 지도로 존재할 뿐이지 인간으로서의 권한이 전혀 없었기 때문에 수행자로 인정한다는 것은 불가능한 일이었다. 그러나 부처님은 비구니 교단을 허락하였다. 출가해서 비구니가 되었다는 것은 부모, 자식, 남편과의 관계 즉 남자에 의지하지 않는, 스스로 존재할 수 있는 그리고 한 인간으로서 존엄한 가치를 인정받는 완전한 여성 해방을 이룬 것이라 하겠다.

부처님이 두 번 거절한 것은 그러한 사회적 조건에서 출가를 허락한다면 감당하기

힘든 엄청난 파장을 예견하였을 것이고, 반면 이 곳 바이샬리에서 허락한 것은 이 도시의 진보된 사상과 개방된 사회 분위기는 사회적 물의가 적고 또 그것을 수용해 낼 만한 역량이 있다고 보였기 때문일 것이다. 게다가 스스로 머리를 깎고 여기까지 내려왔다는 것은 아버지에게, 남편에게, 아들에게 예속되는 것을 스스로 거부하고 자립할 의지를 보였다는 것도 큰 이유가 될 것이다. 그 이후에도 많은 여성들이 출가하였고 완전한 깨달음을 얻어 아라한이 된 이들도 많았다. 그러나 불멸 후 몇 백 년이 지나면서 인도의 전통 사상에 의해 여자는 전륜성왕과 제석천왕과 범천왕과 마왕과 부처가 될 수 없다는 5불가론(五不可論)이 제기되면서 여성 교단이 폐지되고 만다. 소승 불교인 버마나 스리랑카에서는 여전히 비구니 교단은 인정되지 않고 있어, 비록 승려와 똑같이 생활하지만 가사 대신 하얀 옷을 입고 수행하고 있다. 그러므로 이 곳 바이샬리는 세계 여성 운동의 성지로 가꾸어도 부족함이 없다고 생각되는 곳이다.

제2결집과 교단의 분열

이 곳은 부처님이 열반에 든 뒤 제 2결집이 일어난 곳이다. 제 1결집을 하고 100년 정도 지나면서 계율의 현실성 문제 때문에 진보적인 승려들은 10가지 계율에 대해 새로운 제의를 했다. 계율에는 무엇이든 일체 소유를 못하게 되어 있으나 소금의 경우는 얻기도 쉽지 않을 뿐더러 상하지 않아, 먹고 남은 소금을 보관해 두었다가 먹는 사람이 생겨났다. 그리고 특히 이 곳은 상업 도시라 화폐 경제가 발달하면서 길을 가다가 스님을 뵈면 존경하는 마음으로 돈으로 공양하는 경우가 있었다. 그것은 사용자에 따라서 공양을 받는 것과 똑같은 개념이 될 수도 있고, 재물을 축적하는 동기가 될 수도 있기 때문에 당시로서는 굉장한 논쟁 거리가 되었다.

이렇게 수행자들 사이에 10가지 계율에 대한 소소한 이견이 생겼는데 이것을 '십사(十事)'라고 한다. 그래서 700명의 장로가 바이샬리로 집결해서 몇 달 간 토론을 한 후, 십사를 비법으로 선언하고 1차 결집의 내용을 검토하여 부처님 말씀을 첨삭하며 결집을 마쳤다.

　　　　그러한 장로들의 결정에 반발하여 만 명의 승려들이 모여 '일만송(一萬頌)'이라고 하여 자기들끼리 별도로 결집을 하였다. 이 때부터 이들을 '대중부'라고 부르고 제 2결집에 참여했던 장로들과 승려들은 '상좌부'로 부르게 되었는데 이것이 교단이 둘로 분열되는 시초가 되었다. 그러나 이 사건은 교단 자체가 완전히 두 개로 독립한 것은 아니며 계율에 대하여 견해가 다른 두 개의 파가 교단 내부에 형성된 것이라고 볼 수 있다.

유마 거사의 고향

　　　　이 곳은 교단이 분열되면서 대승 불교가 처음 흥기한 곳이며 유마 거사의 고향이기도 하다. 대승 불교에서 가장 중요한 이는 유마 거사라고 해도 과언이 아니다. 유마 거사가 실존 인물인지, 전설상의 인물인지를 떠나서 유마경의 소재가 바이샬리이고, 재가자를 중심으로 해서 새로운 불교 운동인 대승 불교가 시작된 곳으로 큰 의미를 지니고 있다. 대승 불교는 일체의 형식을 떠나 깨달음의 길을 추구하는 보살 사상이 핵심이다. 유마 거사의 집터는 아직 확인되지 않고 있다.

열반으로 가는 길

(바른 사념과 의식)

나티카 마을에서 이렇게 마음껏 머무신 다음 세존께서는 아난 존자에게 말씀하셨다.

"자, 아난다여! 우리들은 이제부터 바이샬리로 가자."

"잘 알았사옵니다. 세존이시여!"라고 아난 존자는 대답하였다.

그리고 세존께서는 많은 수의 비구들과 함께 바이샬리로 향하셨다.

바이샬리에 도착하신 세존께서는 마을 한 편의 암라팔리 동산에 머무셨다.

다시 그 곳에서 세존께서는 비구들에게 말씀하셨다.

'비구들이여! 비구다운 이는 바르게 사념(思念)하고, 바르게 의식을 보전하며 지내야만 하느니라. 이것이 내가 너희들에게 해 주는 계율의 말이니라. 비구들이여! 비구가 바르게 사념한다는 것은 어떠한 것이겠는가? 비구들이여! 그것은 이러한 것이다. 여기에 어떤 비구가 있다 하자. 그가 몸에 대해 이것을 잘 관찰하고 진정 바르게 의식을 보전하며, 바르게 사념하고, 세간에 있더라도 탐욕이나 근심을 초극하여 사는 것, 비구들이여! 이것이 바르게 사념하는 것이니라. 비구들이여! 바르게 의식을 보전한다는 것은 어떠한 것이겠는가? 비구들이여! 그것은 이러한 것이다. 어떤 비구가 있어, 그가 앞으로 나아갈 때도 뒤로 물러날 때도 바르게 의식을 보전하여 행하며, 앞을 볼 때도 뒤를 볼 때도 바르게 의식을 보존하여 행하며, 몸을 굽힐 때도 펼 때도 바르게 의식을 보전하여 행하며, 상가티 옷과 발우, 옷을 수지할 때도 바르게 의식을 보전하여 행하며, 먹거나 마시거나 맛을 볼 때도 바르게 의식을 보전하여 행하며, 대소변을 볼 때도 바르게 의식을 보전하여 행하며, 걷거나 멈추거나 앉거나 잠자거나 혹은 깨거나 말하거나 침묵할 때도 바르게 의식을 보전하여 행하는 것, 비구들이여! 이것이 바르게 의식을 보존하는 것이니라. 비구들이여! 비구다운 이는 이렇게 바르게 사념하고, 바르게 의식을 보존하여 지내야만 한다. 이것이 내가 너희들에게 해 주는 계율의 말이니라."

『대반열반경』

(유녀 암라팔리의 공양)

당시 바이샬리 마을에는 암라팔리라는 유명한 유녀가 살고 있었다. 유녀 암라팔리는 세존께서 이 바이샬리에 도착하시어 자신의 망고 동산에 머물고 계신다는 소식을 들었다. 그리하여 서둘러 그녀는 화려하게 장식한 소가 끄는 수레를 몇 대 거느리고, 자신도 그 가운데 한 대를 타고 바이샬리를 출발하여, 자신의 망고 동산으로 갔다. 그리고 수레가 더 나아갈 수 없는 곳에 이르러서는 수레에서 내려 세존의 처소까지 걸어갔다. 세존의 옆에 다다른 유녀 암라팔리는 세존께 인사드리고 한쪽에 앉았다. 세존께서는 여러 가지 가르침을 그녀에게 설하시어 믿어 지니게 하시고 그녀를 격려하시고 기뻐하게 하셨다. 그렇게 세존께서 가르침을 설하시니 기쁨에 넘친 유녀 암라팔리는 세존께 다음과 같이 사뢰었다.

"세존이시여! 내일은 여러 비구들과 함께 부디 저의 공양을 받아주소서."

그의 청을 세존께서는 침묵으로 수락하셨다. 세존이 수락하셨음을 안 암라팔리는 자리에서 일어나 세존께 인사드리고 오른쪽으로 도는 예를 표하고 그 자리를 떠났다. 한편 같은 무렵 바이샬리의 명문 릿챠비족 사람들도 세존께서 바이샬리에 도착하시어 암라팔리의 망고 동산에 머물고 계신다는 소식을 들었다. 그러자 릿챠비족 사람들은 서둘러 화려하게 장식한 소가 끄는 수레 몇 대를 거느리고 사람마다 그 가운데 한 대씩 타고 바이샬리를 출발하였다. 어떤 이들은 푸른 복장, 푸른 옷과 푸른 장신구로 몸을 치장하고, 어떤 이는 빨간 복장, 빨간 옷과 빨간 장신구로 몸을 치장하였을 뿐만 아니라 어떤 이는 하얀 복장, 하얀 옷과 하얀 장신구로 몸을 치장하고 있었다. 이와 같이 하여 마을을 출발한 릿챠비족 사람들의 수레는 마을로 돌아오는 유녀 암라팔리의 마차와 뜻하지 않게 도중에서 부딪치게 되었다. 그 때 유녀 암라팔리의 수레는 수레축과 바퀴, 멍에로 각각 릿챠비족 사람들의 수레를 뒤엎어 버리게 되었다. 그러자 화가 난 릿챠비족 사람들은 유녀 암라팔리를 질책하여 다음과 같이 말하였다.

"암라팔리여! 그대는 도대체 무슨 이유로 우리의 수레를 수레축과 수레바퀴 멍에로 모두 엎어버렸는가?"

"아니, 이런 어르신들! 부디 용서해 주십시오. 실은 내일 세존을 비구들과 함께 공양에 초대하게 되었기에 너무 서두른 때문이옵니다."

"뭐라고? 세존을 초대했기 때문이라고? 그럼 암라팔리! 그 권리를 십만금(十萬金)으로 우리들에게 양도하지 않겠소?"

"아니옵니다. 어르신! 설령 이 풍요로운 바이샬리 마을 전부를 준다고 해도 그것만은 양도할 수 없사옵니다. 고맙지만 사양하겠습니다."

유녀 암라팔리에게 거절 당한 릿챠비족 사람들은 땅을 치고 후회하면서 말하였다.

"여러분! 참으로 유감스럽도다. 우리들은 이 여자에게 지고 말았다. 우리들은 이 여자에게 선수를 빼앗겨 버린 것이오."

이렇게 유녀에게 선수를 빼앗긴 릿챠비족 사람들은 이윽고 세존이 계시는 암라팔리의 망고 동산에 도착하였다. 릿챠비족 사람들이 오는 것을 멀리에서 보신 세존께서는 비구들에게 말씀하셨다.

"비구들이여! 너희들 가운데 아직 도리천의 신들을 본 적이 없는 사람은, 저기 오고 있는 릿챠비족 일행을 잘 보고 관찰함이 좋으리라. 그리하여 그들의 모습에서 도리천 신들을 상상함이 좋으리라."

릿챠비족 사람들은 수레가 더 나아갈 수 없는 곳에 이르러 수레에서 내려 세존의 처소까지 걸어왔다. 그리고 세존께 인사드린 다음 한쪽에 자리를 차지하고 앉았다. 그들이 자리에 앉았을 때, 세존께서는 여러 가지 가르침으로써 그들에게 설하여 믿어 지니게 하고, 그들을 격려하시며 기뻐하게 했다. 이렇게 세존께서 법을 설하시니 믿고 지니고, 격려받고 기뻐한 릿챠비족 사람들은 세존께 다음과 같이 사뢰었다.

"세존이시여! 내일은 비구들과 함께 부디 저희의 공양을 받아 주소서."

"릿챠비족 여러분! 여러분의 마음은 고맙지만, 내일은 암라팔리의 공양을 받기로 되어 있으니 여러분의 청을 받아들일 수 없군요."

세존의 이러한 대답에 릿챠비족 사람들은 땅을 치고 후회하면서 말하였다.

"여러분! 참으로 유감스럽소. 역시 우리들은 저 여자에게 지고 만 것이오. 우리들은 역시 저 여자에게 선수를 빼앗겨 버린 것이오."

청을 거절당한 릿챠비족 사람들은 세존의 가르침에 대단히 기쁜 마음으로 자리에서 일어나 세존께 작별 인사를 드리고, 오른쪽으로 돌아 예를 표하고서 세존의 거처를 떠났다.

다시 이리하여 하룻밤을 보낸 다음 날, 유녀 암라팔리는 자신의 정원에 잘 요리된 딱딱하고 부드러운 갖가지 음식을 준비하고 사람들을 보내어 세존께 때가 왔음을 알리게 했다. "때가 되었사옵니다. 세존이시여! 공양 준비도 완료되었사옵니다."라고. 그러자 세존께서는 점심 때가 되기 전에 하의를 입으시고 발우와 상의를 손에 지니시고 비구들과 함께 유녀 암라팔리의 집으로 향하셨다. 그리고 도착하시어 마련된 자리에 앉으셨다. 그러자 유녀 암라팔리는 부처님을 상수로 한 비구들에게 잘 요리된 딱딱하고 부드러운 갖가지 음식을 손수 올려, 모두들 만족하게 했다. 공양을 끝내고 세존께서 발우에서 손을 떼시니, 유녀 암라팔리는 아래쪽에 자리를 마련하고 한쪽에 앉았다. 자리에 앉은 유녀 암라팔리는 세존께 다음과 같이 사뢰었다.

"세존이시여! 이 정원을 부처님을 상수로 하는 비구들에게 기증하겠사옵니다. 부디 수락하여 주소서."

세존께서는 이 청을 수락하셨다. 여기에서 세존께서는 여러 가지 가르침으로 유녀 암라팔리에게 설하시어 믿어 지니게 하시고 그녀를 격려하시고 기뻐하게 하셨다. 그리고 자리에서 일어나시어 암라팔리의 거처를 떠나셨다.

『대반열반경』

(자귀의 법귀의)

그 때에 부처님께서는 아난 존자를 대동하고 대중 스님과 함께 바이샬리 성 근처의 벨루바나 촌에 머무셨다. 그 때에 그 나라에는 흉년이 들고 곡식이 귀하여 걸식하기가 어려웠다. 부처님께서는 여러 대중 스님들을 모아놓고 말씀하셨다.

"이 나라에는 흉년이 들어 걸식하기가 어렵다. 그대들은 각기 바이샬리 성이나 밧지족이 사는 곳으로 가서 각기 동료와 지인을 의지하여 우기의 안거에 들어가라. 나는 아난다와 함께 여기에서 안거하리라."

때에 모든 대중 스님들은 분부를 받아 곧 떠나고 부처님은 아난 존자와 함께 벨루바나 촌에 머무셨다. 이 안거 중에 부처님께서는 병이 나시어 온몸이 아픈 격심한 통증을 겪으셨다. 부처님께서는 이렇게 말씀하셨다.

"나는 지금 병이 나서 온몸의 아픔이 점점 심해진다. 그러나 제자들이 모두 흩어져서 없는데 열반에 드는 것은 옳지 않다. 대중들이 모이기를 기다려 열반에 들리라. 나는 힘써 정진함으로써 선정에 들어 삼매의 힘으로 병을 이겨내고 목숨을 이으리라."

그 때 부처님께서는 고요한 방에서 나오셔서 나무 밑의 시원한 그늘에 앉으셨다. 아난 존자는 이것을 보고 곧 부처님께 나아가 여쭈었다.

"세존이시여, 안온한 모습을 뵈오니 마음이 놓입니다.

세존께서 병이 깊어 심한 고통을 당하고 계실 때, 마음은 근심과 걱정으로 어찌할 바를 몰랐습니다. 갑자기 열반에 드시면 어찌하나 생각하니 전신에 힘이 빠져서 몸을 가눌 수도 없고 사방이 캄캄해져서 아무것도 분간할 수가 없었습니다. 그러나 문득 '세존께서 승단에 대하여 아무런 말씀도 남기지 않으신 동안은 열반에 드시지 않을 것이다.' 라고 생각하여 조금은 안심을 할 수 있었습니다. 세존이시여, 왜 지금 모든 제자들에게 부처님께서 가신 뒤의 승단의 일에 대한 가르침과 분부가 없습니까?'

부처님께서는 아난 존자에게 말씀하셨다.

"아난다여, 수행자가 내게 기대할 바가 있다는 생각은 옳지 못하다. 나는 이미 모든 법을 설하였다. 나의 가르침 속에는 제자들에게 숨긴 채 스승의 주먹 속에 감추어진 비밀 같은 것은 있을 수 없다. 여래는 지금까지 '나는 대중들을 이끌고 지도하고 있다. 승가는 나에 속해 있다' 는 생각을 갖고 있지 않았다. 그런데 어찌 대중들에게 이 교단의 후계 따위에 대한 가르침과 시킴이 있을 수 있겠느냐. 아난다여, 나는 나이가 80이 되었으며 몸은 노쇠하여 비유하면 마치 낡은 수레와 같다. 마치 낡은 수레를 방편으로 수리하여 좀더 가고자 하는 것과 같이 내 몸도 또한 그와 같느니라. 그러므로 아난다여, 모든 승가의 대중들은 마땅히 자기 스스로가 등불이 되고 자기 스스로가 의지처가 될 것이며, 부디 다른 사람을 의지처로 삼지 말아야 한다. 또한 마땅히 진리의 법을 등불로 삼고 진리의 법을 의지처로 삼을 것이며, 부디 다른 것을 의지처로 삼지 말아야 한다.

『대반열반경』

(열반에 들리라)

세존께서는 아난 존자와 함께 마하바나로 향하셨다. 그리고 도착하시자, 아난 존자에게 말씀하셨다.

"자, 아난다여! 너는 이제부터 바이샬리 주변에 있는 비구들을 모두 강당으로 모이도록 하여라."

"잘 알았사옵니다. 세존이시여! 곧바로 그렇게 하겠사옵니다." 라고 대답하고, 아난다는 즉시 바이샬리 주변에 머물고 있는 비구들을 모두 강당으로 모이게 하였다. 비구들이 모두 강당에 모이자 아난 존자는 세존의 처소로 갔다. 그리고 세존께 절을 올리고 한쪽에 물러나 다음과 같이 사뢰었다.

"세존이시여! 비구들은 모두 모였사옵니다. 부디 때를 헤아려 주소서."

그러자 세존께서는 강당으로 가셨다. 그리고 강당에 도착하시어 마련된 자리에 앉으셨다. 이렇게 자리에 앉으신 세존께서는 비구들에게 다음과 같이 말씀하셨다.

"내가 진리에 대해 깨닫고 설했던 여러 가지 진리를, 잘 알아 지녀 배우고 수행하며 많이 닦아야만 하느니라. 그리고 이 청정한 행이 이 세상에 오래오래 존재하며, 그 결과 그것이 많은 사람들의 이익과 안락의 바탕이 되고, 세상 사람들을 연민하여 신들과 인간의 복리가 되고, 이익과 안락이 되도록 하여라. 그러면 비구들이여! 내가 진리에 대해 깨닫고 설했던 여러 가지 이익과 진리란 도대체 어떤 것이겠는가? 그것은 예컨대 네 가지 바르게 사념해야만 하는 곳(四念處), 네 가지 바르게 노력해야만 하는 것(四正勤), 네 가지 초자연적인 능력(四神足), 다섯 가지 선한 과보의 뿌리(五根), 다섯 가지 힘(五力), 일곱 가지 깨달음의 지분(七覺支), 여덟 가지의 성스러운 길(八聖道) 등이라고 할 수 있느니라."

세존께서는 비구들에게 말씀하셨다.

"이제 비구들이여! 지금이야말로 나는 너희들에게 마음을 기울여 알려야만 하리라. 명심해서 들음이 좋으리라. 비구들이여! 만들어진 것은 결국 멸해 가는 것이다. 그러므로 너희들은 게으름 피우지 말고 정진하며 수행을 완성하여라. 여래는 머지 않아 열반에 들리라. 여래는 이제부터 3개월 후, 열반에 들 것이니라."

『대반열반경』

바이샬리의 유적들

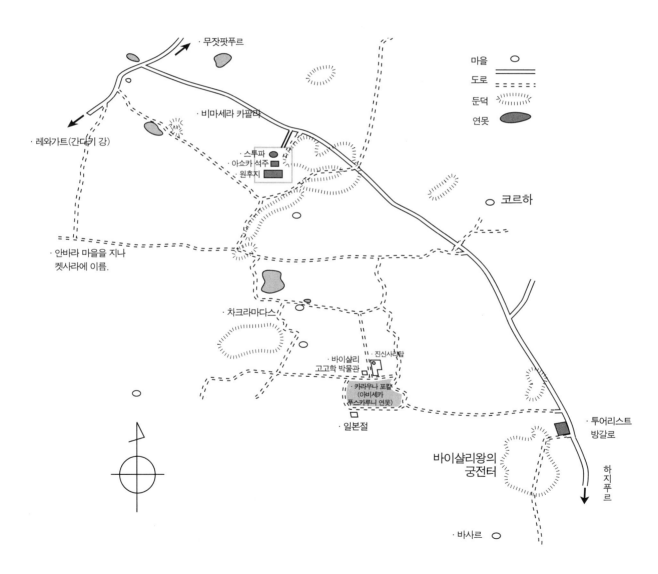

진신사리탑 *The Stupa of Buddha's Sari*

　　부처님이 쿠시나가라에서 열반에 들 때 화장하고 남은 유골을 사리라고 한다. 부처님이 열반하자 각 국은 부처님의 사리를 서로 자기 나라에 가지고 가려했기 때문에, 사리를 여덟 등분하여 나누어 가졌다. 그들은 각 나라로 돌아가서 탑을 쌓았는데, 그 여덟 개의 진신사리탑 가운데 그 때의 진신사리탑으로 확인된 곳은 현재 리챠비족이 가져가서 세운 바이샬리의 사리탑과 석가족이 가져가서 세운 삐프라하와 사리탑과 콜리족이 가져가서 세운 라마 마을의 사리탑 세 곳 뿐이다.

　　후대에 아쇼카 왕이 불교를 전 세계로 전파하면서 그 사리탑을 헐어서 부처님 사리를 세계 각국으로, 또 인도 전역에 보내 이름하여 팔만 사천 개의 탑을 쌓았다고 한다. 현재 이 곳

· 부처님 진신사리탑터로 부처님 입멸 후 릿챠비족이
8등분 된 부처님 사리를 가져와 세운 탑이다.
1957년 발굴 당시 부처님 유해가 담긴 사리 옹기가 발견되었으나
명문은 없었다. 그러나 스투파의 구조로 미루어 보아
진신사리탑으로 인정받고 있다.

바이샬리의 탑은 다 허물어져 없어지고 밑둥치의 유적지만 남아 보존되고 있다.

· 사리를 발굴한 후 탑신은 모두 소멸되고 밑둥만을 보존하고 있다.

암라팔리의 망고 동산

암라란 망고나무를 말하고, 암라팔리는 '망고나무 밑에서 주운 아이'라는 뜻이다. 어떤 장자가 망고나무 밑에 버려진 여자 애를 데려다 키웠는데 천하 미인이었다. 바이샬리의 귀족들은 물론 각 나라에서 이 여자와 결혼하기 위해서 거의 전쟁이 일어날 지경이었다. 그래서 이 도시에서 회의를 거쳐 여럿이 공유할 수 있게 기생을 만들어 버렸다. 부처님의 주치의였던 지이바카가 암라팔리와 빔비사라 왕 사이에서 낳은 아들이란 얘기가 있을 만큼 암라팔리 인기는 굉장했다. 그러니까 단순히 천대받는 기생이 아니라 사교계의 여왕이라고 할 정도로 유명한 기생이었다.

부처님이 열반의 땅으로 가는 도중 바이샬리 근교의 암라팔리의 망고원에 머무르고 있었다. 부처님이 왔다는 소식을 듣자 암라팔리는 마차로 달려가 부처님에게 예배를 드리고 법문을 듣고 기쁜 마음으로 내일 아침 공양에 부처님을 초대하였는데, 부처님이 흔쾌히 승낙하였다.

뒤늦게 부처님이 왔다는 소문을 들은 바이샬리의 왕족과 귀족들은 부처님에게 예배하고 공양에 초대하기 위해 부처님이 머무는 망고원으로 수십 대의 마차를 타고 달려가다 길 중간에서 암라팔리와 마주치게 되었다. 평소에는 왕족들이 오면 당연히 길을 비켜 다 지나갈 때까지 기다려 주었지만, 이번에는 내일 부처님께 올릴 공양을 준비하기 위해 먼저 가겠다고 양해를 구했다. 이 말을 듣고 기생에게 초청권을 빼앗겼다는 것에 기분이 나빠진 왕족은 십만금을 줄 터이니 초청권을 양보하라고 흥정을 하였다. 그러나 암라팔리는 일언지하에 거절하면서 바이샬리를 전부 준다고 해도 바꾸지 않겠다고 잘라 말했다. 할 수 없이 부처님에게 달려가 예배드리고 내일 아침 공양에 초대하였으나 부처님은 선약이 있다며 거절하였다. 재차 청하였으나 허락하지 않자 그냥 법문만 듣고 돌아갔다고 한다.

비록 많은 기녀를 데리고 유곽을 운영하는 기생이었지만, 이 이야기를 통해 부처님의 제자로서의 자긍심과 경배심이 어떠했나를 짐작할 수 있게 한다. 암라팔리는 이튿날 부처님을 초대해서 공양을 올리고 법문을 듣고 환희심을 갖게 된다. 그래서 자신이 갖고 있던 망고 동산과 재산을 수행자들을 위해서 승단에 기증하였다. 후대에 그 곳에 큰 사원을 지어 이 지역의 유명한 절이 되었다.

아쇼카 석주 *Ashoka Pillar*

진신사리탑터에서 대로로 나와 1km 쯤 가면 원후봉밀터에 아쇼카 석주가 우뚝 서 있다. 여러 곳에서 보게되는 아쇼카 석주는, 주로 박물관에서는 석주 위에 장식되었던 머리 부분만, 그리고 현장에서는 윗부분은 떨어져 나간 밑기둥만이다. 그러나 이 곳에서는 꼭대기에 사자 한 마리가 앉아 있는 완벽한 모양의 석주가 서 있다. 프리즈로 장식된 둥그렇고 화려한 받침대는 아니지만, 평평한 사각 받침대 위에 사자 한 마리가 앉아 있는 것이 다른 석주와 상이한 점이다. 기둥에는 명문 대신 수많은 그림 문자들이 새겨져 있다. 기둥의 총 길이는 14.6m이나, 밑으로 상당한 깊이로 묻혀 있다고 한다. 사자 기둥 바로 옆에 높이 4.6m 정도의 커다란 탑이 있는데 마우리아 시대에 처음 지어졌고, 두 번에 걸쳐 증축한 것으로 밝혀졌다.

원후봉밀터(猿猴蜂蜜址)

부처님이 왔을 때 원숭이가 꿀 공양을 올렸다는 곳은 아쇼카 석주에서 남쪽으로 약 20m 정도 떨어진 연못이 있는 곳이다. 부처님이 유정 무정의 모든 존재들을 사랑했다는 것을 원후봉밀의 이야기는 잘 보여준다.

이 도시는 상업이 발달하고 매우 진보적인 도시였다. 이 곳에서 걸식할 때는 집집마다 다니지 않고 발우를 한 줄로 놓아두면 신도들이 한 주걱씩 음식을 나누어 주었다고 한다. 어느 날 부처님이 제자들과 걸식하러 나가 자신의 발우를 제자들의 것 속에 섞어 늘어놓았는데, 원숭이가 그 많은 발우 중에서 부

· 남아 있는 아쇼카 석주 중 가장 완벽한 모습을 갖추고 있다. 석주 옆의 큰 탑은 원숭이가 부처님께 꿀을 봉양한 것을 기념하여 아쇼카 왕이 세운 것이고, 보이는 연못은 부처님을 위해 원숭이들이 파 놓은 부처님의 목욕터이다.

처님 것을 골라내어 꿀을 가득히 채워 부처님에게 공양하였다고 한다.

　　　또 수천 마리의 원숭이들이 흙을 파서 부처님이 목욕할 수 있게 연못을 만들었다고 하는데, 지금은 거의 다 복원되어 현지에서는 람-쿤드(Ram-Kund)라고 부르고 있다. 박물관에서 발우에 원숭이가 꿀을 담는 모습이나 혹은 부처님이 발우를 안고 앉아 있는 모습이 조각되어 있는 것을 보게 되면 이는 곧 바이샬리를 상징하는 것이다.

최후의 안거지(安居址), 벨루바나 *Beluwana*

　　　벨루바나는 대나무 숲이라는 뜻으로 이 마을은 바이샬리 성의 남쪽에 위치했던 것으로 추정되고 있다. 부처님이 열반의 길에 올랐을 때 바이샬리는 매우 부유한 도시었는데도 불구하고 마침 흉년이 들어서 몇 백 명의 제자들이 전부 공양을 받을 수가 없었다. 안거 때였지만 부처님은 제자들에게 한두 명씩 나눠서 모두 흩어지라고 했다. 그리고 부처님은 이 마을에서 아난 존자와 마지막 안거를 보냈다. 우기에 접어든지 얼마 되지 않아서 부처님은 몹시 아팠는데 이 때 아난 존자는 부처님이 열반에 드는 줄 알고 무척 마음을 졸였다고 한다.

　　　부처님은 왕과 수많은 귀족들로부터 존경받는 이로서 공양을 받는 경우도 있지만, 이 기간 동안 부처님은 공양을 받지 못해 굶은 적도 있고, 어떤 때는 말먹이인 밀기울을 공양받아 먹은 적도 있다고 한다. 이러한 모습은 안거 때 수행자의 삶을 단적으로 볼 수 있는 면이기도 하다.

Kushinagara

쿠시나가라

아난 존자가 부처님에게 "쿠시나가라처럼 작은 마을, 외진 시골에서 열반에 드시려는 것은 그만두시옵소서."라고
말씀드린 적이 있다. 그러자 부처님은 "지금은 이처럼 작은 마을이지만 옛적에는 그렇지 않았느니라."라고 하며
쿠시나가라는 부처님 이전에 매우 풍요롭고 번영하였던 마을이었으며
먼 미래에 이 곳이야말로 성스러운 곳이 될 것이라고 말씀하였다.

마가다에서 바이샬리를 거쳐 쿠시나가라까지 이르는 길은 북서쪽으로 뻗어 있으며, 가던 방향으로 계속 연장하여 보면 그 곳은 카필라 성과 이어진다. 이로 미루어 부처님의 마지막 유행은 고향인 카필라 성을 향한 것이 아니었을까. 머리를 북쪽으로 둔 것도 고향을 향한 것이었으리라는 추측을 하게 된다.

쿠시나가라는 고락푸르의 동쪽 55Km에 위치한 작은 마을로 부처님이 교화의 긴 여정 끝에 열반에 든 곳이다. 아난 존자가 부처님에게 "쿠시나가라처럼 작은 마을, 외진 시골에서 열반에 드시려는 것은 그만두시옵소서."라고 말씀드린 적이 있다. 그러자 부처님은 "지금은 이처럼 작은 마을이지만 옛적에는 그렇지 않았느니라."라고 하며 쿠시나가라는 부처님 이전에 매우 풍요롭고 번영하였던 마을이었으며 먼 미래에 이 곳이야말로 성스러운 곳이 될 것이라고 말씀하였다. 다시 아난 존자가 그렇다면 숲에서가 아니라 말라족의 성 안에서 열반에 드시면 어떻겠느냐고 청하지만, 부처님은 "여래의 마지막 열반을 보고 싶은 사람은 누구나 다 나를 만날 수가 있어야 한다. 내가 만약 성 안에서 열반에 든다면 어떤 사람은 나를 친견하고 싶다 하더라도 나를 만나지 못하리라."라고 말씀하였다. 이렇게 해서 왕족이든 천민이든 짐승이든 누구도 어떤 제약도 받지 않고 다 이 곳에서 여래의 마지막을 볼 수 있게 되었다.

지금 이 곳은 불자들은 물론 세계에서 많은 사람들의 발길이 끊임없이 이어지는 성스러운 마을이 되었다.

쿠시나가라
Kushinagara

부처님은 히라냐바티 강을 건너 쿠시나가라 외곽 '여래가 태어난 곳'인 사라나무 숲으로 가셔서 몸을 누인다. 부처님의 입멸 후를 걱정하는 아난다에게 부처님은 부처님을 기릴 수 있는 네 곳, 즉 부처님이 태어난 룸비니, 성도한 부다가야, 법을 설한 사르나트, 열반한 쿠시나가라에 예경하며 부처님의 가르침을 생각하라 하였고, 여인에 대한 출가자의 태도와 장례식에 대한 절차를 말씀하였다. 그리고 오랜 세월 부처님을 시봉해 온 슬픔에 잠긴 아난다를 위로하였다. 그리고 쿠시나가라 마을 사람들로부터 고별 인사를 받고, 부처님이 열반에 든다는 소식을 듣고 찾아온 수바드라에게 팔정도를 설하며 마지막 제자로 받아들인다. 또 부처님은 이 곳에 모인 500명의 비구 가운데 부처님과 그 가르침, 그리고 승가에 대해, 혹은 수행의 길이나 방법에 대해 의혹이나 의문이 있는 이가 한 명도 없다는 사실을 확인한 다음 "그럼 비구들이여! 이제 나는 너희들에게 알리겠노라. 만들어진 것은 모두 변해 가는 것이니라. 게으름 피우지 말고 열심히 정진하여 너희들의 수행을 완성하여라." 이렇게 최후의 말씀을 남기고 선정에 들어 입멸하였다.

　　　　부처님은 이 곳에서 육신의 몸을 버렸다. 그리고 우리가 가야 할 길을 자상히 일러 주었다. 그럼에도 우리는 아직도 부처님에게 무엇을 해 달라고 매달리고 있다. 부처님의 일생을 통해 부처님이 우리에게 무엇을 말씀하고 있는지를 안다면, 응당 이런 마음의 자세를 가져야 할 것이다.

　　　　"부처님, 감사합니다. 부처님께서는 마음 놓으시고 이 곳에 안온하게 계십시오 이제 나머지 일은 저희들의 몫으로 스스로 작은 부처가 되어 그 일을 행하겠습니다."

　　　　부처님이 쿠시나가라에서 열반에 들었다는 소식을 들은 각국의 왕들은 쿠시나가라의 말라족에게 사신을 파견해 사리를 분배해 달라고 청하였지만 말라족은 그들의 제의를 거절하였다. 그러자 주변은 갑자기 험악한 분위기가 감돌았고, 그 분위기를 알아차린 도나 바라문이 위없는 이의 사리를 둘러싸고 분쟁하는 것은 옳지 않으니 모두 의좋게 여덟 등분하여 나누어 갖자고 제의했다. 그래서 마가다 국왕 아자타삿투는 라자그라하에, 바이샬리의 리챠비족은 바이샬리에, 카필라바스투의 샤카족은 카필라바스투에, 아라캇파의 부리족은 아라캇파에, 라마의 콜리족은 라마 마을에, 베타디파의 한 바라문은 베타디파에, 파바의 말라족은 파바에, 쿠시나가라의 말라족은 쿠시나가라에 부처님의 사리탑을 세워 공양을 올렸다. 도나 바라문은 세존의 사리를 넣었던 항아리를 얻어 탑을 세워 공양을 올렸고, 분배가 다 끝난 뒤에 도착한 핍팔리바나의 모리야족은 다비할 때 남은 재를 담아 핍팔리바나에 탑을 세워 공양을 올렸다. 그래서 이 세상에는 8개의 사리탑과 1개의 항아리 탑, 1개의 재 탑이 있게 되었다. 나중에 아쇼카 왕이 이 탑을 헐어서 인도 전역에 사리를 배분하고, 그리고 전 세계로 사리가 퍼져나가 우리 나라까지 오게 된 것이다.

열반의 땅

(춘다의 공양)

세존께서는 보가 나가라에서 마음껏 머무신 다음 아난 존자에게 말씀하셨다.

"자, 아난다여! 우리들은 이제부터 파바 마을로 가자."

"잘 알았습니다, 세존이시여!"

라고 아난 존자는 대답하였다.

이렇게 하여 세존께서는 많은 수의 비구들과 함께 파바 마을로 향하셨다. 그리고 파바 마을에 도착하시어 대장장이 아들 춘다가 소유하고 있는 망고 동산에 머물고 계셨다. 대장장이 아들 춘다는 세존께서 파바 마을에 도착하시어 자신의 망고 동산에 머물고 계신다는 이야기를 듣고 서둘러 세존의 처소로 왔다. 그리고 세존께 인사드리고 한쪽에 앉았다. 자리에 앉은 대장장이 아들 춘다에게 세존께서는 여러 가지 가르침을 설하여 믿어 받들게 하고 격려하고 기쁘게 하셨다. 이렇게 세존께서 가르침을 설하시니, 믿고 받들며 기뻐한 대장장이 아들 춘다는 세존께 사뢰었다.

"세존이시여! 내일 세존께 공양을 올리고자 하오니 비구들과 함께 꼭 오시도록 하소서."

이 초대를 세존께서는 침묵으로 수락하셨다. 이렇게 세존의 동의를 얻고, 대장장이 아들 춘다는 자리에서 일어났다. 그리고 세존께 절을 올리고 오른쪽으로 도는 예를 표하고 세존의 처소를 떠났다. 그 이튿날 아침 대장장이 아들 춘다는 자신의 집에 딱딱하고 부드러운 갖가지 맛있는 음식을 준비하였다. 그 가운데는 스카라 맛다바라는 요리도 섞여 있었다. 준비가 완료되자 대장장이 아들 춘다는 사람을 보내어 세존께, "세존이시여! 때가 왔사옵니다. 공양 준비도 완료되었사옵니다."라고 하게 했다. 그러자 세존께서는 그날 정오 전에 하의를 입으시고, 발우와 상의를 손에 지니시고, 비구들과 함께 대장장이 아들 춘다의 집으로 향하셨다. 그리고 도착하시어 마련된 자리에 앉으셨다. 자리에 앉으신 세존께서는 준비한 음식 가운데 스카라 맛다바가 있는 것을 아시고, 대장장이 아들 춘다에게 말씀하셨다.

"춘다여! 이 스카라 맛다바는 모두 내 앞으로 가져오도록 하고 비구들에게는 다른 것을 올리도록 하여라."

"잘 알았사옵니다. 세존이시여!"

라고 대답한 대장장이 아들 춘다는 준비한 스카라 맛다바는 모두 세존께 드리고, 비구들에게는 다른 갖가지 음식을 올렸다.

이렇게 공양이 끝나자, 세존께서 대장장이 아들 춘다에게 말씀하셨다.

"춘다여! 이 남은 스카라 맛다바는 구덩이를 파 그 곳에 모두 묻어라. 춘다여! 이 세상 가운데서 이것을 먹더라도 완전하게 소화할 수 있는 것은 악마와 범천, 신들과 인간들, 사문과 바라문을 포함하더라도 여래 이외에는 없기 때문이니라."

"잘 알았사옵니다. 세존이시여! 서둘러 그렇게 하겠사옵니다."

라고 대답한 대장장이 아들 춘다는 말씀대로 남은 스카라 맛다바는 모두 구덩이에 묻어버리고 세존의 처소로 되돌아와 세존께 절을 올리고 한쪽에 앉았다. 자리에 앉은 대장장이 아들 춘다에게 세존께서는 여러 가지 가르침을 설하시어 믿어 받들게 하시고, 그를 격려하고 기쁘게 한 다음 자리에서 일어나 돌아가셨다.

한편 이렇게 대장장이 아들 춘다로부터 공양을 받으신 세존께 심한 병이 엄습하였다. 피가 섞인 설사를 계속하는 고통으로 죽을 것 같다는 생각을 하셨다. 그러나 그런 고통에도 괴로워하지 않고 세존께서는 바르게 사념하시고 바르게 의식을 보전하시면서 지그시 고통을 감내하셨다.

그리고 이런 고통도 차츰 치유될 무렵, 세존께서는 아난 존자에게 말씀하셨다.

"자 아난다여! 우리들은 지금부터 쿠시나가라로 가자."

"잘 알았사옵니다. 세존이시여!"

라고 아난 존자는 대답하였다.

이리하여 세존께서는 아난다와 함께 쿠시나가라로 향하셨다.

『대반열반경』

아난다여 물을 다오

쿠시나가라로 가던 중도에서 세존께서는 길 옆에 있는 어떤 나무 아래에 앉으셨다. 그리고 아난 존자에게 말씀하셨다.

"자, 아난다여! 상의를 네겹으로 깔아라. 피곤하니 조금 쉬고 싶다."

"잘 알았사옵니다. 세존이시여!"

아난 존자는 세존의 말씀대로 상의를 네 겹으로 깔았다.

자리에 앉으신 세존께서는 곧 아난 존자에게 말씀하셨다.

"아난다여! 물을 길어다 주지 않겠는가? 나는 몹시 목이 말라 물을 마셔야만 하겠느니라."

세존께서 이와 같이 말씀하셨을 때 아난 존자는 다음과 같이 대답하였다.

"세존이시여! 이 시냇물은 지금 막 오백 대의 수레가 지나갔기 때문에 물결이 채 가라앉지 않아 흐려서 도저히 마실 수 없사옵니다. 세존이시여! 다행히도 조금만 가면 카쿳타 강이 있사옵니다. 그 강물이라면 물이 깨끗하고 맑고 시원하며, 또 마시기에도 좋은 물이 가득 채워져 있으므로 충분히 목을 축일 수 있고 몸도 씻을 수 있을 것이옵니다. 그러므로 세존이시여 이제 잠시만 참으소서."

다시 세존께서는 아난 존자에게 말씀하셨다.

"아난다여! 물을 길어다 주지 않겠는가? 나는 몹시 목이 말라 물을 마셔야만 하겠느니라."

세존의 말씀에 아난 존자는 또 마찬가지로 대답하였다.

세 번째로 세존께서는 아난 존자에게 말씀하셨다.

"아난다여! 물을 길어다 주지 않겠는가? 나는 몹시 목이 말라 물을 마셔야만 하겠느니라."

그러자 아난 존자는

"잘 알았사옵니다. 세존이시여! 그렇게 하겠사옵니다."

라고 대답하고 발우를 가지고 냇가로 갔다. 그런데 그 시냇물은 이제 막 오백 대의 수레가 지나갔기 때문에 물도 흐리고 출렁이면서 흐르고 있어야만 하는데 아난 존자가 갔을 때에는 맑고 깨끗한 물이 흐르고 있었다. 이것을 본 아난 존자는 그 불가사의함에 내심 놀라워

'얼마나 불가사의한 일인가? 얼마나 경탄할 만한 일인가? 여래의 신통력, 위력은 얼마나 위대한 것인가? 이 시냇물은 이제 막 수레가 지나갔기 때문에 물도 흐리고 물결도 가라앉지 않아야 하는데, 내가 왔을 때 흐림이 사라지고 깨끗하게 맑아져 있다니…….'

하고 경탄했다. 이리하여 아난 존자는 시냇물을 발우에 가득 채우고 세존의 처소로 돌아와서 본 대로 세존께 말씀드렸다.

"세존이시여! 얼마나 불가사의한 일이옵니까? 여래의 신통력, 위력은 얼마나 위대한 것이옵니까? 저 시냇물은 이제 막 수레가 지나갔으므로 물은 적고 물결도 가라앉지 않아 흐려 있을텐데, 제가 갔을 때는 이미 흐림은 사라지고 깨끗하게 맑아 있었사옵니다. 세존이시여! 드시고 목을 축이소서."

이렇게 하여 세존께서는 물을 드셨다.

『대반열반경』

(춘다를 위로하다)

그 때에 부처님께서는 몸을 쉬신 후, 대중들과 함께 카쿳타 강가에 이르셨다. 부처님께서는 곧 강에 들어가서 목욕을 하신 후 비구들과 함께 강가에 앉아 계시었다. 그 때에 춘다는 마음 속으로 자신을 꾸짖어 말하였다.

'세존께서는 나의 공양을 받고 배가 아프시어 열반에 드시겠다고 하시는구나.'

그 때 부처님께서는 춘다의 마음을 아시고 아난 존자에게 말씀하셨다.

"아난다여, 춘다에게는 지금 혹시 뉘우치는 마음이 있지 않은가? 만일 그런 마음이 있다면 그것은 무엇 때문이겠는가?"

아난 존자는 부처님께 말씀 드렸다.

"세존이시여, 춘다가 비록 공양을 바쳤지만 그것은 아무런 복도 공덕도 없을 것입니다. 왜 그런가 하면 세존께서는 춘다의 집에서 공양을 받으신 후 병이 악화되었으며, 그것을 마지막으로 공양을 받으시고 곧 열반에 드시기 때문입니다."

부처님께서는 아난 존자에게 말씀하셨다.

"아난다여, 그런 말을 하지 말아라. 그렇게 말을 해서는 안 된다. 또한 일체 중생들이 '세존께서 춘다의 공양을 받고 몸이 아프시어 열반에 드시려고 한다.'고 꾸짖어 말해서는 안 된다. 아난다여, 너는 알아야 한다. 춘다의 공양은 크나큰 공덕이 있는 것이니라. 무슨 까닭인가.

여래가 세상에 출현함에 두 종류의 공양을 한 사람이 최상의 공덕을 얻으니, 첫째는 여래가 무상정득정각을 성취하려고 할 때 와서 받들어 공양한 사람이요, 둘째는 여래가 열반하려고 할 때에 마지막으로 와서 받들어 공양을 올린 사람이니라. 이 두 사람의 공덕은 똑같아서 서로 다름이 없으니 춘다의 공양은 다른 어떤 공양보다도 훌륭하고 헤아릴 수 없는 공덕이 있는 것이니라."

그 때에 부처님께서는 곧 춘다에게 말씀하셨다.

"춘다여, 그대는 지금 마음 속에 정녕 후회하는 마음이 있는가. 춘다여, 그대는 결코 그러한 뉘우침을 내거나 스스로 꾸짖을 필요가 없다. 그대는 이미 세상에서 가장 얻기 어려운 공덕을 쌓았으니 응당 스스로 경사스럽고 행복한 마음을 내어야 하리라. 무슨 까닭인가? 여래가 처음으로 무상정등정각을 얻으려 할 때 공양을 베푼 것과 여래가 열반을 들 때 공양을 올린 것은 모두 다 그 공덕이 똑같아서 서로 다름이 없기 때문이니라. 세간에서는 백천만 겁이 지나도 부처님의 이름을 듣기가 어려우며 비록 듣는다 하더라도 부처님을 만나기 어려우며, 비록 부처님을 만나 보아도 공양을 올리기가 쉽지 않으며, 비록 공양을 올린다 하더라도 이 두 가지 공양을 올리는 인연만은 매우 만나기 어려워 마치 우담바라꽃이 피는 것을 보기 어려운 것과도 같거늘 그대는 지금 이미 그 인연을 성취하였으니 오래지 않아 응당 어떤 공양을 올린 것보다도 훌륭하고 보다 큰 복덕의 과보가 있을 것이니라."

그 때 춘다는 부처님의 말씀을 듣고 마음이 기뻐 어쩔 줄 몰라 하였다.

부처님께서는 이를 보고 다시 춘다에게 말씀하셨다.

"춘다여, 그대는 지금부터 응당 그대의 마지막 보시의 공덕을 여러 사람들에게 널리 알리어, 듣는 이로 하여금 오랫동안 안락을 얻게 하라."

『대반열반경』

열반의 땅

그 때에 부처님께서는 아난 존자에게 말씀하셨다.

"아난다여, 나는 지금 쿠시나가라 성의 역사가 시작된 곳인 히라냐바티 강가의 사라나무 숲으로 가고 싶다."

부처님께서 여러 대중 스님들에게 둘러 싸여 곧 길을 떠나시어 히라냐바티 강을 건너 쿠시나가라 성의 역사가 시작된 곳인 사라나무 숲에 이르셨다. 부처님께서는 아난 존자에게 이르셨다.

"아난다여, 너는 나를 위하여 사라나무 숲으로 들어가서 두 나무가 한 곳에 있는 것을 보아 그 밑을 정돈하고 누울 자리를 마련하되 머리를 북쪽으로 둘 수 있도록 하라."

그 때에 아난 존자와 모든 대중 스님들은 부처님의 말씀을 듣고 더욱 슬퍼하여 눈물을 흘리면서 분부대로 자리를 마련하였다. 부처님께서는 여러 대중 스님들과 함께 사라나무 숲에 들어오셔서 스스로 승가리를 네 겹으로 접어 바닥에 펴신 후 북쪽으로 머리를 향하여 오른쪽 옆구리를 바닥에 붙이고 잠자는 사자처럼 발을 포개고 누우셨다. 그리고 마음을 단정히 하고 생각을 바로 하셨다. 그 때엔 꽃이 필 시기가 아닌데 갑자기 두 그루의 사라나무는 가지마다 일제히 꽃을 피워 부처님의 몸 위에 뿌렸다. 그러자 모든 하늘과 용과 귀신인 8부 대중들이 허공에서 온갖 미묘한 꽃을 비내리듯

하였으며 하늘에서 풍악을 울리며 노래하고 부처님을 찬탄하였다.

부처님은 이를 보고 아난 존자에게 말씀하셨다.

"아난다여, 너는 저 나무가 때 아닌 때에 꽃을 피워서 나에게 공양을 하고 허공에서 모든 하늘과 8부 대중들이 나에게 공양하는 것이 보이느냐?"

"예, 보았습니다. 세존이시여."

부처님께서는 또 아난 존자에게 말씀하셨다.

"아난다여. 너는 알아야 한다. 이처럼 향과 꽃과 풍악으로 여래를 공양하는 것은 여래를 참으로 공양하는 것이 아니니라. 어떤 것을 일러 여래를 참으로 공양하는 것이라고 하는가. 아난다여, 비구ㆍ비구니ㆍ우바새ㆍ우바이가 법을 잘 받아서 깊고 미묘한 이치를 생각하고 계율을 청정하게 지키고 그 법과 계율에 따라 올바로 행하면 그것을 일러 여래를 참으로 공양하는 것이라 하느니라."

때에 비구들은 부처님께 사뢰었다.

"세존이시여, 지금까지는 모든 사람들이 부처님을 따르고 공양을 올림으로써 복을 얻었습니다. 이제 부처님께서 세상을 떠나시면 누구를 따르고 공양을 올려야 복을 얻겠나이까?"

부처님께서는 말씀하셨다.

"수행자들이여, 나는 비록 떠나지만 진리의 가르침〔法〕은 남아 있을 것이다. 또한 네 가지 인연이 있어서 그대들에게 복을 얻게 할 것이니라. 무엇이 그 네 가지 인연인가? 첫째는 중생들이 굶주려 있으면 그들에게 음식을 공양하여 목숨을 잇게 하고, 둘째는 중생들이 병들어 고통받고 있으면 그들을 보살피고 공양하여 편안하게 하여줄 것이며, 셋째는 가난하고 고독한 자가 있으면 그들과 함께 하고 공양하며 보호하여 주고, 넷째는 청정하게 수행을 하는 이가 있으면 그를 위하여 옷과 밥을 공양하고 외호하여 주어야 할 것이니라. 이 네 가지 법이 있으면 부처님께 공양하는 것과 다름없으니, 부처님이 계시는 것과 다름없느니라."

그 때에 아난 존자는 부처님께 아뢰었다.

"세존이시여, 부처님께서 열반에 드신 뒤의 장례는 어떠한 법식으로 치루어야 합니까?"

부처님께서는 아난 존자에게 말씀하셨다.

"아난다여, 너희들 출가 수행자들은 여래의 장례 문제에 대하여 신경을 쓰지 말라. 너희들은 오직 바른 법을 지니고 보호하고 증득하기 위하여 쉼없이 정진하라. 그리고 너는 어떻게 하면 남들에게 여래의 법을 올바로 전해줄 수 있을까를 생각하라. 아난다여, 여래의 장례에 대해서는 믿음이 깊은 재가 신도들이 원하는 바대로 스스로 알아서 처리할 것이다."

아난다는 또다시 부처님께 여쭙고 세 번을 거듭하여 여쭈었다.

그러자 부처님께서 말씀하셨다.

"장례의 법을 알고자 하거든 마땅히 전륜성왕과 같이 하라."

『대반열반경』

4대 성지

그 때에 아난 존자는 오른 어깨를 드러내고 오른 무릎을 땅에 붙이고서 부처님께 여쭈었다.

"세존이시여, 지금까지는 여러 곳에 있는 수행자들이 여기에 와서 세존을 뵙고 가르침을 받아 왔습니다. 부처님이 열반에 드신 후에 그들은 가르침을 받고자 하나 받을 곳이 없고 우러러 뵐 곳이 없을 것입니다. 어찌하면 좋겠습니까?"

부처님은 아난 존자에게 말씀하셨다.

"아난다여, 너무 걱정하지 말거라. 모든 불문(佛門)의 수행자들에게는 항상 생각해야 할 네 가지가 있느니라. 그 네 가지란 부처님이 나신 곳과 처음으로 도를 이룬 곳이며 법바퀴를 굴리신 곳과 반열반에 드신 곳이니 이 곳을 생각하고 기뻐하여 보고자 하며 기억해 잊지 않고 아쉬워하고 사모하는 생각을 내는 것이다. 아난다여, 내가 반열반에 든 뒤에 모든 불문의 대중들은 '부처님이 나신 때의 공덕과 도를 증득했을 때의 신력(神力)은 어떠하며, 부처님이 법바퀴를 굴린 때에 사람들을 교화하신 모습과 열반에 다달아서 남긴 법은 어떠한가' 라는 것을 생각하며 각각 그 곳으로 돌아다니면서 모든 탑사를 예경하면 그들은 부처를 보고 가르침을 듣는 것과 다름이 없을 것이다."

『대반열반경』

최후의 제자

그 때에 쿠시나가라 성 중에는 수바드라라는 바라문이 있었다. 그의 나이는 이미 백스무 살이나 되어 늙은 장로로서 지혜가 많았다. 수바드라라는 부처님께서 오늘밤에 사라나무 아래에서 열반에 드신다는 말을 듣고 스스로 생각하였다.

'나는 진리에 대하여 해결하지 못한 문제가 있다. 고오타마라면 이 문제를 반드시 풀어줄 수 있을 것이다. 나는 때를 놓치기 전에 지금 곧 고오타마를 만나러 가야겠다.'

이렇게 생각한 수바드라라는 밤이 깊었음에도 곧 그 밤으로 쿠시나가라 성을 나와 사라나무 사이로 와서 아난 존자가 있는 곳에 이르렀다. 수바드라라는 아난 존자에게 인사를 마치고 한쪽에 서서 간청하였다.

"오늘밤에 대사문 고오타마께서 열반에 드신다는 말을 듣고 여기에 이렇게 왔습니다. 나는 진리에 대한 몇 가지 의혹이 있습니다. 원컨대 고오타마를 뵈옵고 나의 이 문제를 해결하고 싶습니다. 부디 뵈올 시간을 주십시오."

아난 존자는 수바드라에게 대답하였다.

"그만두시오 수바드라여. 부처님께서는 병을 앓고 계십니다. 부처님을 번거롭게 해서는 안 될 것입니다."

수바드라는 아난 존자에게 거듭하여 세 번씩이나 간청하였지만 아난 존자 역시 같은 말로 거절하였다.

그 때 부처님께서 아난 존자에게 말씀하셨다.

"아난다여. 너는 그를 막아서는 안 된다. 그는 나를 귀찮게 하려는 것이 아니라 자신의 문제를 해결하려고 나를 찾아온 사람이다. 나 또한 조금도 귀찮을 것이 없으니 들어오기를 허락하여 주어라. 만일 그가 내 법을 들으면 그는 반드시 법의 눈이 열릴 것이다."

수바드라는 부처님께 나아가 인사를 마치고 한쪽에 앉아 부처님께 여쭈었다.

"고오타마시여, 어떻게 생각하십니까? 세간에는 서로 다른 여러 무리 사문들의 스승이 있으니 푸라나 카샤파 · 막칼리 고살라 · 아지타 케사캄발린 · 파쿠다 캇차야나 · 산자야 벨라티풋타 · 니간타 나타푸트라 등이 그들입니다. 그들을 모두 아십니까? 아신다면 그것을 어떻게 생각하십니까?"

부처님께서는 말씀하셨다.

"수바드라여, 나는 그것을 이미 다 알고 있소. 그러나 그러한 문제를 논한다는 것은 무익한 일일 뿐이오. 나는 이제 그대를 위하여 깊고 묘한 법을 설하리라. 그대는 자세히 듣고 잘 생각하시오.

수바드라여, 저들의 도는 부처의 도와 다르니라. 저들은 스스로 욕망에 탐착하고 갈망하는 여덟 가지 삿된 길을 걷느니라. 첫째는 사견이니 이 세상과 전 세상에 지은 것을 스스로 받는 줄을 알지 못하고 점치고 제사지내는 것으로 복을 구하느니라. 둘째는 삿된 생각이니 생각이 애욕에 있고 다투어 성내는 마음에 있느니라. 셋째는 삿된 말이니 호위로 아첨하고 간사하게 속이고 꾸미는 말을 하느니라. 넷째는 사행이니 산 목숨을 죽이고 도둑질하며 음란함 방탕함이니라. 다섯째는 삿된 생활이니 이익과 옷이나 먹을 것 따위를 구할 적에 바른 도로써 하지 않느니라. 여섯째는 삿된 수행이니 나쁜 짓을 끊지 않고 좋은 짓을 하지 않느니라. 일곱째는 삿된 뜻이니 뜻으로 늘 즐거움을 탐하고 이 몸을 깨끗하다고 하느니라. 여덟째는 사정(邪定)이니 세속의 욕망을 채우려 하고 벗어나는 길을 보지 못하느니라. 내가 본디 밟아 온 길은 팔정도가 있으니 제 일 사문과(沙門果)도 이것을 좇아 얻고 제 이·삼·사의 사문과도 다 이것을 좇아 이루느니라. 만일 이 여덟 가지의 참된 도를 보지 못하면 그 사람은 사문의 네 가지 과를 얻지 못하리라.

팔정도라는 것은 첫째는 바로 보는 것이니 이 세상과 뒷 세상에 좋은 짓을 하면 복이 있고 나쁜 짓을 하면 재앙이 오는 것을 알며, 고를 알고 고의 원인을 알며, 온갖 행을 멸하고 도를 얻는 것이니라. 둘째는 바로 생각하는 것이니 즐거이 집을 나가는 것을 생각하고 다투고 성내는 마음을 버리느니라. 셋째는 바른 말을 하는 것이니 말이 진실하고 정성스러우며 부드럽고 충성하고 믿을 만한 것이니라. 넷째는 바른 행동을 하는 것이니 살생하지 않으며 도둑질하지 않고 음란한 마음이 없는 것이니라. 다섯째는 바른 생활을 하는 것이니 이익과 옷과 음식 따위를 구할 적에 도로써 하고 삿되게 하지 않음이니라. 여섯째는 바른 정진이니 나쁜 행위를 억제하고 착한 뜻을 일으키는 것이니라. 일곱째는 바른 관찰이니 몸과 느낌(感受)과 마음과 법이 떳떳함이 없으며 모두 괴로우며 주체성이 없고 부정한 것이라고 보는 것이니라. 여덟째는 바른 정이니 항상 무위하며 사선행(四禪行)을 이루는 것이니라. 사문과 바라문이 이 여덟 가지의 바른 도를 실행하면 네 가지 도를 이루어 능히 사자후를 하리라. 나의 착한 제자들은 행위에 방일함이 없으며 세속의 마음을 없애기 때문에 아라한이 되느니라.

수바드라여, 나는 스물 아홉에 도를 찾아 출가하였으니, 이제 출가한 지 50년이 넘었구나. 계행과 선정과 지혜의 수행을 홀로 깊이 생각하고 닦았노라. 이제 법의 핵심을 설하였으되 그 밖에는 사문의 진실한 길이 없노라."

그 말을 들은 수바드라는 아난다에게 말했다.

"쾌하도다, 아난다여. 이 법은 이익이 많고 또 아름다우니 일찍이 없었던 일이로다. 상수 제자로서 이 법을 들은 이는 또한 묘한 것이 아니냐! 이제 성은을 입어 이 법을 들었으니 바라건대 집을 버리고 비구계를 받으려 하노라."

아난다는 부처님께 사뢰었다.

"외도 수바드라가 부처님 법 배우기를 원하여 집을 버리고 계를 받아 사문이 되려고 하나이다."

부처님은 그에게 나아가 계를 주어 비구를 만들고 나서 생각하셨다.

'이 사람이 나의 마지막에 깨달음을 얻은 외도 수바드라로구나.'

『대반열반경』

(최후의 설법)

그 때에 부처님께서는 아난 존자에게 말씀하셨다.

"아난다여, 너희들은 혹시 이렇게 생각할지도 모른다. '여래가 열반에 드신 뒤에는 다시 보호할 이가 없어 닦아 오던 것을 잃으리라'고 생각하는가. 그런 생각을 하지 말라. 내가 부처된 뒤로 지금까지 말한 경(經)과 계(戒)는 곧 너희들을 보호할 것이다. 아난다여, 이후부터는 소소한 계는 교단의 합의에 따라 없애도 좋으리라. 그리고 위아래는 서로 화합하여 마땅히 예도를 따르라. 이것이 출가 수행자가 공경하고 순종하는 법이니라."

부처님께서는 모든 비구들에게 일러 말씀하셨다.

"수행자들이여, 그대들이 만약 부처와 법과 승가에 대해서 의심이 있거나 도에 대하여 의심이 있거든 마땅히 지금 물으라. 이 때를 놓쳐 후일 후회하지 않도록 하라."

그러나 모든 비구들은 잠자코 있었다. 이 때에 아난 존자는 부처님께 말씀드렸다.

"세존이시여, 이 모든 무리들은 모두 부처님과 그 법과 승가와 도에 대하여 청정한 믿음을 가지고 있습니다. 어느 수행자도 부처님과 법과 승가에 대하여 의심하거나 도를 의심하는 자는 없습니다."

그 때에 부처님께서는 곧 오백의 제자들에게 말씀하셨다.

"비구들아, 내가 열반에 든 뒤에는 계율을 존중하되 어둠 속에서 빛을 만난듯이 가난한 사람이 보물을 얻은듯이 소중하게 여겨야 한다. 계율은 너희들의 큰 스승이며, 내가 세상에 더 살아 있다 해도 이와 다름이 없기 때문이다.

비구들아, 계는 해탈의 근본이니라. 이 계를 의지하면 모든 선정이 이로부터 나오고 괴로움을 없애는 지혜가 나온다. 그러므로 비구들아, 너희는 청정한 계를 범하지 말라. 청정한 계를 가지면 좋은 법을 얻을 수 있지만 청정한 계를 지키지 못하면 온갖 좋은 공덕이 생길 수 없다. 계는 가장 안온한 공덕이 머무는 곳임을 알라. 모든 것은 쉴사이 없이 변해 가니 마음 속의 분별과 망상과 밖의 여러 가지 대상을 버리고 한적한 곳에서 부지런히 정진을 하라. 부지런히 정진하면 어려운 일이 없을 것이다. 한결 같은 마음으로 방일함을 원수와 도둑을 멀리하듯이 하여라. 나는 방일하지 않았기 때문에 스스로 정각을 이루었다. 마치 낙숫물이 떨어져 돌에 구멍을 내는 것과 같이 끊임없이 정진을 하여라.

비구들아, 이것이 여래의 최후의 설법이니라."

『대반열반경』

(다비 모습)

　이렇게 하고 있는 동안 마하가섭 존자가 오백 명의 비구들과 함께 쿠시나가라에 도착하였다. 마
하가섭 존자는 쿠시나가라에 도착하자마자 곧바로 말라족의 마쿠타 반다나 영지로 왔다. 그리고
세존의 유해를 안치해 놓은 화장 나무가 있는 곳에 와서, 옷을 왼쪽 어깨에 걸치고 합장하고 화장나
무 주위를 오른쪽으로 세 번 도는 예를 표하면서 세존의 발에 머리를 대고 예배하였다. 마하가섭 존
자와 오백 명의 비구들이 모두 세존의 유해에 예배하니, 세존의 유해를 안치한 화장나무는 저절로
불이 피어나 타올랐다. 이렇게 세존의 유해를 다비했는데, 불가사의한 일은 유해의 겉살·속살·
근육·힘줄·관절즙이 모두 재나 그을음도 남기지 않은 채 완전하게 타 버리고 단지 유골만 남았
던 것이다. 마치 버터나 참기름이 타고 난 다음 재나 그을음이 남지 않는 것처럼, 세존의 유해를 다
비했을 때도 겉살·속살·힘줄·관절즙 등이 재나 그을음도 남기지 않은 채 완전히 타 버리고 오
로지 유골만 남았던 것이다. 이렇게 해서 세존의 유해가 뼈만 남긴 채 모두 타 버리자, 하늘에서 비
가 내리고 또 땅바닥에서는 물을 뿜어 올려 세존의 유해를 안치했던 화장나무의 불을 껐다. 또 쿠시
나가라의 말라족도 여러 가지 향수(香水)를 뿌려서 불끄는 것을 도왔다. 다비가 끝나자 쿠시나가
라의 말라족은 세존의 유골을 집회장으로 옮겨 그 주변을 창으로 임시 울타리를 만들어 둘러 싸고,
또 성채에 온통 활을 꽂았다. 이렇게 한 쿠시나가라의 말라족은 세존의 유골(사리)을 이렛동안 가
무음곡과 꽃·향 등으로 경애·존경·숭배하면서 계속하여 공양올렸다.

『대반열반경』

(만나기 어려운 부처이라면)

이렇게 사리 일부를 얻은 마가다 국왕 아자타삿투는 라자그리하에 세존의 사리탑을 세워서 공양을 올렸다. 또 바이샬리의 리챠비족도 세존의 사리를 얻어, 바이샬리에 세존의 사리탑을 세워 공양을 올렸다.

또 카필라바스투의 석가족도 세존의 사리 일부를 얻어 카필라바스투에 세존의 사리탑을 세워 공양을 올렸다.

또 알라캇파의 부리족도 세존의 사리 일부를 얻어 알라캇파에 세존의 사리탑을 세워 공양을 올렸다. 또 라마 마을의 콜리족도 세존의 사리 일부를 얻어 라마 마을에 세존의 사리탑을 세워 공양을 올렸다. 또 베타디파의 한 바라문도 세존의 사리 일부를 얻어 베타디파에 세존의 사리탑을 세워 공양을 올렸다. 또 파바의 말라족도 세존의 사리 일부를 얻어 파바에 세존의 사리탑을 세워 공양을 올렸다. 또 쿠시나가라의 말라족도 세존의 사리 일부로써 쿠시나가라에 세존의 사리탑을 세워 공양을 올렸다. 또 도나 바라문도 세존의 사리를 넣었던 항아리를 얻어 탑을 세우고 공양을 올렸다.

또 핍팔리바나의 모리야족도 세존의 유해를 다비한 재를 얻어 핍팔리바나에 탑을 세워 공양을 올렸다. 이리하여 이 세계에는 여덟 개의 사리 탑과 아홉째의 항아리 탑, 또 열째의 재 탑을 합해 모두 열 개의 탑이 세워진 것이다. 이상이 옛날에 있었던 일이다.

여덟 말의 부처님 사리 가운데

일곱 말은 인도 각지에 모시고

남은 사리 한 말은 라마 마을 용왕이

마음을 모아 모시는구나.

네 개의 치아(齒牙) 가운데 하나는 도리천에 공양 올리고

간다라푸라에게 하나 있고

카링가 왕도 하나를 얻으니

남은 하나는 용왕과 나누어 각각 모시는구나.

사리와 치아 비할 바 없이 위광(威光) 서리니

위없는 선물 그것으로 장엄된 이 대지

이와 같이 소중하리.

착한 사람에게 불사리(佛舍利) 주어 공경하는 그 모습은

천제(天帝)·용왕·제왕(帝王)은 수승한 이에게도 공양하지만

그것에 못지 않게 공양하고 지심으로 합장 귀명하여라.

실로 백 겁의 시간이 지난다 해도

만나기 어려운 부처님이라면.

『대반열반경』

쿠시나가라의 유적들

춘다의 공양터 *Place of Chunda Offering Food*

　　　　　부처님이 바이샬리를 떠나 벨루바나에서 마지막 안거를 마친 후 비마세나 카팔라에서 몸이 불편하여 잠시 쉬고 있을 때, 악마로부터 열반에 들 것을 권유받는다. 그러자 부처님은 흩어져 있던 수행자들을 모이게 한 후, 3개월 후에 열반에 들 것임을 예고하고 유수행을 버렸는데 이 때 대지진이 일어났다고 한다.

　　　　　그리고는 여러 마을을 거쳐 파바 마을에 있는 춘다의 망고 동산에 머물렀다. 이 곳은 쿠시나가라에서 동남쪽으로 17Km 떨어진 곳으로 대장장이의 아들 춘다가 부처님에게 정성스러운 마지막 공양을 올린 곳이다. 현재 이 곳은 춘다의 집터 언덕과 아쇼카 왕이 세운 탑터로 추정될 뿐, 아직 체계적인 발굴을 하지 않은 상태로 마을 앞의 공터로 남아 있으나, 마을 사람은 성스럽게 여긴다.

　　　　　대장장이 아들 춘다라고 칭하는 것은 대장간 일만 하는 천민의 카스트를 표현하는 것이다. 대장장이 아들 춘다는 부처님이 자기 집 망고나무 밑에 머문 것을 알고 인사를 드리고 법문을 듣게 된다. 법문을 듣고 감동한 춘다는 부처님과 제자들을 아침 공양에 청하는데, 그 때 부처님이 공양에 응하는 것을 보고 아난 존자와 많은 제자들이 반대하였다. 그 해에는 큰 흉년이 들어서 먹을 것이 부족한 그런 때였으며, 벨루바나에서 이 곳에 이를 때까지 누구도 부처님을 초청해서 공양을 올린 사람이 없었기 때문이다. 그런데 천민인 대장장이 아들 춘다가 부처님과 그 많은 제자들에게 공양을 올리겠다는 것은 거의 불가능한 일이라고 생각한 것이다. 그러나 부처님은 "그는 능히 할 수 있다." 이렇게 말씀하였다. 제자들은 반신반의 하였지만 이튿날 아침 부처님과 제자들이 춘다

● 열반당 주변의 지도

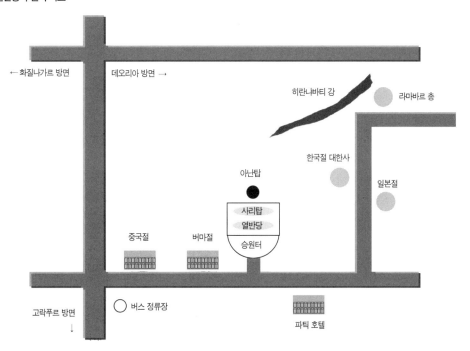

· 마을 가운데 춘다의 공양터를 알리는 표시를 해 놓았을 텐데 현재는 별다른 흔적이 없다.
  부처님이 춘다의 공양에 대한 칭송의 법문을 설하였지만 왠지 다른 성지와는 다르게 버려진 공터이다.

의 집을 방문했을 때 음식이 마련되어 있었다. 그것은 법의 기쁨에 의해서 혼신의 힘을 다해 부처님에게 공양 올리려는 그 마음 때문에 가능한 것이었다. 부처님은 그 음식 가운데 스카라 맛다바(Sukraha Mattapah)를 받은 후, 이 음식은 다른 사람에게는 주지 말고 땅에 묻으라고 하였다. 그리고 공양이 끝난 뒤에 부처님은 심한 설사를 하였다.

　　　스카라 맛다바를 일부 학자는 돼지 고기거나 돼지 버섯이라고 한다. 그러나 이 마을과 여러 가지 어원들을 조사한 결과 야생토란 혹은 돼지토란이라는 의미가 있었다. 돼지토란의 의미는 아마도 돼지가 아니라 야생의 뿌리 채소를 의미하는 것 같다. 이 마을 사람에게 물어보니, 주식이 아니고 음식을 먹은 뒤에 생것을 갈아 후식으로 먹기도 한다고 말한다. 사실 야생토란은 독성이 있어 익히지 않고 생것을 잘못 먹으면 탈이 날 수도 있다. 스카라 맛다바를 들고 복통을 느꼈으나 그 자리에서는 지그시 참고 춘다에게 많은 법문을 해 준 다음 쿠시나가라를 향해서 떠났는데, 부처님이 거의 죽을 지경이 되자 대중들이 춘다의 공양은 아무런 공덕이 없다며 수군거리기 시작했다. 부처님은 카쿳타 강변에 도달해 목욕을 한 후, 비구들의 쑥덕거림과 춘다의 죄의식을 알고는 이렇게 말씀하였다. "세간에서 부처님의 이름을 듣기 어렵고, 부처님의 이름을 듣는다 하더라도 부처님을 만나기 어렵고, 부처님을 만난다 하더라도 공양 올리기 어렵고, 공양을 올린다 하더라도 부처님이 성도하기 직전의 공양과 열반하기 직전에 올리는 공양의 인연 맺기가 어렵다."고 하였다. 부처님은 열반 직전에 올린 공양과 성도하기 직전에 올린 공양이 최고의 공덕이 있다고 말씀함으로써, 춘다도 기뻐하고 모든 대중들도 춘다에 대한 의심이 풀리게 하였다.

　　　나쁜 음식을 먹고 그것을 토해버리거나, 그 독성을 이겨낼 수 있는 사람은 과거에도 있었고, 지금도 그리고 앞으로도 이 세상에는 수없이 있을 것이다. 그러나 자신이 죽어가면서도 자신을 죽음으로 몰고 간 사람을 이 세상에서 가장 훌륭한 사람으로 바꿔놓을 수 있는 사람은 부처님밖에 없다고 생각한다. 부처님은 할 수 없는 불가능한 일을 신통으로 행하는 분이 아니라, 누구도 할 수 있지만 하지 않으려고 하는 것을 행하는 분이다. 그리고 부처님은 깨달은 분으로서 고통 없이 열반에 들 수도 있지만, 고통 속에서 살아가는 모습을 그대로 보여줌으로 중생의 어두운 눈을 밝혀 준 분이다. 불교의 핵심은 바로 여기에 있다.

카쿳타 강 *Kakuta River*

　　　　　폭이 넓은 강은 아니나 제법 맑은 물이 흐르고 있어 마을 아낙이 수줍게 빨래하는 모습을 볼 수 있다. 대장장이 아들 춘다로부터 공양을 받고 피가 섞인 심한 설사를 한 부처님은 겨우 몸을 추스리고 쿠시나가라로 향한다. 가는 도중 피곤한 몸을 쉬려고 나무 밑에 앉았다. 그리고는 아난다에게 목이 마르니 물을 떠다 달라고 부탁하나, 아난 존자는 마침 오백 대의 수레가 지나가 물이 탁해 드실 수가 없다고 고집을 피운다. 하지만 이내 부처님에게 물을 떠다 드리니 부처님은 그

물을 들고는 많은 비구들과 카쿳타 강으로 향하였다. 카쿳타 강에 도착하여 흐르는 물에 몸을 담가 목욕하고, 또 입을 씻고 물을 마셨다. 그리고 근처 망고나무 숲으로 가서 춘다 공양의 공덕을 찬양하며 위로한다.

· 부처님이 쿠시나가라로 가기 전에 아픈 몸을 잠시 쉬며
　마지막 목욕을 하였다는 카쿳타 강으로 물이 맑고 시원하다.

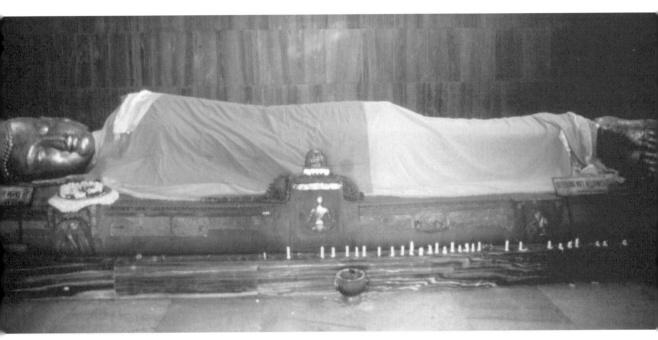

· 열반당 안에 모셔진 부처님의 열반상이다. 부처님 머리 쪽 밑으로 프라세나짓 왕의 부인인 말리카와 가운데
천안 제일 아니룻다와 무릎 쪽에 다문 제일 아난다가 조각되어 있다.

열반당 *Nirvana Temple*

　　　　이 곳이 사라쌍수 밑에서 북으로 머리를 두고 오른쪽 옆구리를 바닥에 대고 사자처럼 발을 포개고 누웠던 자리이다. 벽돌로 만든 큰 정사 안에 여래의 열반상이 있던 유적은 없어지고 지금의 열반당(涅槃堂)은 열반상에 새겨진 명문으로 보아 5세기 초에 하리바라 신자의 기부금으로 조성된 것으로 보고 있다. 열반상 기단부에는 부처님 머리 쪽으로 슬픔에 젖어 있는 프라세나짓 왕의 부인인 말리카가 조각되어 있고, 중앙에는 아니룻다의 모습이 그리고 무릎 쪽에는 아난다가 조각되어 있다고 전해진다.

· 앞의 건물이 열반당이며 그 뒤쪽이 아쇼카 스투파로 대반열반탑이 서 있다. 그 뒤로 아난다 스투파가 있으며
  주변으로 승원 유적지들이 산재해 있다.

대반열반탑 (大般涅槃塔)

열반당 옆에 아쇼카 왕이 세운 스투파이다. 발굴 당시에도 정상부를 포함한 45m
남짓의 거대한 규모의 탑이었다고 한다. 이 탑 뒤쪽으로 허물어진 작은 규모의 유적지는 부처님을
25년 간 시봉했던 아난다의 사리탑이라고 한다.

이 탑을 보면서 아난다는 죽어서까지도 부처님을 시봉한다는 느낌이 든다.

라마바르 총 *Ramabhar Stupa*

이 곳은 원래 쿠시나가라 말라족 족장의 대관식을 하던 곳이었다. 부처님이 열반에

들자 자기 나라 중에서 제일 성스러운 이 곳에 부
처님의 다비장을 차리고 전륜성왕과 같은 장례를
준비한 곳이다. 이 앞쪽으로 조그만 개울인 히라
냐바티 강이 흐르고 있는데, 어떤 경전에는 부처
님이 최후의 목욕을 카쿳타 강에서 했다는 얘기
도 있고, 이 히라냐바티(Hiranyavati) 강에서 목욕
을 하고 열반에 들었다는 기록도 있는데 아마도
부처님을 다비한 후 이 강물로 불을 껐다는 의미 같다.

· 라마바르 총 앞으로 흐르는 히라냐바티 강으로 부처님의 다비가
끝난 후 이 강물로 불을 껐다고 한다.

· 원래는 말라족 역대 족장들의 대관식을 하던 성스러운 자리로
부처님의 다비가 이루어진 라마바르 총이다.

L umbini

네팔과 티베트의 경계는 북쪽으로 8,000m 이상 되는 큰 산맥으로 가로막혀 있다. 그러나 남쪽으로 내려오면 내려올수록
산은 점점 낮아져 룸비니 지역에서는 산은 전혀 볼 수 없으며 완전한 평원을 이룬다.

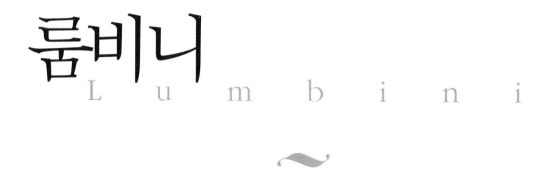

룸비니
Lumbini

네팔과 티베트의 경계는 북쪽으로 8,000m 이상 되는 큰 산맥으로 가로막혀 있다. 그러나 남쪽으로 내려오면 내려올수록 산은 점점 낮아져 룸비니 지역에서는 전혀 볼 수 없으며 완전한 평원을 이룬다. 그나마 히말라야산과 가까운 이유로 개울에 많은 돌들이 뒹굴고 있다. 고락푸르에서 북쪽으로 오다 보면 소나울리를 지나 바이라하와를 거쳐 서쪽으로 가면 발가하와에서 20Km 정도 떨어진 곳에 룸비니가 있고, 계속 더 올라가면 카필라바스투 성이 나온다. 바이라하와에서 오른쪽으로 4Km 떨어진 곳에 로히니강이 흐르고 있는데, 이 강을 경계로 카필라 성과 마야 부인의 고향인 콜리 성이 위치하고 있다. 한참 가물었을 때 이 강 줄기 때문에 두 나라가 전쟁 직전까지 갔으나 부처님이 말린 기록이 남아 있다.

네팔은 인구의 50% 이상이 불교도이지만 국교는 힌두교이다. 인도 사람처럼 보이는 얼굴은 대부분 힌두교도들이고, 몽골리안들은 거의 불교도들이다. 히말라야 등반으로 외국인이 많이 왕래함으로 인도보다는 국가 정책이 개방적이며, 인도보다 경제가 궁핍하나 생활 수준은 거의 같다.

네팔에 위치한 부처님의 탄생지 룸비니는 불교 성지 중에서 제일 먼저 황폐화되었던 것 같다. 현장 스님이 왔을 때 이미 폐허가 되어 완전히 정글로 덮여 있었고, 강도가 많아 순례객들이 이 곳을 찾기가 어려웠다고 한다. 불교가 사라지고 혼적조차 찾을 수 없는 이 곳을 다행히 아쇼카 석주의 명문을 근거로 커닝험이 찾아냈다.

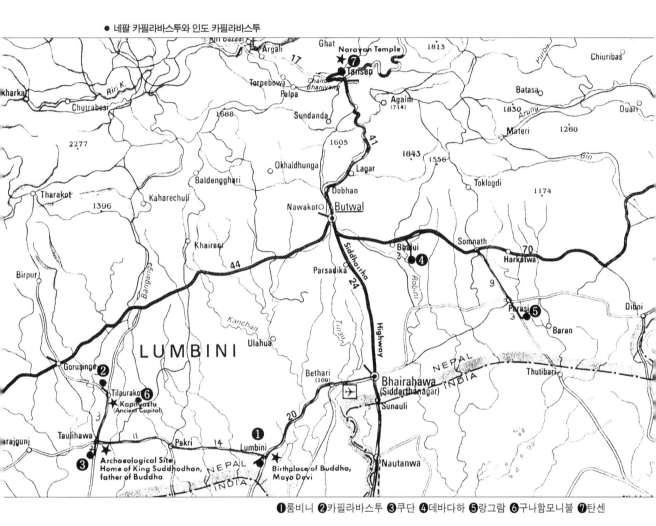

● 네팔 카필라바스투와 인도 카필라바스투

❶룸비니 ❷카필라바스투 ❸쿠단 ❹데바다하 ❺랑그람 ❻구나함모니불 ❼탄센

룸비니
L u m b i n i

부처님의 전생 이야기를 모아 놓은 경전을 자아카타, 본생경 혹은 본생담이

라고 한다. 현재 전해지는 것으로 547가지가 남아 있으며, 거기에는 부처님이 과거생에 짐승은 물론

갖가지 모습으로 태어나서 보살행을 하던 이야기가 실려 있다. 그 첫 번째 이야기로 부처님이 바라문

의 아들인 선혜 동자로 태어났을 때이다. 선혜 동자는 부모가 일생 동안 많은 재산을 모으느라 평생 애쓰셨으나 돌아가실 때, 그 재산의 일부도 가져가지 못하는 모습을 보고 무언가 허무함을 느꼈다. 그래서 그 재산을 가난한 사람들에게 다 나눠주고 숲속에 들어가 명상에 들었다. 선혜 동자는 일 주일만에 다섯 가지 신통을 얻었으나 해탈을 얻지 못해 스승을 찾아 길을 떠나게 된다.

마침내 디이팡카라 부처님(연등부처님)을 만나 꽃 공양을 올리고, 진흙탕에 자기 몸을 던져서 부처님이 밟고 지나가게 하는 그런 지극한 마음을 보였다. 그리하여 연등부처님으로부터 미래세에 부처가 되리라는 수기를 받았다. 그런 인연으로 출가하여 많은 세월 동안 보살행을 행하다가, 그 공덕으로 천상에 도솔천의 천주로 태어났다. 우리가 살고 있는 인간계 위로 사천왕이 있고, 사천왕 위에 제석천이 있고, 제석천 위에 야마천, 야마천 위에 도솔천이 있다. 그 도솔천의 천주로 있으면서 내원궁의 호명보살로 있다가 사바 세계에 몸을 나툰 것이다.

한편 사바 세계 카필라 성에서는 마야 부인과 정반 왕이 살고 있었는데 40이 넘도록 아이가 없었다. 어느 날 마야 부인이 낮에 살포시 잠이 들었는데 마침 밖에서 음악 소리가 들려왔다. 어디서 나는 소린가 하고 난간으로 나와 사방을 살펴보니 하늘에서 들려오는 소리였다. 그래서 소리가 나는 쪽 하늘을 쳐다보니까 저 먼데서 반짝반짝 빛나는 작은 점이 점점 가까이 다가오는데, 상아가 여섯 개 달린 흰 코끼리가 쏜살같이 달려오더니 갑자기 옆구리로 파고 들었다. 소스라치게 놀라 일어나니 꿈이었다. 이것은 태몽으로 호명보살이 마야 부인의 모태에 든 것이다.

호명보살이 마야 부인의 모태에 들자 이 나라에는 뱀과 개구리가 같이 뛰어 놀고, 호랑이와 토끼가 같이 논다는 노래가 불리어졌었다고 경전에 나온다. 이 노래의 의미는 먹고 먹히고, 살고 죽는 약육강식의 세상이 아니라 서로 같이 더불어 행복해지는 그런 세상이 이루어짐을 말하며, 실제 자연계가 그랬다기보다는 태중에 아기를 가진 마야 부인의 마음이 그런 자비심으로 가득했다는 것을 말한다. 일종의 태교인 셈이다.

마야 부인은 콜리 성에서 로히니 강을 건너 카필라 성으로 시집을 왔기 때문에, 고향이 그리울 때면 동쪽 문에서 콜리 성을 향해 바라보며 고향을 생각했다고 한다. 산달이 가까워지자 마야 부인은 그 동편의 문으로 나와서 자신의 고향인 데바다하(Devadaha, or Koliya)로 돌아가기 위해 길을 나섰는데, 중간쯤 되는 지점인 룸비니 동산에 핀 아름다운 꽃을 보고 잠시 쉬며 구경을 하고 있다가 갑자기 산기를 느꼈다. 그래서 아쇼카나무 숲속 작은 샘이 있는 곳을 찾아서 아쇼카나무 가지를 잡고 오른쪽 옆구리로 아기를 낳았다. 옆구리로 아기를 낳았다는 것은 부처님이 크샤트리아 계급 출신이었다는 것을 상징한다. 인도 전설에 브라흐만은 신의 입에서 태어나고, 왕족은 신의 양팔 옆구리에서 태어나고, 바이샤는 신의 배에서 태어나고, 수드라는 신의 발바닥에서 태어난다고 한다.

부처님은 태어나자마자 일곱 걸음을 걸으며, 한 손은 하늘을 다른 한 손은 땅을 가리키면서 "천상천하 유아독존 삼계개고 아당안지(天上天下 唯我獨尊 三界皆苦 我當安之)"하고 외쳤다. 일곱 걸음은 지옥, 아귀, 축생, 인간, 수라, 천상을 뛰어넘어 한 발 더 나아가 육도 윤회에서 벗어나 해탈과 열반에 들었다는 것을 상징한다. 또 하늘 위라는 것은 신들의 세계를 말하고 하늘 아래라는 것은 인간 세계를 말하는데, 그 신과 인간 가운데서 부처님이 가장 높다, 즉 세계의 주인임을 뜻하고 있다. 부처님이 성도한 후 "나는 신과 인간의 모든 굴레에서 벗어났다."라고 선언한 것은 바로 이 의미이다. 삼계가 괴로움에 빠져 있으니 내 이를 마땅히 편안하게 하리라 하는 것은, 이 세상에서 고통받는 중생을 해탈시키는 것이 부처가 이 세상에 온 목적이며 또 이것은 깨달음을 얻어 가장 높은 존재가 되어 일체 중생을 구제한다는 것으로, 대승 불교에서는 '상구보리 하화중생'이라고 하여 보살 사상의 핵심이기도 하다.

부처님의 탄생

도솔래의상(兜率來義相)

호명 보살이 도솔천에 있을 때 부처님이 나타나신다는 예고가 있었다. 그 징조는 이 세상에서 겁(劫)이 바뀐다는 예고와 전륜성왕(轉輪聖王)이 출현하신다는 예고와 함께 나타났다.

이 세계를 수호하는 천인들은 "여러 생명들이여! 앞으로 천 년이 지나면 세상의 모든 어둠을 밝혀 줄 지혜를 가진 부처가 세상에 나타날 것이오"라고 큰소리로 부르짖으며 부처가 될 이를 찾아 이곳저곳을 순회하였다. 이것이 부처님이 출현하신다는 예고이다.

그 때 부처님이 나타나시리라는 예고를 들은 일만 큰 세계의 천인(天人)들은 이제 어떤 사람이 부처가 되리라는 것을 알고 있었으므로, 온 법계의 천인들은 곧 낱낱 세계의 사대왕천(四大王天)과 제석천(帝釋千)과 선시분천(善時分千)·도솔천(兜率千)·타화자재천(他化自在千)·대범천(大梵天) 등과 함께 모두 한 세계에 모여 도솔천의 호명보살을 찾아가 부처가 되어 줄 것을 간청하였다.

"보살이시여, 당신이 열 가지 바라밀을 완전히 행하여 성취한 것은 제석천의 영광을 구하거나 마왕(魔王)·범천(梵天)·전륜왕(轉輪王) 등의 영광을 구하기 위한 것이 아니었습니다. 세상의 모든 중생을 구제하기 위하여, 중생 구제를 위한 일체의 지혜를 얻기 위해서였습니다. 지금이 바로 당신이 보리를 구할 때입니다. 당신이 세상에 출현할 시기가 왔습니다."

그러나 보살은 천인들의 간청을 잠시 보류하고서 자신의 궁전에서 나와 신들이 모이는 법당에 드시어 정면에 있는 사자좌(獅子座)에 앉으셨다. 무수한 보살들도 뒤를 이어 각기 무리를 거느리고 사자좌에 앉았다. 이 때 보살은 하생의 시기와 대륙과 나라와 집안과 어머니 등의 다섯 가지를 관찰하셨다.

이와 같이 다섯 가지를 관찰하여 결정한 다음, 호명 보살은 천인들의 간청을 받아들였다.

"천인들이여, 내 이제 부처가 될 시기가 되었소."

그리고 보살은 다른 천인들을 전송한 후 도솔천의 천인들을 데리고 도솔천의 낙타 동산으로 갔다. 호명 보살은 이 곳에서 하계(下界)에 태어나기 위하여, 그가 전생에 행한 선업(先業)의 과보를 생각하면서 날을 보내고 있었다.

이 때에 카필라 성에는 추제(秋祭)가 열려서 성안의 모든 사람들은 축제의 기분으로 한창 들떠 있었다. 마하마야 왕비는 축제가 시작되기 훨씬 전부터 술을 입에 대지 않고 화환과 향으로 몸을 꾸미고 조용한 마음으로 제전을 즐기고 있었다.

축제가 시작된 지 이레가 되는, 축제가 끝나는 날이었다. 마하마야 왕비는 아침 일찍 일어나 향내나는 맑은 물에 목욕을 하고, 사십만 냥의 황금을 풀어 크게 보시를 행하였다. 그리고 갖가지 장식으로 몸을 꾸미고 맛난 음식을 먹되, 하루 종일 여덟 가지 재계〔八關齊戒〕를 지켰다. 하루 일을 마친 왕비는 잘 꾸며진 침전(寢殿)에 들어가 침대에 누웠다. 잠이 든 왕비는 이런 꿈을 꾸었다.

'사천왕이 왕비가 누워 있는 침대를 들고 설산으로 운반하여 나무 밑으로 옮겼다. 그러자 그 천왕들의 왕비가 와서 마하마야 왕비를 아노마 못으로 데려가서 인간의 때를 씻겨 주었다. 그러고는 천인의 옷을 입히고 향을 바른 뒤에, 천상의 꽃으로 몸을 장식하였다. 천왕의 왕비들은 백은(白銀)의 산으로 둘러싸인 황금 궁전으로 마하마야 왕비를 데려가서, 이미 마련된 천인의 침대에 베개를 동쪽으로 향하게 하고 그 위에 눕혔다.

그 때에 호명보살은 여섯 개의 상아를 가진 흰 빛깔의 훌륭한 코끼리가 되어 백은산(白銀山)에서 멀지 않은 황금산(黃金山) 위를 거닐고 있었다. 흰 코끼리는 은빛 찬란한 코로 흰 연꽃 한 송이를 집어들고 우렁차게 한소리 외치고는 황금의 궁전으로 들어갔다. 흰 코끼리는 마하마야 왕비가 누워 있는 침대 주위를 오른쪽으로 세 번 돈 다음, 왕비의 오른쪽 갈비를 헤치고 그 태 안으로 들어갔다.'

이리하여 보살은 가을의 제전 마지막 날에 어머니 태 안으로 드셨다.

보살이 태 안에 들자, 동시에 일만 세계가 모두 진동하고 서른 두 가지의 징조가 나타났다. 즉 일만의 세계는 한없는 광명이 충만하고, 이 광명을 보기 위한 듯이 장님은 눈을 뜨고 귀머거리는 소리를 들으며, 벙어리는 서로 이야기를 하고 곱사는 허리를 폈으며, 절름발이는 바로 걷고 결박된 이는 사슬과 차꼬에서 풀려났다.

그리고 지옥의 불은 모두 꺼지고 아귀들은 굶주림과 목마름이 없어졌으며, 축생들은 두려움을 느끼지 않고 중생들은 병이 없어졌으며, 모든 중생들은 서로 정답게 이야기하게 되었다. 사방은 밝게 트이고 부드럽고 시원한 바람이 불어와서 중생들로 하여금 즐거운 마음을 일으키게 하고, 모든 악기와 장식물들은 스스로 소리를 내었다.

바다와 육지의 모든 꽃은 남김없이 피어나고, 나무 줄기와 자기와 넝쿨에도 연꽃이 피고, 반석을 깨고 위로 연꽃이 솟아 나오며 공중에는 드리워지는 연꽃이 피는 등 온갖 빛깔의 아름다운 연꽃이 흐드러지게 피었다. 사방에서 연꽃비가 내리며 공중에는 하늘의 음악이 울려 퍼지고, 일만의 세계는 그 전체가 마치 하나의 화환이 된 것처럼 향기에 싸여 실로 아름다움의 극치를 이루었다.

비람강생상(毘藍降生相)

그 때에 마야 왕비는 열 달이 차서, 숫도다나 왕에게 말하였다.

"대왕이시여, 아기를 낳을 때가 되었습니다. 저는 이제 친정인 데바다하(천비성)로 가서 그 곳에서 아기를 낳고자 합니다."

숫도다나 왕은 이 말을 듣자 기뻐하며 기꺼이 승락하였다.

카필라 성과 데바다하의 중간에, 두 성 사람들이 똑같이 '룸비니'라고 부르는 아름다운 숲이 있었다. 이 숲에는 아쇼카나무[無憂樹]가 우거져 있었다. 그 때에 여러 나무들은 줄기에서 가지 끝까지 모두 한 빛깔로, 아름다운 새가 아름다운 소리로 지저귀면서 날아다니고 있었다. 룸비니 전체가 마치 제석천의 유원지인 칫타라 동산의 잔치 마당과 같이 아름답기 그지 없었다.

룸비니를 지나던 왕비는 이 곳의 아름다운 모습에 끌리어 유희하고 싶어졌다. 왕비는 가마를 아쇼카나무 숲속으로 옮기게 하였다. 대신들은 가마를 메고 숲속으로 들어갔다. 왕비는 가마에서 내려, 많은 나무 중에서도 왕자다운 아쇼카나무 아래에 이르렀다. 왕비가 땅에 내려서 꽃이 활짝 핀 가지를 잡으려고 팔을 뻗어 올리자 가지는 스스로 내려와 왕비의 손 가까이에 닿았다. 왕비가 그 꽃가지를 잡자 곧 산기(産氣)가 일어났다. 시중들은 곧 왕비의 주위에 포장을 치고 그 자리에서 물러

갔다. 이윽고 왕비는 그 꽃가지를 잡고 선 채로 오른쪽 옆구리로 옥동자를 낳았다. 그와 동시에 청정한 마음을 가진 네 명의 대범천이 황금 그물을 가지고 와서 보살을 받았다. 바로 그 때에 제석과 범왕이며 사천왕은 그의 권속들과 함께 모두 와서 보살을 호위하였다. 석제 환인은 손에 보배 일산을 들고 태자를 가려 주었으며, 대범천왕이 흰 불자를 가지고 좌우에 시립하였다. 그리고 공중에서는 용왕의 형제 난타(難陀)와 우바난타(憂波難陀)가 왼편에서 맑고 따뜻한 물을, 오른편에서 시원한 청정수를 토하여 보살을 씻겨 드렸다. 그러자 보살의 몸은 황금빛으로 더욱 빛나 서른 두 가지의 모습을 갖추었고 큰 광명을 내쏘아 널리 삼천대천세계를 두루 비추었다. 그러자 온 세상의 광명은 모두 그 빛을 잃었다.

보살은 탄생하자마자 사람의 부축 없이 스스로 사방으로 일곱 걸음을 걸었다. 그러자 옮기는 걸음마다 수레바퀴 같은 연꽃 송이가 피어올라 그 발걸음을 받쳐 주었다. 일곱 걸음씩 걷고 나서 사방과 상하를 둘러본 보살은 오른손을 위로, 왼손을 아래로 가리키며 사자처럼 외쳤다.

"하늘 위와 하늘 아래 나 홀로 존귀하도다(天上天下 唯我獨尊).

삼계가 모두 고통에 헤매이니 내 마땅히 이를 편안케 하리라(三界皆苦 我當安之)."

『본생경』 서계 2, 멀지 않은 인연이야기, 보살의 어머니 · 강탄 『과거현재인과경』 제1권
『수행본기경』 상권, 강신품 『불본행집경』 제8권 수하탄생품 하

(명명식과 아시타 선인의 예언)

이 때에 태자가 태어난 지 닷새가 되자 숫도다나 왕은 태자의 머리를 씻기고 명명식(命名式)을 거행하고자 하였다. 숫도다나 왕은 바라문들에게, 장차 태자에게 어떠한 이름을 지어야 하겠는가를 물었다. 여러 바라문들은 함께 논의하다가 왕에게 대답하였다.

"왕이시여, 태자께서 탄생하실 때 온갖 보배가 생기고 모든 사람들의 소원이 이루어졌으며 갖가지 상서로움이 길하지 않은 것이 없었습니다. 이러한 연유로 인하여 태자를 이름지어 '살바 싯타르타' 라고 함이 적합할 것입니다."

그 때에 세간 염부제 땅의 남쪽, 향산에 살고 있던 아시타 선인(仙人)은 부처님이 태어나셨다는 33천의 말을 듣자, 마음에 깊은 믿음이 솟아올라 곧 시자 나라타와 함께 산에서 몸을 감추어 하늘을 날아 카필라 성으로 향하였다.

그 때에 아시타 선인은 숫도다나 왕에게 말하였다.

"대왕이시여, 내가 여기에 찾아온 까닭은 향산에 있으면서 큰 광명과 온갖 상서로운 조짐을 보고 거룩한 아들을 낳으셨다기에 일부러 찾아왔습니다."

그 때 아시타는 의복을 정돈하여 오른 무릎을 꿇고 두 손을 내밀어 태자를 안아들고 그의 머리 위에 올려서 예를 갖춘 후 자리에 돌아와 앉은 다음, 태자를 무릎 위에 올려놓고 관상을 보았다.

아시타는 태자의 관상을 자세히 살펴보고 나서, 갑자기 눈물을 흘리고 슬피 울면서 크게 원통하여 어쩔 줄 몰라하였다. 이를 본 숫도다나 왕과 마하마야 왕비는 온몸을 떨면서 크게 근심하고 괴로워하기를 마치 풍랑에 작은 배가 요동치듯 하다가 선인에게 물었다.

"존자이시여, 우리 태자가 처음 태어날 때 갖가지 상서로운 서응(瑞應)이 갖춰졌으며 모든 바

라문들이 크게 기뻐하면서 경축하였거늘, 우리 태자에게 어떠한 상서롭지 못함이 있기에 대 선인

께서는 그리 슬피 우십니까?"

이 때에 아시타 선인은 눈물을 거두고 말하였다.

"대왕이시여, 조금도 염려하지 마소서. 태자야말로 서른 두 가지의 거룩한 모습을 갖추었으므

로 상서롭지 못함이 없습니다. 이와 같은 몸을 갖추셨는지라 만약 집에 있으면 전륜성왕이 되겠거

니와 만일 집을 떠나 도를 구하면 일체 종지를 이룰 것입니다.

그러나 왕의 태자께서는 반드시 도를 구하고 증득하여서 무상정등정각을 이루실 것입니다. 그

리하여 청정한 법의 바퀴를 굴릴 것이며 하늘과 인간을 제도하여 세간의 눈을 뜨게 할 것입니다.

그럼에도 불구하고 제가 슬퍼하는 까닭은 내 나이가 이미 백스무 살이고 머지 않아 목숨이 다할

것이므로, 부처님이 나오심을 보지 못하고 진리의 가르침도 듣지 못할 것이므로 이를 원통히 여겨

흐느끼면서 목메어 울었을 따름입니다. "

최초의 현실 인식-농경제

싯타르타는 바사바 말다라와 찬제제바의 두 높은 스승 곁에서 모든 서적과 일체의 논(論)과 군

사와 온갖 술법을 배워 익혀, 4년이 지나 열두 살에 이르렀을 때는 여러 가지 기능을 두루 다 섭렵

하여 이미 통달하였으며 세간에 따라서 눈으로 즐기고 마음에 맞추어 뜻대로 노닐고 노래와 색을

따라 다녔다.

그 때 숫도다나 왕은 곧 대신들을 모아 놓고 함께 의논하여 말하였다.

"태자는 이제 이미 장대하여져서 지혜롭고 용맹스러워 모든 것을 다 갖추고 구비하였으니 이제야말로 마땅히 4해의 큰 바닷물을 태자의 정수리에 부어 입태자식을 거행하리라."

때에 여러 산신들이 칠보의 그릇에 4해의 물을 담아 정수리에 이어 왔다. 왕은 2월 8일이 되어 곧 4해 바다의 물을 태자의 정수리에 붓고 칠보의 도장을 맡기면서 또 큰 북을 치고 높은 소리를 부르짖었다.

"내 이제 싯타르타를 세워서 태자로 삼노라."

싯타르타의 나이가 열두 살이 되던 해의 어느 봄 날, 왕은 농경제의 파종식을 거행하였다. 왕은 이날 온 성안을 천인의 궁전처럼 꾸미고 하인과 사환들도 모두 새 옷을 입고 향과 화환으로 몸을 장식하고 궁전 안에 모이게 했다. 왕이 일할 장소에는 천 개의 쟁기를 붙들어 매어 두었다.

여기서 왕은 금으로 장식한 쟁기를 가지고, 대신들은 백여덟 개보다 한 개가 적은 은으로 만든 쟁기를 가졌다. 그리고 농부들은 장식을 하지 않은 나머지 쟁기를 가졌다. 왕이 쟁기를 몰고 나가자 다른 모든 사람들도 일을 시작하였다. 여기서 왕은 자신의 큰 영화를 느꼈다.

그 때 들에 있는 모든 농부들은 발가숭이로 신고하면서 소에 보습을 메어 밭을 가는데 소가 가는 것이 늦으면 때때로 고삐를 후려쳤다. 해가 길고 날이 뜨거워 헐떡거리고 땀을 흘리며 사람과 소가 다 고달파서 주리고 목말라 했다. 태자는 보습을 끄는 소가 피곤할 때로 피곤한데 또 채찍을 얻어맞고 멍에에 목을 졸린 채 고삐로 코를 꿰어서 피가 흘러내리고 가죽살이 터지는 것을 보았다. 또 농부도 몸이 수척하여 뼈만 남아 있었으며 햇볕에 등이 타서 발가숭이 몸이 먼지와 흙투성이로 되어 있는 것을 보았다. 그리고 보습에서 흙이 패어 뒤집히자 벌레들이 나왔으며 사람과 보습이 지난 뒤에는 뭇 새들이 날아와 서로 다투며 그 벌레들을 쪼아 먹는 것을 보았다. 태자는 이것을 보고 나서 크게 걱정하고 근심하기를, 마치 사람들이 자기의 친족들이 얽매임을 당하였을 때에 큰 걱정과 근심을 내듯이 태자가 그것들을 불쌍히 여김도 또한 이와 같았다.

"중생들은 참으로 불쌍하구나. 서로 서로가 잡아먹고 먹히우니 말이다."

이러한 광경을 본 태자는 큰 자비심을 내어 칸타카라는 말에서 내려 조용히 거닐며 모든 중생들에게 이런 일이 있음을 생각하고 다시 부르짖어 말했다.

"아아! 세간의 모든 중생들은 그 같은 극심한 괴로움을 받고 있나니… 나는 이제 어느 조용하고 한적한 곳을 찾아서 이러한 모든 고통을 해결할 길을 생각할고?"

그 때 숫도다나 왕은 태자가 보이지 않자 모든 대신들에게 사방으로 흩어져 태자를 찾도록 하였다. 마침 한 대신이 멀리서, 태자가 염부나무 그늘 아래 앉아서 선정에 잠겨 있는 것을 보았다. 그리고 여러 나무의 그늘은 다 옮겨졌으나 오직 염부나무 그늘만은 홀로 태자를 가리고 있음을 보았다. 이를 본 대신은 급히 왕의 처소로 달려 나아가 자신이 본 바를 고하였다. 숫도다나 왕은 이 말을 듣고 곧 염부나무 그늘로 나아가 태자가 그 나무 사이에서 가부좌를 맺고 있음을 보니, 마치 어두운 밤 산마루에 큰 불덩어리가 이글거리고 불꽃을 올리는 것 같이 위덕이 드높게 빛났다. 그 때 왕은 이것을 보고 매우 희유하고 장한 마음이 나서 자기도 모르게 태자의 발에 정례하며 말하였다.

"희유하고 희유하여라. 우리의 태자에게 이렇게 큰 위덕이 있음이여. 나는 이로써 그대에게 두 번째 몸을 굽혀 정례하노라."

(충격의 현실 인식-사문유관)

그 때 태자는 대왕의 위신을 가지고 드높은 세력으로써 성의 동쪽 문으로 나와 동산 숲을 향하였다.

이 때 작병천자(作甁天子)는 그 길가에서 몸을 변하여 한 늙은 사람으로 화하여 태자 앞에 나타났다.

태자는 그 노인의 몸이 상서롭지 못하고 처참한 모습으로 괴롭게 걸어가는 것을 보고 전율하였다. 태자는 그것을 보고 어자에게 물었다.

"저것은 무엇인가? 어째서 저렇게 고통스러운 모습을 하고 있는가?"

그 때 어자는 작병천자의 신통력에 끌려서 말을 하였다.

"저 자는 노인이며, 늙어서 저렇게 된 것입니다."

"세간 가운데서는 무엇을 늙었다고 하는가?"

"무릇 늙었다 함은 기력이 쇠하고 정신이 혼미하여지며 모든 기관이 점점 쇠퇴하여 음식을 소화하지도 못하고 뼈마디는 서로 어긋나게 되며, 눈은 흐리고 귀는 어둡고 문득 돌아서면 곧 잊어버리고 하찮은 말을 들어도 갑자기 슬퍼지며, 앉거나 서는 데 있어서도 혼자서는 힘이 들고 눕더라도 편하지 않습니다.

노인이 되면 아무 일도 할 수 없기 때문에 친척에게 구박을 받으며 의지할 곳을 잃고, 남아 있는 목숨도 오래지 않아서 아침 아니면 저녁에는 마치게 됩니다. 이것을 늙음이라고 합니다."

그 때에 태자는 또 어자에게 물었다.

"그렇다면 이 사람만 홀로 이렇게 된 것이냐 아니면 일체 세간들이 다 이런 것이냐."

"태자여, 일체 세간의 중생도 다 이렇게 되는 법입니다."

"그렇다면 이 몸도 또한 역시 장차 이 늙는 일을 받게 되는가?"

"그렇습니다. 태자시여, 귀하고 천함은 비록 다르지만, 무릇 태어남이 있으면 모두 이처럼 늙는 법을 면할 수 없나이다. 사람의 몸에는 처음부터 이러한 늙고 쇠퇴하는 상을 갖추고 있으나 다만 나타나지 않았을 뿐입니다."

태자는 어자에게 일렀다.

"내 몸 또한 늙게 되어 이러한 추하고 더러운 쇠악상(衰惡想)을 면치 못한다니 나는 이제 동산 숲에 가서 놀고 웃을 겨를이 없다. 빨리 수레를 돌려 궁으로 돌아가라. 내 이제 마땅히 어떤 방편으로든지 이 괴로움을 멸할 도리를 생각해 보리라."

그 때에 태자는 다시 남쪽 문으로 나가 길에서 고통스럽게 신음하는 병자를 만났으며, 서쪽 문으로 나가 죽은 사람의 시체를 발견하였다. 태자는 그 때마다 어자에게 묻고, 답을 들은 후 성으로 돌아왔다.

그 때마다 숫도다나 왕의 수심은 깊어만 갔다.

『불본행집경』제14권 16, 출봉노인품

『불본행집경』제15권 18, 도견병인품 『불본행집경』제15권 19, 노봉사시품

새로운 세계관의 발견

그 때 태자는 어자를 불러 칙명을 내려 일렀다.

"착한 어자여, 탈 것을 급히 장엄하라. 내 이제 동산에 나가고자 하노라."

때에 이 소식을 들은 숫도다나 왕은 칙명을 내려 가지가지로 카필라 성 안팎을 청정하게 하고 장엄하기를 전날과 다름없게 하였다.

때에 어자가 좋은 보배 수레를 마련하자, 태자는 때를 알고 곧 수레 위에 올라앉아 존중한 위덕

으로 카필라 성의 북쪽 문으로 나왔다.

그 때 작병천자는 신통력으로, 수레와 멀리 떨어지지 않은 태자의 앞에 한 사람의 사문으로 화하여 나타났다. 그 사문은 머리와 수염을 깎고 분소의를 입었으며, 오른 팔을 걸어 들어내고 손으로 석장을 짚고 왼손 위에 발우를 든 채 걸식을 하고 있었다.

태자는 이것을 보고 어자에게 물었다.

"어자여, 저 사람은 내 앞에 있으면서도 위의가 당당하고 걸음걸이가 정숙하며, 눈은 맑고 안정되어 있고 눈길은 한 길 앞만을 보되 좌우로 헛보지 않으며, 마음을 흐트리지 않고 걸어가는 모습이 예사롭지 않구나. 또 머리와 수염을 깎았고, 옷빛이 온통 붉은나무 빛으로 물들여 있으며, 걸식하는 그릇이 보랏빛으로 마치 흑연과 같구나. 저 사람은 어떤 사람이냐?"

그 때 작병천자는 신통력으로써 그 어자로 하여금 태자에게 말하게 하였다.

"태자여, 저 사람은 사문이라 하며, 출가한 사람입니다."

태자는 또 어자에게 물었다.

"출가 사문이란 어떤 행을 하는 사람이냐?"

"출가 사문이란 세상의 악한 법을 떠나서 선한 법을 행하고, 욕망으로부터 모든 근(根)과 자신의 집착을 잘 조복하며, 모든 두려움을 없앴으며, 일체 모든 중생들에게 큰 자비를 내어 모든 중생들을 공포로부터 구제하며, 모든 중생들을 살해하지 않으며 모든 중생들을 잘 보호하고자 생각하는 사람이기에 이러한 사람을 출가 사문이라 하나이다."

태자는 이 말을 듣고 나자 마음이 뛰놀 듯 기뻐하며, 즉시 수레에서 내려 사문에게 다가가 물었다.

"어진 이여, 그대는 무엇 때문에 출가 사문이 되었습니까?"

"내가 일체 세간의 모든 일을 보매 모든 것이 다 고통입니다. 이렇게 세상을 관하고 나서 일체 세속의 모든 영화와 안락에 집착하지 아니하고 권속들을 떠나 영원한 안락을 구하고, 어떤 방편을 행하여 모든 고통받는 생명을 살릴 것인가 하는 길을 구하고자 출가하여 사문이 되었습니다. 그러므로 이 일에 족함을 알고 언제나 맑은 행을 닦고 굳건하게 계율을 지켜서, 번뇌를 등지고 감관과 의식을 조복받아 망령된 생각을 내지 않고 진실한 행을 법다이 수행하여 일체의 모든 생명을 고통에서 구하고자 합니다. 태자여, 이러한 까닭에 나는 출가하여 사문이 되었습니다."

태자는 이를 듣고서 찬탄하였다.

"거룩하십니다. 사문이시여, 그 흐린 세상을 잘 조복하였고, 바른 길을 구하셨습니다. 이야말로 참된 길이며, 그대야말로 참된 선한 벗입니다."

그 때 태자는 사문의 법을 공경하는 까닭에 출가 사문의 앞에 다가서서 머리와 얼굴로 정례하고, 그의 주위를 오른쪽에서 세 번 도는 예를 한 후 궁중으로 돌아왔다.

이 때에 숫도다나 왕은

'나는 모름지기 이제 따로 방편을 베풀어서 저 태자에게 집을 떠나려는 뜻을 끊게 하리라.' 생각한 후 싯타르타에게 말하였다.

"가라사가라는 마을은 나라에서도 중히 여기는 땅이다. 너는 이제 거기로 가서 나를 대신하여 어루만져 주어서 한 지방의 인민들을 평화롭고 기쁘게 할지니라."

그 때 태자는 점점 앞으로 나아가서 가라사가 마을의 전답에까지 이르렀다. 그 곳에는 많은 사람들이 저마다 애쓰면서 소를 몰고 쟁기를 끌며 밭갈이하고 씨를 뿌리되 손발은 추악하고 먼지로 흙투성이가 되어 있으며 옷은 다 해지고 굶주려서 힘이 없어 보였다. 태자는 이렇게 갖가지로 괴로워하며 시달리고 있는 것을 보고 인자함으로 가엾이 여김을 품자 좌우에서 이렇게 말하였다.

"이 곳이 바로 태자께서 관할하는 곳의 밭갈이하고 씨뿌리는 사람들입니다."

태자는 이 말을 듣고서, 곧 일러 명하였다.

"장정과 소를 놓아 보내서 멋대로 스스로가 살아가게 하고 관리들에게 다시는 얽매거나 가두지 않게 하여라."

그 때 태자는 바로 수레를 타고 카필라 성으로 돌아가다가 쉬이타바나를 지나면서 그 숲 속에서 죽은 사람들이 있는 마을을 보았는데, 발가숭이에서 냄새가 나고 온 몸뚱이가 문드러져 있는지라, 세간의 고통에 대하여 깊이 가슴 아파하며 카필라 성으로 돌아왔다.

『불본행집경』제14권 20, 야수다라몽품

『불설중허마하제경』제4권

위대한 출가

그 때에 태자는 문득 잠에서 깨어 그 궁전 안을 살펴 보았다. 주먹덩이와 같은 등불과 말뚝과 같은 촛불이 휘황한 광명을 내며 조용히 타고 있는데, 뭇 미희들이 추하게 늘어져 자는 몸을 보았다.

어떤 미희는 용모가 단정하고 평소 행동에 부끄러움을 잘 알고 모든 예절이 단정하였으나 이제 깊은 잠으로 인하여 의상을 버리고 팔과 다리며 몸의 은밀한 곳을 드러낸 채 눈을 부릅뜨고 자는 것이 마치 죽은 시체와 다름없이, 산 사람이라는 생각도 못 갖게끔 되었으며, 혹 어떤 미희는 코를 골고 이빨을 갈며 침을 흘리고 얼굴이 창백하여 매우 추하게 자며, 혹 어떤 미희는 대소변의 부정한 것을 흘리면서 얼굴을 땅에 대고 엎드려 자는 것이 마치 무덤 사이의 시체와 같았다. 제석천의 궁전과도 같던 태자의 큰 누각도 온갖 해골들이 사방에 어지러이 뒹굴고 있는 묘지와 다름없이 보이고 세계는 마치 불이 붙은 집처럼 생각되었다.

때에 태자는 자비로운 마음을 일으키고 행하여서 중생들을 두루 살펴 보았다. 중생들은 모두 굶주리고 목말라 있으며 추위에 떨고 혹한에 시달리고 있었다.

태자는 근심을 안고 크게 한탄하였다.

"아아, 세간에는 큰 우환이 있도다. 아아, 두려움이구나."

태자는 자애로운 마음을 갖고 중생을 불쌍히 여긴 까닭에 크게 한탄하였다.

"여기에 어리석은 사람을 얽매는 것은 마치 백정이 모든 짐승을 잡아놓고 목숨을 끊어버리는 것과 같도다. 여기에 독이 있는데 이를 어리석은 사람이 사랑하고 탐착하는 것은 마치 고기가 낚시의 미끼를 삼킴과 같도다. 여기는 헛된 거짓 뿐 어리석은 사람이 함부로 염착을 냄이 마치 개가 살 없는 뼈다귀를 붙듦과 같도다. 나는 이제 이러한 모양을 명확히 보았다. 마땅히 기뻐하고 용맹하고 부지런해서 정진하는 마음을 내어 복덕을 기르고 큰 서원을 일으켜 세간을 건지리라. 구할 이 없는 중생에게 구호가 되며 양육할 이 없는 사람에게 귀의할 데가 되고 집이 없는 중생들에게 집이 되리라. 이제 해야 할 일이 이미 내 앞에 나타나 미구에 결정코 이 뜻을 이루리라."

태자는 이렇게 말하고서 시종 찬다카를 불러 말하였다.

"찬다카여, 너는 속히 일어나 나를 거역하지 말라. 종마 칸타카를 끌고 속히 내 앞으로 데려오되, 성의 모든 권속이나 일체의 석가족들이 그 말의 소리를 듣지 못하게 하라."

태자는 찬다카를 보낸 뒤에 어린 아이가 한번 보고 싶었다. 자리에서 일어나 라훌라의 어머니가 있는 곳으로 가서 방문을 열었다. 그 때에 방안에는 향기로운 등불이 타고 있었다. 라훌라의 어머니는 수마나며 말리카 등의 꽃을 깔아놓은 침대 위에서 아기의 머리에 손을 얹어둔 채 자고 있었다.

태자는 문턱에 서서 그것을 바라보고 생각하였다.

'만일 내가 부인의 손을 제치고 아기를 안는다면 부인은 깰 것이다. 그러면 내 이번 걸음에 방해

가 될 것이다. 나는 부처가 된 뒤에 다시 돌아와 만나보리라.'

그리하여 태자는 궁전 위에서 내려와서 찬다카가 데려온 칸타카에 올라타고 성을 나왔다.

그 때 태자는 성문에서 나와 바깥에 이르자, 몸을 돌려 카필라 성을 바라보면서 사자처럼 외쳤다.

"나는 이제 차라리 스스로 절벽 위에서 이 몸을 던져 큰 바위에 떨어질지언정, 모든 독약을 마시고 목숨을 끊을지언정 또한 스스로 아무것도 먹고 마시지 않아 죽을지언정, 만약 내가 마음에 다짐한 대로 중생들을 고통의 바다에서 해탈시키지 못한다면 결코 카필라 성에 다시 돌아가지 않으리라."

그 때에 마왕은 태자를 돌려보내고자 성문 위의 공중에서 선 채로 외쳤다.

"태자여, 우매한 출가를 그만두고 꽃다운 궁전으로 돌아가라. 그리하면 지금부터 이레 뒤에는 당신에게 윤보(輪寶)가 나타나서 9만 2천 개의 작은 섬들에 둘러싸인 사대주(四大州)를 다스리는 전륜성왕이 되리라."

"마왕이여, 부질없는 소리를 마라. 나는 내게 윤보가 나타날 것을 알고 있다. 그러나 지금 내게는 왕위가 필요없다. 나는 결단코 일만 세계를 구제하는 부처가 될 것이다."

태자는 자기 손에 들어오는 전륜성왕의 위(位)를 가래침처럼 아낌없이 떨어버리고, 칸타카를 재촉하여 길을 떠났다.

이 때에 태자는 말을 달려 단 하룻밤 동안에 세 왕국을 지나 30유순 쯤 떨어진 아노마 강가에 도착했다. 싯타르타는 강가에서 말을 멈추고 찬다카에게 물었다.

"찬다카여, 이 강의 이름이 무엇이냐?"

"대성 태자여, 이 강의 이름은 아노마라고 합니다."

"그렇구나 찬다카여, 그렇다면 나의 이 출가도 아노마일 것이다. 성스럽고 훌륭하고 고귀함으로 충만할 것이다."

싯타르타는 말에서 내려 찬다카에게 말하였다.

"말의 행보가 빨라서 마치 큰 금시조와 같았거늘 너는 한결같이 따르면서 나의 곁을 떠나지 않았구나. 나는 이제 원하는 수행처에 이르렀으니 너는 이제 곧 칸타카와 함께 궁으로 돌아가거라."

그 때 찬다카는 이 말을 듣자 슬피 울부짖고 눈물을 흘리면서 말하였다.

"태자께서는 지금까지 궁중에 계실 때는 항상 침상과 이부자리가 포근하고 부드럽지 않은 것이 없었거늘, 어찌 하루 아침에 가시덤불과 돌부스러기며 진흙을 깔고 나무 아래에 거처를 삼겠사옵니까? 또 이 곳이야말로 여러 험난함이 많고 호랑이와 이리 등의 사나운 짐승과 독충들이 길에 함부로 돌아다니거늘, 제가 어찌 태자를 버리고 혼자 궁중으로 돌아가겠습니까?"

"찬다카여, 진실로 너의 말과 같되 만일 내가 궁중에서 머문다면 이런 가시덤불의 환난은 면할 수 있겠으나, 늙고 병들어 비참하게 죽어 가는 고통의 침범만은 결코 면할 수 없으리라. 과거의 부처님들께서도 무상정등정각을 이루기 위해서는 세속의 화려함과 안락을 버리셨나니, 나도 이제 모든 부처님의 법을 의지하리라."

그 때에 찬다카는 온몸이 불타는 듯 괴로워하며 얼굴 가득히 눈물을 흘리며 합장하고 태자를 향하여 말하였다.

"태자시여, 어찌 태자님을 잠시인들 떠나 홀로 궁으로 가겠습니까? 그럴 수 없습니다."

그 때 태자는 찬다카가 이렇게 근심하고 슬퍼하고 고뇌하는 말을 듣고 또 찬다카에게 일렀다.

"찬다카여, 너는 이제 마땅히 이별하는 괴로움을 버리고 근심과 걱정을 하지 말라. 왜냐 하면 일체 중생에게는 태어남도 있고 늙음도 있고 모두 이별함이 있느니라."

찬다카는 또 말하였다.

"설령 궁중으로 돌아가더라도 왕은 반드시 저를 책망하실 터인데, 어떻게 태자를 버리고 혼자 돌아가서 무슨 말로써 대왕에게 대답을 올리게 하려 하나이까."

그 때 태자는 머리의 천관(天冠)과 상투에서 마니보배를 풀어서 찬다카에게 주면서 말하였다.

"찬다카여, 내 이제 이 마니보배를 주노니 너는 부왕 앞에 가서 이것을 바치고 나의 말을 이렇게 아뢰어라.

'부왕이시여, 제가 이제 출가한 것은 어떤 사람의 속임을 받거나 노여움과 원한으로 인한 것도 아니며, 또한 재물과 권력과 봉록이 적어 이를 구하고자 함도 아니며, 천상에 나기 위하여 부왕의 슬하를 떠나는 것도 아니옵니다. 저는 세속적인 욕망이 없사오며 오직 일체 중생들이 어둡고 미혹하여 삿된 길에서 헤매이며 괴로워하는 것을 보고 광명이 되어 고통을 구제하고자 함이오며, 세간을 이익케하는 법을 찾고자 출가하였습니다. 이렇게 즐겨 출가함을 아시고 부디 근심을 거두소서. 그러므로 저는 반드시 무상정등정각을 증득하여 곧 집으로 돌아가 부왕을 뵙겠습니다' 라고 전하라.

또한 안팎의 모든 권속들이 나에게 은혜와 애정이 있을 터이니 너의 뜻으로써 잘 이해시켜야 하리라."

태자는 다시 몸에 걸쳤던 영락과 보배꾸미개를 벗어 찬다카에게 주면서 양모 마하프라자파티 왕비와 아쇼다라 부인에게 전해달라고 부탁하였다. 또한 각각에게 태자의 뜻을 전하는 말을 하여주고 찬다카가 대신 전해줄 것을 부탁하였다.

그 때 태자는 찬다카에게서 마니로 장식한 칠보의 칼을 찾아서 곧 왼손으로써 짙푸른 우발라 빛 소라 상투의 머리털을 잡고 오른손에 날카로운 칼을 들어 베어내고 이어 수염도 모두 잘라버렸다.

그 때 태자는 스스로 그 몸의 일체 영락과 천관을 벗었고 머리와 수염을 깎은 뒤 몸을 돌아보니 오직 천의뿐, 이것을 보고 생각하였다.

'이 옷은 출가한 자의 옷이 아니다. 출가한 사람은 산간에 있는 것이니 누가 나에게 누더기로 기운 옷을 줄 것인가.'

그 때 정거천(淨居天)은 싯타르타의 이러한 마음을 알고 때를 맞추어 한 사냥꾼으로 몸을 화작(化作)하여 누더기로 기운 옷을 입고 손에 활과 살을 쥔 채 점점 태자 앞에 이르러 멀지 않은 곳에 말없이 섰다. 이 때에 태자는 누더기를 걸친 사냥꾼을 보고, 그에게 다가가 말하였다.

"산과 들에 있는 어진 이여, 그대는 그 누더기로 기운 옷을 나에게 줄 수 있겠소? 그대가 만약 나에게 준다면 나는 그대에게 가시가에서 만든 비단옷을 주리라. 이 옷은 값이 백천억 금이나 되고 또 가지가지 전단향을 풍긴 것이니 그대의 이런 추하고 떨어진 누더기와는 비할 바가 못되오. 이웃과 바꿔 입읍시다."

그 때에 사냥꾼은 기꺼이 누더기와 비단 옷을 바꿔 주었다.

태자는 사문이 입기에 적당한 누더기를 받고 마음이 크게 기뻐서 곧 몸에 입고 있던 비단 옷을 벗어 사냥꾼에게 주고 누더기를 걸쳤다. 그 때 태자는 삭발을 하고 몸에 누더기로 기운 옷을 입자 왕자의 형용이 고쳐지고 훌륭한 사문으로 변하였다. 차림을 마치고 나서 이런 큰 서원을 내었다.

'나는 이제 비로소 참말 출가라 이름하리라.'

그 때에 싯타르타는 몇 집을 차례로 걸식한 후 여러 가지를 뒤섞은 음식을 보면서 '이만하면 내 목숨을 보전하기에 충분하겠다' 고 생각하였다. 그리고 들어갔던 성문으로 나와 판다비산 기슭에서 동쪽을 향해 앉아 식사를 시작했다. 그러자 싯타르타는 내장이 뒤집히는 듯 음식이 곧 입으로 나올 것 같았다. 싯타르타는 그런 음식을 본 일조차 없었기 때문이다. 그 때에 싯타르타는 그 보기도 싫은 음식에 괴로워하는 자신에게 스스로 훈계하였다.

'싯타르타여, 너는 지난 3년 동안, 음식을 얻기 쉬운 집에서 냄새 좋은 쌀밥에 여러 가지 맛난 반찬을 곁들여 먹고 지내면서, 누더기 옷을 입은 사문들을 보며 나는 언제나 저런 모양으로 행걸하며서 살아갈 수 있을까. 내게도 그런 시기가 있을까 하고 생각하던 끝에 출가하지 않았던가. 그런데 지금 이 꼴은 무엇이냐.'

고오타마 싯타르타는 이렇게 스스로 훈계하고 조용히 식사하였다.

『본생경』서게 2, 가무희의 추태 『수행본기경』하권 5,

출가품 『불본행집경』제16권 21, 사궁출가품 상 『과거현재인과경』제2권 『불본행집경』제17권, 사궁출가품 하

룸비니의 유적들

· 룸비니 유적지의 전경으로 오른쪽에 마야 부인 사원과 왼쪽에 아쇼카 석주 그리고 부처님이 탄생하자 9마리의 용이 물을 뿜어
목욕을 시켰다는 싯타르타 연못을 볼 수 있다. 이 연못은 후대에 만든 것이라 한다.

부처님이 태어난 룸비니는 동산이기보다 룸비니 숲이라고 해야 더 어울린다. 부처님은 태어날 때도 길가 숲에서 태어나고, 도를 이룬 곳도 길가 숲이었고, 처음 설법을 한 곳도 길가 숲이었다. 그 이후에도 길을 다니면서 숲에서 법을 설하다가 열반에 든 곳도 결국 길가 숲이었다.

유엔 산하 유네스코에서 지금 이 곳을 성지로 발굴하고 있어서 그 많던 나무들이 베어져버렸다. 그래서 예전 사진에서 보았던 꽃 피는 룸비니 동산은 기대하기 어렵다. 야쇼카 왕이 즉위 20년 되던 해 이 곳을 참배하고 이 곳의 성스러움을 찬탄한 기록이 있고, 이 곳을 보호하기 위해서 이 곳에 사는 사람들의 세금을 감면해 주라는 기록을 석주에 새겨놓았다.

마야 부인 사원 *Mayadevi Temple*

부처님이 태어난 곳을 기념하여 세운 절터에 탄생 장면의 부조가 있다. 그러나 알아볼 수 없을 정도로 출생 조각이 마모되었기 때문에 새로 축소하여 만든 탄생상을 같이 놓았다. 마야 부인은 나뭇가지를 잡고 있고, 아기는 오른쪽 옆구리로 탄생해 연꽃대 위에 서서 한 손은 하늘을 다른 한 손은 땅을 가리키고 있다. 마야 부인이 잡고 있는 나뭇가지 뒷쪽으로 천녀와 구룡이 있으며 시녀들이 아기를 받고 있는 모습이 보인다. 이 곳을 기념하여 절을 지을 때 연못도 함께 팠다.

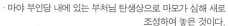

· 마야 부인당 내에 있는 부처님 탄생상으로 마모가 심해 새로 조성하여 놓은 것이다.

아쇼카 석주 *Ashoka Pillar*

아쇼카 왕은 부처님 성지마다 부처님이 이 곳에서 무엇을 하였다는 것을 기록하여 석주를 세웠다. 인도에서 불교가 쇠퇴하자 이 곳은 완전히 세상 사람들에게 잊혀진 밀림이었다. 그러나 다행히 커닝험이 이 기둥을 발견하여 세상에 알려지게 되었다. 석주에는 이 마을에서 위대한 분이 탄생하였기에 이 마을은 세금을 감면하여, 생산물의 1/8만 징수하라는 기록이 새겨져 있다.

· 부처님 탄생을 기념하는 아쇼카 석주로 명문이 새겨져 있다.

대성석가사

3층 건물로 이루어져 있으며 제 1요사채인 무우수당은 783평, 대웅전은 1,935평으로 그 위용을 뽐내고 있다. 계속하여 제 2요사채로 마야 부인당을 짓고 있는 중이다. 인도에는 부처님을 기리기 위해서 멀리 타국에서 와서 부처님 성지 곳곳에 자국 스타일의 많은 절이 세워지고 있는데 한국 절로서는 그 규모가 가장 크고 넓다.

카필라바스투 *Kapilvastu*

카필라 성은 북서쪽으로 흐르는 반 강변에 있고, 콜리 성은 로히니 강변에 위치하고 있다. 히말라야에서 녹아 내려오는 강을 사이에 두고 국경을 정하기 때문에 동서가 좁고 남북으로 길게 영토가 이루어진 것 같다. 남쪽으로는 부처님이 출가 할 때 건넜던 아노마 강이 있다. 카필라 성에서 동문으로 나가 동편으로 28km 정도 떨어진 곳에 룸비니가 있고, 더 동쪽으로 가면 로히니 강을 건너 콜리 성이 나온다. 북쪽으로 한 50km 정도 떨어진 지역부터 주위 2,000m 정도 되는 산이 시작되고, 계속 위로 올라가면서 8,000m 높이의 산이 연결되는데 이 산이 네팔과 티베트의 경계를 짓고 있다. 한쪽으로는 완전한 평지를 이루고 있지 만 다른 한쪽으로는 히말라야 산맥으로 둘러 싸인 그런 신비한 곳이라 할 수 있다.

이 당시 카필라 성의 크기는 우리 나라의 한 개 군 정도였다. 다시 말하면 사위 성에 있는 코살라 국의 보호국 으로 조그마한 공화제 국가인 셈이다. 그 대신 석가족의 자존심은 굉장히 강했다고 한다. 석가족이 아리안이냐, 몽골리안이냐에 대 해서는 학자들 사이에 이견이 있지만, 부처님 몸을 황금색으로 칠한 것으로 보아 몽골리안이었을 확률이 높다고 추정하고 있다. 왜 냐 하면 현재 네팔의 평야 쪽은 아리안 계열이 살고, 산 쪽은 전부 몽골리안 계열이 살고 있으며 카필라 성은 히말라야산 아래 있기 때문이다.

부처님의 출가

석가족은 원래 다른 지역에서 살다가 이 지역으로 이주해 왔다고 한다. 석가족의 7 대조로 거슬러 올라가 보면 첫째 부인에게 네 명의 왕자와 네 명의 공주가 있었는데, 첫째 부인이 죽자 두 번째 부인을 맞아들이면서 또 왕자가 태어났다. 왕위 때문에 전실 자식들은 어머니로부터 미움을 받자, 성에서 나와 멀리 아름다운 지역을 찾아 스스로 나라를 건설했다. 한편 그 사정을 잘 모르는 아버지는 왕자가 집을 나간 사실만을 섭섭하게 생각하고 있다가, 후일 이 나라를 방문하여 잘 사는 것을 보고 "너희들은 참 어질고 능하다."라고 말했다고 한다. 어질고 능하다라는 말에서 석 가란 어원이 나온 것이다.

지금도 석가족끼리만 결혼을 하는데 사촌만 넘으면 서로 성혼한다. 그 당시 결혼 풍속을 보면 경전에 나와 있는 네 왕자와 네 공주는 남매끼리 결혼했다고 볼 수 있다. 그러니까 콜리 성의 콜리족과 카필라 성의 석가족은 서로 같은 조상이라고 할 수 있다. 두 부족이 서로 여자를 주고 받으면서 결혼을 하는 것을 결혼 동맹이라고 하는데, 콜리 성 성주의 딸인 마야 부인도, 또 아쇼다라 공주도 그런 관계로 결혼을 하게 된 것이다. 지금도 인도의 카스트 중에 샤키방세와 콜리방세가 있는데, 이 두 카스트는 같은 석가족으로 인정한다.

이렇게 하여 태어난 태자는 '모든 것이 다 이루어지다' 라는 뜻으로 싯타르타라고 이름을 지었다. 이 때 수행하던 아시타 선인이 싯타르타를 보고 세속에 있으면 전륜성왕이 되고 출가하면 부처를 이룰 것이라고 하며 눈물을 흘렸다고 한다. 정반 왕이 눈물을 흘리는 이유를 묻자 이 분은 출가해서 부처를 이룰 것인데, 그 때까지 살아있지 못하는 인연으로 깨달음의 법을 들을 수 없기 때문이라고 했다.

인도의 생활 양식은 네 가지 시기로 나눈다고 한다. 어릴 때 스승 밑에서 철저하게 공부하는 시기, 자라서 결혼을 하고 가업을 잇는 시기, 가업을 자손에게 물려주는 시기가 있고, 늙어서 모든 것을 떠나 숲에 가서 수행하는 시기의 네 단계이다. 싯타르타는 12살 때까지 두 분의 스승인 브라흐만과 외삼촌 밑에서 공부를 하였다. 한 스승에게는 역사, 종교, 철학 등 주로 학문을 배우고,. 한 스승에게는 왕으로서 세상의 통치를 위해 정치나 무술을 배워 첫 시기를 마쳤다. 어떤 경전에는 12살 혹은 15살이라고도 하는데, 이 시기는 전통적으로 학교를 졸업하는 시기로 이제 어른으로서 대우를 받게 된다.

그 후 싯타르타는 12살이 되던 해 어느 봄 날 정반 왕을 따라 처음으로 성 바깥으로 나가 농경제에 참여한다. 그 곳에서 농민들의 비참하고 고통스러워하는 모습을 보고 놀란다. 농경제의 참가는 왕궁의 편안함이 농부의 고통 위에 있다는 것을 알게 했고, 농부의 일이 편안하기 위해서는 소의 고통이 있어야 한다는 사실도 알게 하였다. 또 쟁기가 땅을 뒤엎자 꿈틀대는 벌레를 새가 날라 와 쪼아먹는 모습을 보고, 왜 하나가 살기 위해선 다른 하나가 죽어야 하며, 왜 하나가 편리하기 위해선 다른 하나가 불편해야 하며, 왜 하나가 행복하기 위해선 다른 하나가 고통스러워야 하는지, 사춘기의 어린 싯타르타에게는 큰 의문이 되었다. 소의 큰 눈망울에 흐르는 눈물과 그 벌레의 죽음을 보면서 태자는 염부수 아래 앉아 깊은 명상에 잠겼다.

이 세상의 가르침은 내가 살고 행복하기 위해서는 남을 짓밟고 이기는 것을 바탕으로 하는 학문이었기 때문에, 다 함께 살고 함께 행복해지는 길을 물으면 스승도 부모도 어느 누구도 적절한 대답을 해 주지 못하였다. 그래서 싯타르타는 과연 바르게 사는 것은 무엇일까? 진리는 무엇일까? 하며 자주 깊은 명상에 잠기곤 했는데, 부왕은 이런 태자를 보고 아시타 선인의 예언과 같이 출가할까봐 두려워했다고 한다.

어느 날 태자는 사문유관을 하면서 동문에서 노예들의 늙은 모습과 남문에서 병들어서 쓰러져 있는 사람들의 모습, 그리고 서문에서 죽어 썩어가는 시신들을 보고는 민중들의 비참한 삶을 알게 되었고, 인간의 노병사(老病死)에 대한 깊은 회의를 갖게 된다. 그리고 북문에서 만난 눈동자가 빛나는 수행자를 보면서 인간 존재의 다른 생존 방식에 대한 희망을 갖게 되었다.

그래서 출가를 결심하지만 부모 특히 어머니의 눈물이 그것을 막았다. 결국 부모의 권유로 19살에 아쇼다라 공주와 결혼을 한다. 정반 왕은 혹시 왕의 지위를 물려주지 않았기 때문일까 하여 더욱 더 호화로운 생활과 일정 지역을 다스릴 수 있는 권한까지 주었다. 그러나 태자는 세속의 방법으로는 이 모순을 극복할 수 없다는 것을 깨닫고 29살에 마침내 출가하게 된다. 인도의 풍습으로 보아 대를 이을 아들 라훌라가 태어나 출가할 수 있는 구실을 얻었다고도 볼 수 있다.

부처님이 출가하여 다른 수행자들보다 깨달음을 얻는 시기가 빨랐던 것은 출가하기 전에 이미 인간 삶에 대한 아주 근원적인 고뇌를 많이 하고 난 뒤였기 때문이다. 부연하자면 태

· 카필라 성의 동문으로 지금은 허물어진 벽돌 외엔
  어떤 유적도 남아 있지않지만, 부처님이 출가하게 된
  배경과 환경 등을 돌이켜 생각하게 한다.

자는 모든 조건을 갖춘 상태이지만 그 모든 기득권을 포기하고, 세상에서 추구하는 행복이란 바로 타인의 고통 위에서만 존재하는 우리 존재의 근원적 모순을 해결하고자, 그리고 중생의 고뇌로부터 벗어나 함께 행복하게 살 수 있는 길을 찾고자 결연한 의지로 출가하였기 때문이다.

카필라 성은 싯타르타 태자가 젊은 시절 29년간 성장하고 자랐던 나라로 주위가 참으로 평화스럽다. 태자가 어릴 때 놀았던 반강가 강이 이 카필라 성을 끼고 흐르고 있다. 출가한 지 12년, 성도한 지 6년만에 이 곳으로 돌아와서 아버지와 어머니를 교화하고 부인과 자식까지도 교화하였다. 그리고 수많은 석가족들이 출가하여 진리의 길, 깨달음의 길로 나아갔다.

지금은 허물어진 벽돌 외엔 어떤 유적도 남아 있지 않지만, 부처님이 어떤 문제 의식을 가지고 고뇌하고 사색하였으며, 그리고 사문유관을 통해 출가하게 된 삶의 배경과 환경 등을 돌이켜 생각하게 하는 곳이기도 하다. 그리하여 이 곳을 찾는 출가자들은 출가의 자세에, 재가자들은 삶의 자세에 좀더 당당하고 분명한 자기 원칙을 세울 것을 다짐하게 된다.

카필라 성에 온 부처님

부처님이 도를 이루고 왕사성과 사위성에서 교화를 하자 부처님의 명성은 인도 전체에 퍼지게 되었다. 이 명성을 정반 왕이 듣고 사신을 보내어 고향에 돌아오기를 청했다. 그러나 보내는 사신마다 부처님이 설법하는 자리에 있다가 그 자리에서 출가를 해버리는 것이었다. 그래서

· 네팔에 있는 카필라 성터로, 경전의 내용으로 미루어 보아 카필라바스투의 왕궁이었음을 거의 확신할 수 있다.

정반 왕이 고심을 하고 있는데 우다이라는 대신이 가겠다고 자청하였다. 왕은 또다시 함흥차사가 될까봐 걱정을 하나, 하늘이 두 쪽이 나도 자기는 출가 안 할 거라고 안심을 시켰다. 사실 우다이란 사람은 여자를 매우 좋아하는 사람이었기 때문에 출가와는 거리가 있었다.

우다이는 마침 부처님이 천 명의 대중과 함께 숲에 머물고 있다 하여 찾아갔는데, 마치 한 사람도 없는 것처럼 조용하였다. 천 명의 대중이 조용히 앉아서 부처님의 설법을 듣고 있었는데, 장난기 많은 우다이조차도 긴장하고 설법을 듣다가 그 자리에서 출가해 버렸다고 한다. 그러나 우다이는 잊지 않고 부처님께 정반 왕의 청을 전달하였다. 그 때가 부처님이 성도한 후 6년, 출가한 지 12년째 되는 해였다.

밀행 제일 라훌라

야쇼다라 공주는 남편인 부처님이 출가하자 늘 수행자답게 검박하게 살았다고 한다. 그런데 부처님이 왕궁으로 돌아와 석가족들과 대화를 하는 자리에는 막상 끼지 않았다. 그 대신 라훌라에게 저 분이 너희 아버지인데 저에게 물려줄 상속물을 달라고 여쭈라고 시켰다. 라훌라가 부처님에게 이 말씀을 드리자 오히려 옆에 있던 사리푸트라에게 이 아이를 출가시키라고 말씀하였다. 출가가 상속물이 된 것이다. 이 소식을 듣고 놀란 정반 왕이 부처님에게 20세 미만의 어린아이가 출가할 때는 반드시 부모의 승낙을 받아야 하지 않겠느냐고 건의했고 부처님은 그것을 인정하였다. 그 이후 사미가 출가할 때는 반드시 부모의 동의서가 있어야 하며, 사미는 반드시 비구와 함께 있도록 규정되어 있다.

본의 아니게 출가한 라훌라는 말썽을 많이 피웠다고 한다. 그래서 대중의 불평이 굉장히 컸다. 어느 날 부처님이 새 대야를 가져와서 라훌라에게 물을 떠오라고 시켰다. 물을 떠오자 부처님 발을 씻기도록 하고는 그 물을 라훌라에게 마시라고 했다. 라훌라가 이 더러운 물을 어떻게 마시냐고 하니까, 부처님이 "그렇다. 물은 본래 깨끗했지만 발을 씻으므로 더러워져서 아무도 먹지 않으려고 하지 않느냐? 그것처럼 우리 마음은 본래 청정하지만 거짓말하고 살생하면 더러워져서 아무도 가까이 하려고 하지 않는다." 또 부처님은 이 물을 버리라고 하고는 이 대야에다가 공양을 받아먹으라고 하였다. 라훌라가 더러운 이 대야에 어떻게 공양을 받아먹느냐고 하니까, 부처님이 "더러운 대야는 아무도 가까이 하지 않는다. 대야가 새 것일 때는 깨끗하다고 좋아하지만, 더러운 것을 담으면 그 대야도 더럽다고 가까이 하지 않는다. 그것처럼 마음이 악행을 행하게 되면 사람들이 가까이 하지 않는다." 이 법문을 듣고 라훌라는 깨달음을 얻고, 그 이후부터는 적극적으로 수행을 해서 10대 제자 가운데 한 사람인 밀행 제일 라훌라 존자가 됐다.

224

쿠단 *kudan*

　　　　부처님이 온다는 소식을 들은 정반 왕은 카필라 성에서 5Km나 남쪽으로 떨어진 곳, 쿠단에 천막을 치고 기다렸다고 한다. 정반 왕은 음식을 준비하고 기다렸으나, 이 곳에 도착한 부처님이 마을에서 탁발하고 다닌다는 소문을 듣고 화가 났다. 그래서 석가 가문에 어떻게 걸식할 수가 있느냐고 자초지종을 물으니 부처님은 "대왕이시여, 걸식하는 것은 우리 가문의 전통입니다."

이렇게 말씀하였다고 한다. 우리 가문이란 출가 사문을 의미하며, 부처님은 석가족임을 완전히 놓아버린 것이다. 이 곳을 기념하여 세운 사원터와 탑터가 남아 있다.

· 부다가야에서 성도 후 카필라바스투를 찾은 붓다와 정반왕이
  만난 곳을 기념하여 세운 사원터와 탑터가 남아 있다.

데바다하 *Devadaha*

　　　　로히니 강을 건너 북쪽으로 가면 마야 부인의 친정, 데바다하로 가는 길이 나온다. 사라수나무가 울창하게 줄지은 길을 따라 걷다 보면 한쪽 곁으로 자그마한 마야 사원이 자리하고 있고, 마치 우리 나라 시골 초등 학교 같은 분위기의 유치원에서 대학까지 있는 마하마야(바와니(어머니) 학교가 나온다. 이 곳이 마야 부인이 정반 왕과 결혼하기 전 어린시절 자랐던 성터로 평화롭고 매우 포근한 곳이다.

　　　　마야 부인의 이름을 딴 이 마하마야 학교에는 현재 오스트리아에서 온 여 선생님이

· 마야 부인의 이름을 딴 마하마야 학교는 마치 우리 나라 시골 초등 학교 같은 분위기다.
　학생수는 초,중,고 대학생을 포함하여 1,200여 명에 이른다.

봉사하고 있다. 주변은 산으로 둘러 싸여 아늑한 분지를 이루고, 산자락 밑으로는 넓게 기름진 농토

가 펼쳐져 있다.

랑그람 *Rangram*

　　　　　부처님이 열반에 든 후 부처님의

사리는 8등분 되어 각 나라로 보내져 탑이 세워졌

다. 콜리족도 그 중 한 등분을 가져와 강 속에 탑을

세웠다고 한다. 아쇼카 왕이 8개의 부처님 진신사

· 부처님이 열반에 든 후 사리는 8등분 되어
　각 나라로 보내졌는데, 콜리족도 그 중 한 등분을 모셔와 강 속에 탑을 세웠다.

리탑을 헐어 그 안에 있던 사리를 모아 인도 각지에 그리고 전 세계에 보내 팔만 사천 개의 탑을 세웠는데, 이 곳의 사리탑을 허물려고 할 때 용왕이 꿈에 나타나 "대왕이시여! 저희가 드리는 공양보다 더 나은 공양을 드릴 수 있다면, 이 사리를 모셔 가시옵소서."라고 했다고 한다. 이 말을 듣고 지극 정성으로 이 사리탑에 공양드리는 모습에 감명을 받아, 이 사리탑만은 헐지 못했다고 한다. 8개의 진신사리탑 중에 헐리지 않은 유일한 곳이다. 지금은 강줄기를 다른 곳으로 돌려 길이 나 있으며, 오백 비구가 머물면서 강을 바라보며 예배하고 참배했던 절터 역시 없어져 농토로 변했다.

탄센 *Tansen*

룸비니에서 그다지 멀지 않은 이 곳은 옛 팔파 왕조의 수도였다. 그래서 그런 지 다른 지역보다 깨끗하고 품위가 있어 보인다. 팔파 왕은 해마다 룸비니를 순례하고 기도하였던 신심이 매우 돈독한 불자였다고 한다. 지금의 룸비니 경찰서는 이 왕의 별원이었다. 탄센에서 100m 정도 언덕을 오르면 설산이 한 눈에 들어오며 소나무 삼림욕을 즐길 수 있는 소나무 숲이 있다. 불멸 후 많은 사람들이 힌두교로 돌아갔으나 네팔인은 끝까지 불자로서의 긍지를 지키고 있다.

· 룸비니에서 그다지 멀지 않은 곳에 위치한 탄센은 옛 팔파 왕조의 수도여서인지 다른 지역보다 깨끗하고 품위 있어 보인다.

삐프라하와 *Piprahwa*

인도에 위치한 곳으로 몇몇 발굴된 유적으로 미루어 보아 이 곳이 고대 카필라바스투의 유적지일 것이라고 추정하고 있다. 1898년 이 곳을 발굴할 당시 탑은 무너져 큰 동산을 이루고 있었고, 그 위에 보리수가 자라고 있었다. 이 탑터에서 카필라바스투라는 명문이 찍힌 사리 용기가 나와 부처님의 8개 사리탑 가운데 하나라는 것을 알게 되었다. 그 이후 1970년에 인도 정부가 다시 발굴 작업을 하면서 이미 발견된 사리 용기보다 더 깊은 곳에서 '옴 데바푸트라 승원, 카필라바스투, 비구 상가'라고 새겨진 더 큰 사리 용기가 발견됨으로 더욱 확신하게 되었다. 이 곳에서 출토된 두 개의 사리 용기는 현재 델리 박물관에 소장되어 있으며 사리 용기 안에는 부처님의 유골 즉 사리가 보관되어 있다.

· 석가족이 부처님 사리를 가져와 세운 진신사리탑이다.
  이 곳에서 발굴된 사리와 사리 용기는 델리 박물관에 보관되어 있으며
  사리 용기에는 '카필라바스투, 비구 상가'라는 명문이 있어
  진신사리탑으로 더욱 확신을 갖게 되었다.

　　여기로부터 남쪽으로 1㎞ 정도 떨어진 곳에 큰 성곽터가 있다. 이 곳을 간와리아 (Ganwaria)라고 하는데, 인도 정부에서는 이 사리탑과 관계해서 그 곳이 카필라바스투, 카필라 성 이라고 주장하고 있다. 현장 법사의 순례 기록이나 경전에 나와 있는 여러 가지 정황으로 볼 때는 네팔에 위치하고 있는 곳이 카필라바스투라고 하겠으나, 이 곳에서는 카필라바스투 상가의 명문이 나왔고 성과 정사가 1㎞밖에 안 떨어져 있어 발굴된 유적의 고증으로 인도 정부는 삐프라하와를 카 필라 성에 더 가깝다고 주장한다. 그러나 카필라 성은 부처님 당대에 이미 멸망해 버렸고 이런 규모 의 유적지는 보통 부처님이 열반에 들고 거의 200년 이후의 것들이다. 부처님이 열반에 들고 적어 도 200년 이후부터 이런 정사가 크게 지어졌다는 것을 생각한다면, 원래의 카필라 성이 그 기능을 못해 이 지역으로 도성이 옮겨졌을 수도 있다는 설을 고려해 봄직하다.

　　탑이 무너져 언덕을 이루고 있고 벽돌더미 뒷쪽에 있는 승방 터에 가면 아직도 탄 화된 까만 쌀이 그대로 화석이 되어 흙 속에 많이 남아 있는 곳이 있는데 아마 당시 곡식 창고였을 것 같다.

S'ravasti

쉬라바스티

부처님은 제자들에게 기적은 불법의 진의가 아님을 가르치며
신통 제일인 목갈라나 존자에게조차도 신통을 자제할 것을 부탁하였던 분이었다.
그렇지만 이 곳에서는 천불화현의 기적을 몸소 보인 후에야 왕족과 이교도들 그리고 국왕을 교화하였다.

쉬라바스티는 강가 강 서북쪽에 위치한 코살라 국의 수도였다. 그 당시 인도에는 300여 개의 나라가 있었으나 코살라 국과 마가다 국은 고대 북인도를 형성하고 있었던 16개의 나라들 중 가장 강력한 군주 국가였다. 코살라 국은 매우 호전적이고 다혈질의 기질을 가진 국가로 강한 군사력으로 번영을 이룩했던 나라이다. 그런데 안타깝게도 지금은 폐허로 변해 버린 채 드넓게 펼쳐진 밀림의 모습만 말없이 보여줄 뿐 세월의 흐름에 무상함을 느끼게 한다.

마가다 국은 오랜 문화와 전통을 갖고 있는 온화하고 역사 깊은 나라라고 한다면, 코살라 국은 신흥 국가로 경제, 정치, 군사력은 다른 나라에 비해 월등했지만 문화, 종교, 사상적인 면으로는 뒤처지는 편이었다. 전쟁을 좋아하며 거칠고 강한 기질을 가진 코살라 국은 수행자를 존경한다거나 그 중요성을 전혀 몰라 부처님이 교화하는데 무척 어려움이 많았다. 그러한 이유로 자이나교와 아지비카교 외에도 많은 외도들의 사상이 매우 팽배해 있었던 이 곳은 여러 가지 사건과 부처님을 비방하고 위해(危害)하는 무수한 일화의 배경이 되어 경전에 많이 나온다.

부처님은 도를 이루고 3년째 되던 해 사위성에 첫 발을 디딘다. 그 이후 이 곳은 부처님의 중요한 활동 근거지가 되었다. 경전 상에 쉬라바스티를 배경으로 한 일화가 많고 또 많은 경전을 설할 수 있었던 것은 부처님이 45년 간의 교화 여정 중에 이 곳 사위성에서 24안거를 보냈기 때문이다. 그 중에 19안거를 수닷타 장자가 부처님을 위해서 마련한 기원정사에서 머물렀는데 주변에는 숲이 우거져 있고 밝고 안온하여 수행처로는 아주 적합한 장소로 부처님이 아주 사랑하였던 곳이라고 한다.

금강경의 무대, 기원정사

부처님은 기원정사에서 금강경(金剛經)을 설하였다. 그 첫 장면을 그려보면 이른 새벽 안개가 자욱한 가운데 나무 밑에 앉아 부처님은 1,250명의 비구들과 선정에 들어있다. 마을 사람들이 아침을 먹을 때쯤 되면 자리에서 일어나 가사를 걸치고 발우를 들고 정사를 나간다. 그러면 발우를 든 비구들도 마치 기러기가 한 줄로 날아가듯 부처님 뒤를 따라 성내로 들어가 차례로 일곱 집을 돌면서 밥을 빈다. 일곱 집을 돌고 나면 성을 나와 정사를 나올 때의 모습으로 다시 돌아간다. 그리고 둘러앉아, 많이 얻어온 사람은 적게 얻어온 사람과 얻으러 가지 못한 병자와 나누어 먹는다. 공양이 끝나면 발우는 깨끗이 씻어 한쪽으로 치워놓고 가사를 벗어 접어놓는다. 그리고 발을 씻고 다시 앉아 조용히 선정에 든다.

어느 날 부처님이 밥을 빌어 정사에 돌아와 공양을 들다가 아난 존자는 하얀 쌀밥을 한 그릇 얻어 왔고, 가섭 존자는 형편없는 거친 음식을 조금 얻어 온 것을 보았다. 그래서 부처님이 아난 존자에게 물었다. "아난다여, 그대는 어떻게 걸식하는가?" 그러자 아난 존자는 자기는 부잣집만 찾아다니면서 걸식을 한다고 했다. 그 이유는 가난한 집에는 자기 먹을 것도 부족한데 공양을 얻어오면 그 사람은 굶어야 하고, 만약 주지 않으면 수행자에게 공양을 올리지 않아서 그들의 공덕이 감해지기 때문이라고 했다.

다시 부처님은 마하가섭 존자에게 물었다. "가섭이여, 그대는 어떻게 걸식하는가?" 마하가섭 존자는 자기는 가난한 집만 찾아서 걸식을 한다고 했다. 가난한 사람은 늘 모자란다는 마음에 얻고자 하기만 하지 누구한테 베풀어 본 적이 없는 까닭에 공덕을 쌓지 못해 계속 가난하게 산다는 것이다. 그래서 그들에게 공덕을 짓게 해 주려고 가난한 집에만 가서 걸식을 한다고 대답했다. 그러나 부처님은 그 두 제자들을 두고 그렇게 걸식을 하면 안 된다고 "차제걸이 하라" 말씀하신다.

　　　　차제걸이란 부자든 가난하든 주든 주지 않든 수행자는 어떤 집 앞에 서면 분별심을 내지 않고 차례로 일곱 집까지만 들러 밥을 빌어야 하는 것이다. 일곱 집까지 가기 전에 공양을 충분히 얻으면 그냥 돌아오고, 일곱 집을 들렀는데 못 얻었어도 그대로 돌아와야 한다. 일곱 집을 들렀는데도 공양을 못 얻었다면 그 이유는 두 가지 측면에서 생각해야 한다. 하나는 수행자에 대해서 사람들이 불만이 있다는 것으로 반드시 돌아와서 내 수행을 반성해야 한다. 다른 하나는 성중에 있는 사람들이 정말 자기도 먹을 것이 없어서 굶고 있기 때문에 공양을 줄 수가 없을 때이다. 그럴 때는 그들과 함께 수행자도 굶어야 한다. 불가에서 '칠가식'이라고 하는 것은 여기서 유래한 것이다.

　　　　공양을 마치고 다시 고요히 선정에 들었는데 어느 날 수보리가 부처님의 그러한 일거수일투족을 보고 크게 깨달음을 얻었다. 부처님의 법문에 의해서가 아니라 부처님의 그 하나하나의 행동하심이, 바로 미래 모든 수행자들을 염려하고 그들을 보살피는 마음이었다는 것을 깨달은 것이다. 수보리가 "희유하십니다. 세존이시여!" 하고 찬탄하니 부처님이 "그렇다. 수보리야, 네가 말한 대로 그렇다." 하며 수보리의 그 깨달음을 인정한다. 그리고 수행자는 어떻게 살아가야 되는 지를 설명한 것이 금강경이다.

아난다의 사랑

　　　　경전 상에 나오는 일화 가운데 초창기에 일어났던 사건으로 부처님의 시자 아난다의 사랑에 얽힌 이야기가 있다. 아난다는 워낙 인물이 고운데다가 마음씨도 온화하고 부드러워 많은 여자들이 따랐다고 한다. 어느 날 아난다가 성 안에서 탁발을 마치고 어떤 마을의 우물가에서 물긷는 처녀에게 물을 청하여 마셨다. 아난다가 물을 마시고 돌아간 후 그 처녀는 그만 아난다의 용모에 반해 상사병에 걸리고 말았다. 그래서 주술사인 자기 어머니에게 아난다를 남편으로 맞을 수 있게 해 달라고 졸랐다. 주술사는 주술을 걸어서 아난다의 정신을 혼란스럽게 만들어 자연스럽게 아난다 스스로 그 처녀의 집으로 찾아오도록 하였다. 아난다가 그 곳에 가 있는 동안 기원정사에서는 아난다가 탁발을 나갔다가 아직 돌아오지 않았다는 것을 알았다. 부처님은 천안으로 아난다가 있는 곳을 보고 문수 보살에게 아난다를 그녀의 집으로부터 구해 오도록 명하였다고 한다. 이 모습도 조각되어 사르나트 박물관에 보관되어 있다.

친쟈의 임신

부처님이 이 곳 기원정사에 머물며 교화한 지 몇 년째가 되자, 수많은 이교도들은 부처님을 시기하여 여러 가지 음모를 꾸며 부처님을 위해(危害)하고 승단을 모함하려 하였다. 그래서 친쟈라는 여인을 불교 신자로 가장하여 날이 저물면 기원정사에 들어가게 하고 새벽이 되면 나오는 모습을, 사람들 눈에 띄게 반복시키고는 배가 점점 불러오는 모습을 주위 사람들에게 인식시켰다. 그러던 어느 날 부처님이 많은 대중들 앞에서 법을 설하고 있는데, 그 여인이 불쑥 나와 "어찌 법만 설하시고 우리 사이에서 태어날 아이에는 마음을 쓰지 않으십니까?" 하고 소리쳤다. 순간 대중들은 의아한 눈초리로 숨을 죽이고 있는데, 홀연히 허리에 둘렀던 끈이 끊어지며 배에 차고 있던 바가지가 굴러 떨어져 그 여인은 망신만 당하고 사건은 무마되었다고 한다.

손타리 여인의 죽음

기녀 손타리 여인을 돈으로 매수하고 불교 신자로 가장시켜 정사를 드나들게 한 후 여인을 죽여 정사 근처에 묻었다. 그리고 손타리가 마을에서 없어졌다고 소문을 내고는 정사 근처에서 시신을 찾아내어, 부처님이 불륜을 감추기 위해 손타리를 죽였다고 모함을 하였다. 해결 방법이 없던 이 사건은 크게 비화되어 교단이 위기에까지 처하게 되었는데, 비사카 부인과 수닷타 장자의 노력으로 일 주일만에 범인을 잡아 자백을 받으므로 해결되었다. 범인들은 취중에 서로 다투다가 범행에 대한 발설을 스스로 하였다고 한다. 이 사건으로 부처님과 승단은 더욱 신임을 받았으나 이교도의 시기심 때문에, 그 이후에도 이와 유사한 사건들은 종종 일어나곤 하였다.

가난한 여인의 등

프라세나짓 왕은 부처님이 기원정사에서 안거하는 석 달 동안 부처님과 그 제자들에게 옷과 음식과 침구와 약을 공양하였고, 안거가 끝나는 날에는 수만 개의 등불을 밝혀 연등회를 베풀었다. 그런데 성실하지만 너무 가난하여 이집저집을 다니며 품을 팔아 겨우 입에 풀칠하며 살던 한 여인이 온 성안이 떠들썩한 것을 보고 지나가는 사람에게 무슨 일이 있느냐고 물어보았다. 국왕이 부처님을 위해서 연등회를 열고 있다고 말하자, 그 여인은 '저렇게 복을 많이 지으니 내생에도 큰 복을 받겠구나. 나는 이생에도 박복하여 가난하고, 또 복을 지을 수도 없으니 내생에도 박복하겠지. 나도 등불을 하나 켜서 부처님께 공양해야겠다.' 하고 생각을 냈다.

그 여인이 품삯으로 받은 동전 두 닢으로 기름을 사려고 하니 기름집 주인이 하도 의아하여 두 닢 어치의 기름으로 무엇을 하려고 하느냐고 물었다. "이 세상에서 부처님을 만나 뵙기란 참으로 어려운 일입니다. 이제 그 부처님을 뵙게 되니 얼마나 다행한 일입니까? 나는 가난해서 아무것도 공양할 것이 없으니 등불이라도 부처님께 공양하려고 합니다." 하고 말하자 주인은 기름을 곱절이나 더 주었다. 여인은 그 기름으로 작은 등불을 만들어 부처님이 다니는 길목의 한 구석에 소중히 두었다. 그리고는 두 손 모아 합장하고 '보잘것없는 등불이지만 이 공덕으로 다음 생에는 나도 부처가 되어지다.' 라고 기도를 올렸다.

밤이 깊어지자 등불이 하나씩 둘씩 꺼졌다. 시간이 지나면서 다른 등불은 다 꺼졌는데 그 여인이 밝혀 놓은 등불만이 영롱하게 빛나고 있었다. 아난 존자는 그 등불을 끄려 하였으나, 아무리 애를 써도 끌 수가 없었다. 이 모습을 본 부처님이 아난다에게 말씀하였다. "아난다여, 부질없이 애쓰지 말아라. 그것은 비록 작은 등불이지만 마음 착한 여인의 넓고 큰 서원과 정성으로 켜진 것이기 때문이다. 그 여인은 그 등불의 공덕으로 오는 생에는 반드시 부처가 될 것이다."

이 말씀은 삽시간에 쉬라바스티 성으로 퍼져나가 프라세나짓 왕에게까지 전해졌다. 그러자 왕은 "부처님, 그 여인이 작은 등불 하나를 켠 공덕으로 부처가 된다면, 저는 석 달 동안이나 부처님과 스님들께 보시를 하고 수천의 등불을 밝혔습니다. 저에게도 미래에 부처가 되리라는 예언을 주십시오"하고 부처님에 말씀드렸다. 그러자 부처님은 차분하되 절도 있는 목소리로 왕에게 말씀하였다. "대왕이시여, 불도란 쉽고도 어려운 것이오 그것은 하나의 보시로도 얻을 수 있는 것이지만 수천의 보시로도 얻지 못하는 경우가 있소 불도를 얻기 위해서는 백성을 위해 선정을 베푸시오 많은 사람들에게 보시하고 선행을 쌓으며 스스로 겸손하여 남을 존경해야 하오 그러나 절대로 자기가 쌓은 공덕을 내세우거나 자랑해서는 안 되오 이와 같이 오랜 세월을 닦으면 뒷날 언젠가는 부처가 될 것이오"

훌륭한 왕

프라세나짓 왕이 부처님에게 예배를 하고 어떻게 하면 이 세계에서 제일 가는 훌륭한 왕이 될 수 있는가에 대해 질문을 드렸다. 그 당시 백성이란 왕의 마음이 움직임에 따라 마음대로 할 수 있는 그런 한갓 소유물에 불과하였다. 부처님은 "백성을 외아들 사랑하듯이 사랑하십시오" 또 "타인의 불행 위에 자신의 행복을 쌓아서는 안 됩니다."라고 말씀하였다. "항상 가난한 사람을 돕고 외로운 사람을 돕는다면 특별히 따로 무엇이 되기·위해서 애쓸 필요가 없으며, 삿된 소견을 갖게 되면 나라를 다스리기는커녕 오히려 자신의 한 몸도 바르게 하지 못한다."는 설법을 하였다. 우리의 행복은 반드시 타인의 불행과 연관되어 있기 때문에 타인의 불행 위에 자신의 행복을 쌓는 삶을 살아서는 안 된다는 것은 우리 사회가 갖는 가장 큰 모순을 직시하고 한 말씀이다. 부처님은 절대 왕정 시대에 왕에게 이런 말씀으로 가르침을 주었다.

연화색녀

어느 가난한 집에 아주 아름다운 여자 아기가 태어났다. 너무 가난했기 때문에 그 어린아이는 나이 차이가 나는 부잣집 남자에게 일찍 시집을 가서 예쁜 딸을 낳고 잘 살고 있었다. 그런데 그만 그 여자의 친정 아버지가 일찍 돌아가시는 바람에 친정 어머니는 의지할 곳이 없어졌다. 그래서 딸이 어머니를 모시고 살게 되었는데, 어느 날 자기 남편하고 어머니 사이에 무슨 일이 일어난 것이다. 이 일을 눈치 챈 딸은 기가 막히고 하늘이 무너지는 것 같았다. 한 남자를 두고 한 집에서 딸과 어머니가 시기 질투하며 살아야 한다는 것에 환멸을 느끼자 집을 뛰쳐나와 버렸다.

그 여자는 그 곳을 멀리 떠나 다른 도시로 가서 살았는데 워낙 아름다웠기 때문에 어떤 장자와 재혼을 하게 되었다. 어느 날 남편이 장사하러 간다고 먼 길을 떠났을 때, 남편 친구가 찾아와 유혹하려고 했다. 여자가 거절하니까 남편 친구가 말하길 당신 남편도 타지에 가서 바람을 피우는데 미안할 것 없다는 것이다. 지난 번 장사 갔다가 도둑을 맞아 장사 밑천을 다 잃어버렸다며 돌아왔을 때, 사실은 아름다운 어린 여자와 살림을 차리느라고 돈을 탕진한 것이란다. 너무도 놀란 나머지 남편이 돌아오자 자초지종을 들어보기로 하였다. 그랬더니 자기와 너무 닮은 아이가 있어

취했다는 것이다. 여자는 남편이 너무 좋아하는 것 같아서 데려와 같이 살자고 제안하였다. 데려와 살아보니 마음씨도 착하고 자기가 봐도 아이가 아주 예쁘고 참했다. 그래서 서로 정도 나누며 이런 저런 얘기를 하다보니까, 자기가 두고 나온 전 남편의 딸이였다. 이번에는 자기 딸과 또 한 남자를 두고 시기 질투해야 될 이런 처지에 놓인 것이다. 전에는 어머니와 이번에는 딸과 관계가 얽히니 도대체 삶이 무엇인가 하며 다시 절망에 빠져 그 곳을 뛰쳐나와 유녀가 되고 말았다. 그리고는 마음 속 깊이 남자에 대한 적개심과 복수심을 쌓았다.

그런 마음으로 남자를 유혹하고 휘어잡아, 많은 남자들이 그녀와 한 번 놀아보는 게 소원이 되었다. 그녀는 엄청난 부를 쌓은 것은 물론 연화색녀라는 이름으로 일약 사교계의 여왕이 되었고, 유녀를 500명이나 거느리고 남자를 유혹하고 있었다. 어느 날 부처님이 이 도시로 오신다는 소문을 듣고 이교도들이 연화색녀에게 엄청난 돈을 주며 부처님을 유혹하여 파계하도록 부탁을 하였다. 사실 연화색녀에게는 맞수를 만난 아주 좋은 기회였다. 또한 전에는 남자에게 일방적으로 당했다는 피해 의식이 있어 보복하려는 마음이었으나, 세월이 지나고 보니 지위가 높든, 돈이 많든, 잘 생겼든 남자라는 게 별거 아님을 안 것이다. 그러니 감히 부처님을 대적할 생각을 한 것이다.

부처님이 다 떨어진 가사를 입고 마치 거지 떼처럼 뒤에 500명의 제자들을 거느리고 이 도시로 들어오자, 화려한 옷을 입고 마차에 500명의 유녀를 태운 연화색녀는 우연히 마주친 것처럼 길을 막고 부처님에게 말을 건넸다. "당신은 사람들을 조복시켜서 자기 제자를 만들지만, 나와 내 제자들은 남자를 조복시켜 마음껏 데리고 놀 능력이 있습니다." 그러자 부처님은 여인을 가만히 쳐다보며 "여인이여, 당신의 마음 속에는 공허함이 있습니다. 당신은 남자에게 복수를 하고 있다고는 하지만, 결국 당신과 똑같은 여인만 만들고 있습니다. 수많은 여인에게 눈물을 흘리게 만들고 있을 뿐입니다." 이렇게 말씀하였다.

이 말씀을 듣자 그 동안 남자를 짓밟아 통쾌한 듯 살아온 것 같았지만, 사실 항상 가슴이 텅 빈 것 같은 허전한 마음이 자리하고 있었음을 깨달았다. 그녀는 부처님 말씀이 떨어지기가 무섭게 마차에서 내려 부처님 발 아래 엎드려 출가하기를 발원했다. 또한 그 자리에서 부처님 설법을 듣고 유녀 500명이 출가한 대 사건이 벌어진 것이다. 유녀가 부처님의 제자가 되었다는 이유로 교단에 아무도 공양을 올리려 하지 않아 어려움이 있었으나, 이 유녀는 나중에 아라한과를 얻어 유명한 비구니가 되었다. 이런 것들을 보면서 부처님이 그 당시 사회의 통념과 관념을 어떻게 뚫고 나갔는지를 알 수 있다.

외롭게 병든 비구

어떤 한 비구가 항상 자기만이 똑똑하고 잘났다고 생각하여 다른 대중들과 어울리지 않으려고 했다. 그러니 자연적으로 다른 비구들도 그를 가까이 하지 않았다. 어느 날 그 비구가 무척 아파 누워 있었으나 아무도 그를 돌보려하지 않았다. 결국 부처님이 찾아가 손수 그 비구를 돌보는 것을 보고 다른 비구들은 죄송함을 느꼈다. 부처님은 "대중과 함께 하지 못하면 남을 보살피지 못한다. 그리고 자기가 도움을 필요로 할 때 도움을 받을 수가 없다. 외롭게 병든 비구를 자비심으로 돌보는 것은 얼마나 좋은 일인가" 하고 비구들에게 두 가지로 말씀하였다.

사랑의 모순

어느 날 부처님을 존경하고 따르던 비사카 부인이 비를 흠뻑 맞고 울며 찾아왔다. 사랑하는 손자가 죽어 하늘이 무너지듯 마음이 아프다고 하소연하였다. 부처님은 "당신은 손자만큼 사랑하는 사람이 한 명 있는 것이 좋습니까, 두 명 있는 것이 좋습니까?" 하고 물었다. "두 명 있는 것이 좋습니다." 다시 부처님은 "사랑하는 사람이 두 명 있는 것이 좋습니까, 열 명 있는 것이 좋습니까?" 하고 물었다. "물론 열 명이 있으면 더 좋습니다." "그렇다면 당신이 진정으로 사랑하는 사람이 이 사위성에 사는 사람들만큼 많다면 행복하겠습니까?" 하고 물으니 "그렇다면 이 세상에서 제일 행복할 것입니다." 하고 대답하였다. 부처님께서 또 "이 사위성에서는 하루에 몇 명이나 죽습니까?" 하고 묻자 "적어도 하루에 한 명씩 아니 열 명은 죽을 것입니다." 하고 대답하였다. "만약에 당신의 사랑하는 자손들이 사위성의 사람만큼 많다면, 당신은 매일 눈물로 지새울 수밖에 없습니다. 부인이여, 내가 무엇을 말하는지 알겠습니까?" 하고 말하자 부인의 어둡고 슬펐던 얼굴은 밝은 표정으로 바뀌어 부처님에게 예배하고 돌아갔다고 한다. 우리는 자신의 마음 가운데 있는 모순을 잘 알아야 한다.

사람이 죽지 않는 곳

천민 출신인 여인이 아이 없는 부잣집에 아이를 낳아주곤 아주 편안하게 살고 있었다. 그런데 그 아이가 일곱 살이 되자 죽어버린 것이다. 이 여인은 죽은 아이를 안고 거의 실성하여 내 아들을 살려달라고 돌아다녔지만 누구도 살릴 수가 없었다. 그런데 어떤 사람이 부처님한테 한 번 가 보라고 해서 이 여인은 한 걸음에 달려왔다. 부처님이 이 여인을 보더니 "저 사위성에 가서 겨자씨 한 움큼만 얻어오너라. 그러면 너의 아들을 살려주겠노라." 하였다. 뛸 듯이 기뻐하는 여인을 보고 부처님은 그런데 그 겨자씨는 사람이 죽지 않는 곳에 가서 얻어와야만 한다고 다시 일렀다. 아들을 살릴 수 있다는 생각에 그 여인은 성내로 들어가 집집마다 돌며 겨자씨 한 움큼을 달라고 하였다. 그러나 겨자씨는 얻을 수 있었지만 "이 집에서 사람이 한 번도 안 죽었습니까?" 하고 물어보면 모두 죽었다고 대답하였다. 그래도 아이를 살린다는 마음에 희망을 버리지 않고 마지막 집까지 돌았다. 사위성 맨 마지막 끝 집에서 그 주인이 "에이, 여보시오 사람이 안 죽은 집이 어디 있소"하고 여인을 나무라는 소리에 여인은 문득 얼굴이 밝아졌다. 그래서 이 여인은 춤을 추며 돌아와 그 깨달음의 노래를 부처님에게 받쳤는데 그 곳 또한 이 곳이다.

생명의 귀중함

어느 날 부처님이 사위성으로 공양을 얻으러 마을로 가다가 어린아이들이 게를 한 마리 잡아 빙 둘러앉아 놀고 있는 모습을 보았다. 아이들이 게를 건드리자 게가 집게발을 사방으로 움직이며 위협하였다. 애들이 물릴까봐 겁이 나서 손을 획 치우며 소리를 지르면서도 즐거워했다. 그 때 한 용감한 아이가 앞으로 나서 게의 집게발을 떼어버리고 으시대자 아이들은 큰 박수를 쳐주었다. 부처님이 이 모습을 보더니 아이들을 불러 모아놓고 "애들아, 너희들 중에 누군가가 너희 팔을 비틀어서 떼어버리거나 다리를 비틀어서 떼어버리면 어떻겠느냐?" "예, 매우 아픕니다." "그런 모습을 너희 부모가 보면 어떻겠느냐?" "우리 부모님도 가슴이 아픕니다." "그와 같다. 그 게도 얼마나 아프겠으며, 그 게에게도 자식이 있거나 부모가 있거나 형제가 있을 것이다." 이렇게 말씀하자 분위기가 숙연해졌다. 불살생 계율을 그 삶 속에서 아이들이 이해할 수 있게 생명의 귀중함으로 말씀하고, 그런 장난을 하지 않도록 하였다.

석가족의 멸망

석가족은 부처님 당시에 3백여 개의 작은 도시 국가에 속하였다. 석가족을 포함한 이 지역의 패권은 코살라 국 프라세나짓 왕이 가지고 있었다. 이런 보호국들은 결혼 동맹을 하여 다스리곤 한다. 석가족의 경우도 공주를 보내 코살라 국의 왕과 결혼을 시켜야 했는데 자존심 때문에 왕족의 처녀 대신 궁녀를 보내고 말았다. 그 사이에서 태어난 왕자가 비루다카(Virudhaka)였다. 이 왕자는 대 코살라 국의 왕자로 극진한 대우를 받았지만, 외가에 놀러가면 무언가 심상치 않은 기운을 느꼈다. 결국 왕족이 아닌 천민의 자식이라고 비아냥거리는 소리를 듣고 어린 왕자는 심리적으로 큰 충격을 받게 되었다.

비루다카 왕자는 자라서 아자타삿투 왕자처럼 부왕을 제치고 왕위를 찬탈하였다. 비루다카는 왕이 되자 원한이 맺혔던 카필라 성을 침범하였다. 이 때 부처님은 그늘 한 점 없는 여름 땡볕 아래 앉아 있었는데 왕이 부처님을 뵙고는 그만 퇴각하고 말았다. 그 당시에는 전쟁 중 대사문을 만나면 가던 길을 돌아가 침범하지 않았다고 한다. 부처님 때문에 두 번을 퇴각했던 비루다카 왕이 세 번째 침공을 하자 부처님은 길에 앉아 있지 않았다고 한다.

카필라 성을 침공한 비루다카 왕은 석가족을 완전히 소멸시키려고 하였다. 이 모습을 지켜보던 부처님의 사촌 동생인 마하라 왕은 비루다카 왕에게 한 가지 청을 하였다. 내가 이 연못 속에 들어가 나오지 않을 동안까지만이라도 여기 있는 석가족들을 도망가게 하여 주고, 그리고 내가 물 속에서 나오면 그 때 따라가 죽이라고 하였다. 비루다카 왕은 몇 분 정도라고 생각하고 허락했는데, 아무리 기다려도 마하라 왕은 나오지 않았다. 마음이 급한 나머지 연못의 물을 다 퍼내었는데 왕은 물 속에 들어가서 자기 머리를 풀어 나무 뿌리에 꼭 묶고 죽어버린 것이다.

비루다카가 그 모습을 보고 감동하여 더 이상 도망간 석가족을 쫓지 말라고 하였다고 한다. 석가족은 이렇게 멸족되었고, 그 때 구사 일생으로 피할 수 있었던 사람들이 오늘날 석가족으로 히말라야 산 속으로 또는 남쪽으로 흩어져서 남아 있다.

마음에 머문 바 없이

(법회를 이룬 이유)

이와 같이 내가 들었다. 한 때 부처님께서 사위국 기수급고독원에 계시사 대비구중 천이백오십
인과 함께 하셨다. 그 때는 세존께서 공양하실 때라 큰 옷 입으시고 발우 가지시어 사위대성에 들어
가시사 밥을 비시는데, 그 성중에서 차례로 비시옵고 본 곳으로 돌아오시어 공양을 마치신 뒤 의발
을 거두시고 발을 씻으신 다음 자리를 펴고 앉으셨다.

(수보리 법을 청하다)

그 때에 장로 수보리가 대중 가운데 있더니 곧 자리에서 일어나 오른쪽 어깨에 옷을 벗어 메고
오른쪽 무릎을 땅에 꿇으며 합장 공경하면서 부처님께 말씀드렸다.

"희유하오이다. 세존이시여, 여래께서는 모든 보살들을 잘 호념(護念)하시오며 모든 보살들에게 부촉하시옵니다. 세존이시여, 선남자 선여인이 아뇩다라삼먁삼보리심을 발하오니 마땅히 어떻게 머물며 어떻게 그 마음을 항복받으오리까?" 부처님께서 말씀하시었다.

"옳다, 옳다 수보리야, 참으로 네 말과 같아서 여래는 모든 보살들을 잘 호념하였으며 모든 보살들에게 잘 부촉하느니라. 너는 자세히 들거라. 이제 마땅히 너를 위하여 설하리라. 선남자 선여인이 아뇩다라삼먁삼보리심을 발하였으면 마땅히 이와 같이 머물며 이와 같이 그 마음을 항복받을지니라."

"그러하오이다. 세존이시여, 바라옵건대 듣고자 하옵니다."

대승의 바른 종지

부처님께서 수보리에게 이르셨다.

"모든 보살마하살은 응당 이와 같이 그 마음을 항복받을지니라. '있는 바 일체 중생 종류인 혹 태(胎)로 생기는 것, 혹 알(卵)로 생기는 것, 혹 습(濕)으로 생기는 것, 혹 화(化)하여 생기는 것, 혹 형상 있는 것, 혹 형상 없는 것, 혹 생각 있는 것, 혹 생각 없는 것, 혹 생각이 있는 것도 아니요, 없는 것도 아닌 것들을 내가 다 하여금 무여열반(無餘涅槃)에 넣어서 멸도(滅度)하리라. 이와 같이 한량없고 셀 수 없고 가없는 중생을 멸도하나 실로는 멸도를 얻은 중생이 없다.' 하라. 어찌한 까닭이냐? 수보리야, 만약 보살이 아상(我相)과 인상(人相)과 중생상(衆生相)과 수자상(壽者相)이 있으면 이는 보살이 아니니라."

(머문 바 없는 마음)

"그리고 또 수보리야, 보살은 마땅히 법에 머문 바 없이 보시(布施)를 행할지니, 이른바 형상에 머물지 않은 보시이며 성(聲)·향(香)·미(味)·촉(觸)·법(法)에 머물지 않은 보시여야 하느니라. 수보리야, 보살은 응당 이와 같이 보시하여 상(相)에 머물지 않느니라. 어찌한 까닭이냐? 만약 보살이 상에 머물지 않고 보시하면 그 복덕은 가히 생각으로 헤아릴 수 없느니라. 수보리야, 어떻게 생각하느냐, 동쪽 허공을 가히 생각으로 헤아릴 수 있느냐?"

"못하겠습니다. 세존이시여."

"수보리야, 남서북방과 사유(四維)와 상하 허공을 가히 생각으로 헤아릴 수 있느냐?"

"못하겠습니다. 세존이시여."

"수보리야, 보살의 상(相)에 머무름이 없는 보시의 복덕도 또한 다시 이와 같아서 생각으로 헤아릴 수 없느니라. 수보리야, 보살은 자못 마땅히 가르친 바와 같이 머물지니라."

(바른 도리를 실답게 봄)

"수보리야, 어떻게 생각하느냐? 너는 몸모양으로써 여래를 볼 수 있겠느냐?"

"못 보겠습니다. 세존이시여, 몸 모양으로써 여래는 볼 수 없습니다. 왜냐 하오면 여래께서 말씀하시는 바 몸모양은 곧 몸모양이 아니옵니다." 부처님께서 수보리에게 이르셨다.

"무릇 있는 바 상(相)은 다 이것이 허망하니 만약 모든 상이 상 아님을 보면 곧 여래를 보리라."

(바로 믿기 희유하다)

수보리가 부처님께 여쭈었다.

"세존이시여! 중생들이 부처님의 말씀을 듣고 참된 믿음을 일으키겠습니까?"

부처님께서 수보리에게 말씀하셨다.

"수보리여! 그런 말을 하지 말라. 여래가 열반한 뒤, 오백 세가 지나도 계율을 지키고 복을 짓는 자가 있으면 이 법문의 말씀을 듣자마자 능히 믿음을 일으켜 참답게 믿을 것이다. 그대는 알지어다. 이 사람이 한 부처님이나, 둘, 셋, 넷, 다섯 부처님에게만 선근을 심은 것이 아니라, 이미 한량 없는 부처님이 계시는 곳에서 선근을 심었기 때문에, 이 법문의 한 마디로도 한 생각에 깨끗한 믿음을 내느리라.

수보리여! 여래께서는 이 모든 중생이 이와 같이 헤아릴 수 없는 복덕을 얻으리라는 것을 다 아시느니라. 무슨 까닭인가 하면, 이 모든 중생은 이미 아상·인상·중생상·수자상이 없으며, 법상도 없고, 법상이 아닌 것도 없기 때문이니라. 왜 그런가 하면, 이 모든 중생이 만약 다음에 어떤 상을 낸다면, 그는 곧 아상·인상·중생상·수자상에 집착한 것이다. 또 법의 상을 내더라도, 곧 아상·인상·중생상·수자상에 집착한 것이니라.

무슨 까닭인가? 법아닌 것을 취할 지라도 곧 아상·인상·중생상·수자상에 집착하게 되기 때문이니라. 이런 까닭으로, 법에 집착하지도 말며, 법아닌 것에도 집착하지 말라. 그래서 여래가 항상 말씀하시기를 모든 설법이 뗏목의 비유와 같다고 하셨다. 이를 아는 사람은 당연히 법조차 버릴 진대, 하물며 법 아닌 것에 이르러서랴!"

『금강경』

쉬라바스티의 유적들

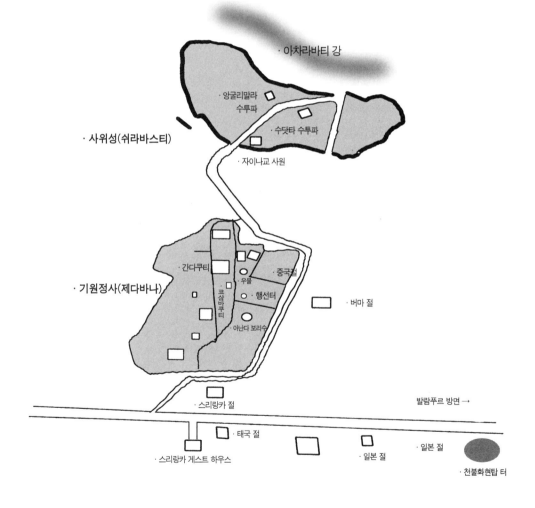

천불화현탑터(千佛化現塔址)

부처님이 라즈기르에 머물고 있을 때, 제자들은 사위성 사람들을 교화하기 위한 방편으로 무엇인가 기적을 보여달라고 간청하기에 이른다. 그래서 부처님은 "지금부터 4개월 뒤에 쉬라바스티 동쪽 암라 숲에서 신통을 보이겠노라."고 선언한다. 4개월 후 많은 군중이 모인 가운데 부처님은 이교도들과 신통력을 견주게 되었는데, 그 때 부처님은 망고를 먹고 그 씨를 땅에 심어 순식간에 싹을 틔워 거목으로 자라게 한 후, 꽃을 피우고 열매를 맺게 하였다. 그리고 그 망고 열매가 전부 부처님 모습으로 변하게 하는 기적을 보였다. 이 때 천 분의 부처님이 나타났다고 하여 천불화현이라고 한다. 이로 인해 많은 사람들과 이교도들이 부처님의 위신력과 부사의함을 찬탄하여 부처님

· 망고나무에 천불화현의 기적을 보인 곳으로 탑은 전부 허물어지고 커다란 동산이 되었다.
　이 곳에 올라가 사방을 둘러보면 과연 지구가 둥글다는 것을 실감하게 된다.

에게 귀의하게 되며, 결국 자이나교도였던 프라세나짓 왕도 부처님의 감화를 받아 불교에 귀의하는 동기가 된다. 그래서 사위성은 천불화현의 모습으로 상징된다.

　　　　이 탑터는 기원정사와 약 1Km 정도 떨어져 있는 거리로 사위성 밖에 위치하고 있다. 이 탑은 천불화현의 기적을 기리기 위하여 세운 것인데, 아쇼카 왕이 불적지를 기념하며 세운 탑 중에 가장 큰 것이라고 추정하고 있다. 지금은 허물어져 큰 동산을 이루고 있는데, 쌓여 있는 벽돌로 미루어 보아 어마어마하게 큰 탑이었음을 짐작하게 한다. 이 탑 위에 올라가 사방을 둘러보면 지구가 둥글다는 것을 알 수 있을 정도이다. 이 곳에서 설한 부처님 법은 아직도 빛나는데, 허물어진 탑터를 보니 물질로 이루어진 모든 것은 제행무상(諸行無常)이라고 하신 말씀이 새롭다.

기원정사 (祇園精舍)

　　　　기원정사는 인도말로는 제다바나(Jetavana) 즉 제다의 숲이라고 한다. 제다 태자가 제공한 숲과 급고독 장자가 세웠다고 하여 기수급고독원이라고 하였는데, 그것을 줄여 기원정사가 된 것이다. 급고독은 외로운 이를 돕는 자라는 뜻으로 인도 말로는 '아난드 핀디카'라고 하며 수닷타 장자의 별명이다. 수닷타는 장사를 하여 이익을 남기는 장사꾼이다. 그런데 전 재산을 다 바쳐 부처님에게 공양드리며 불법에 귀의하는 자세는 지금 우리 마음의 자세와 견주어 볼 만하다.

　　　　부처님이 성도 후 3년 마가다 국 라즈길 죽림정사에 머물고 있을 때의 일이다. 쉬라바스티에 살고 있는 거부 수닷타 장자가 장사 차 라즈길에 갔다가 친구 집에 들르게 되었다. 예전 같으면 모든 일을 그만두고 자신을 접대하는 친구였는데, 오늘은 조금 기다리라고 하는 전갈만을 남긴 채 영 나타나지 않는 것이었다. 한참 지난 연후에 나타난 친구에게 집에 무슨 큰 일이라도 있느냐고 물으니까, 내일 부처님과 그 제자들에게 올릴 공양을 준비하고 있었기 때문에 정신이 없었다며 사과하였다.

      그 날 저녁 친구로부터 일체를 깨달은 부처님이 온다는 것과 더불어 부처님에 대한 이야기를 듣고는 마음이 설레어 장자는 그만 잠을 설치고 말았다. 날이 밝을 때까지 기다릴 수가 없어 밖으로 나왔지만, 순간 칠흑 같은 어두움에 두려움을 느껴 전율하였다. 그러나 부처님을 생각하며 산책을 하다가 마침 명상하고 있는 부처님의 모습을 보게 되었다. 수닷타는 '이 분이 부처님일 것' 이라고 생각하고 경배를 드렸다. 그 때 부처님은 "어서 오너라, 수닷타여. 내 이미 그대를 기다린 지 오래 되었느니라." 하였다.

· 수닷타 장자가 부처님을 위해 마련한 기원정사로 주변에는 숲이 우거지고 밝고 안온하여 수행처로 적합한 곳이다.

　　부처님의 설법을 듣고 깨달음을 얻은 수닷타 장자는 부처님께 간청하였다. "부처님이시여! 저희 도시는 귀가 열린 사람은 있지만 성인이 없어 좋은 법문을 듣지 못해서 어리석은 사람이 많습니다."하며 사위성에 와서 교화해 주고 공양받기를 간청하였다. 부처님이 청을 수락하자 그 길로 수닷타 장자는 사위성으로 돌아간다. 고향으로 돌아오자 부처님과 그 제자들이 머물 처소를 물색하던 중, 거리도 사위성과 적당히 떨어져 있고 번잡하지도 않은 아름다운 동산을 발견하게 되었는데, 그 곳은 코살라 국의 제다 태자의 소유였다.

　　제다 태자에게 찾아가 무조건 그 동산을 팔라고 하자 장사꾼의 안하무인 작태에 태자는 거절하고 만다. 수닷타는 수 차례를 찾아가 애걸하였으나 거절당하자 "값은 얼마든지 치를 것이니 저에게 파십시오"하고 흥정을 하였다. 그러자 태자는 팔지 않을 요량으로 "만일 그 동산을 전부 황금으로 깔아 덮어버린다면 팔겠다."하고 제안하였다. 물론 황금으로 깐다면 그 값어치는 땅값의 수천 배가 되겠지만 일단 흥정은 이루어진 것으로 보아야 한다.

　　수닷타 장자는 말이 떨어지기가 무섭게 수락하고 자신의 전 재산을 황금으로 바꾸어 수레에 가득 싣고 동산 바닥에 깔기 시작했다. 그러나 황금은 턱없이 모자랐다. 결국 태자는 장자의 정성에 탄복하여 그 동산을 사려고 하는 이유를 묻게 되었다. 이 곳에 부처님이 머물 정사를 지으려고 한다는 설명을 듣고는, 이 동산을 기증하겠다고 한다. 부처님은 도를 이루고 3년째 되던 해 사위성에 첫발을 디딘다. 그 이후 이 곳은 부처님의 중요한 활동 근거지가 되었다. 경전 상에 쉬라바스티를 배경으로 한 일화가 많고 또 많은 경전을 설할 수 있었던 것은 부처님이 45년 간의 교화 여정 중에 이 곳 사위성에서 24안거를 보냈기 때문이다. 그 중에 19안거를 수닷타 장자가 부처님을 위해서 마련한 기원정사에서 머물렀는데 주변에는 숲이 우거져 있고 밝고 안온하여 수행처로 아주 적합한 장소로 부처님이 사랑하였던 곳이라고 한다.

아난다의 보리수

　　기원정사 유적지의 남쪽 문으로 들어가면 스투파 옆에 보리수가 서 있다. 아난다가 부다가야에서 부처님이 앉아서 성도하였던 보리수의 묘목을 발우에 담아 이 곳에 옮겨 심었다고 해서 아난다의 보리수라고 불리운다. 부처님은 일 년 중 우기에만 이 곳에 머물렀기 때문에 부처님이 타지에 있을 때 많은 승려들과 신자들은 부처님을 몹시 그리워하였고 항상 가까이 모시기를 원하고 있었다. 그래서 부처님은 부다가야에 있는 보리수 묘목을 가져다 심는 것을 허락하였고, 부처님이 없을 때는 이 보리수를 부처님으로 생각하고 참배하고 경배하였다고 한다.

간다쿠티 *Gandhakuti*

　　간다쿠티는 최초의 승원터로 지금은 불에 타 없어졌다. 부처님이 천불화현의 신통력을 보인 후 도리천에 계신 어머니 마야 부인에게 설법하려고 천상으로 올라가자, 프라세나짓 왕

· 부처님의 향실터로 간다쿠티라고 하며 이곳에서 금강경을 설하였다.

은 부처님이 너무 그리워 향목으로 불상을 조성하여 부처님이 항상 머물러 있던 이 곳 향전(香殿)에 모셔 놓고 경배하였다고 한다.

대승 불교에서는 이 때 불상이 처음 만들어졌다는 전설을 사실로 받아들이고 있다. 그러나 현대 고고학에서는 부처님이 열반에 든 후 4~5백 년 후 간다라 미술의 영향을 받아 시작된 것으로 밝히고 있다.

기원정사의 우물

아난다는 이 곳에서 물을 길어 부처님에게 공양드리며 발을 씻겨 드렸다. 아직도

· 아난다가 부처님에게 공양 올리던 우물로 아직도 물이 맑고 시원하다.

이 우물은 식수로 사용되고 있으며 우물 주변에는 이를 기념하는 여러 개의 스투파 유적들이 있다.

코삼바쿠티 *Kosambakuti*

도리천에서 돌아온 부처님은 간다쿠티에 불상이 있는 것을 보고 남쪽으로 20m 떨어진 소정사로 거처를 옮겼다고 하는데 따라서 코삼바쿠티를 소정사라고 추정하고 있다.

행선터(行禪址)

부처님이 19걸음을 행선하던 길쭉한 터가 남아 있는데 부다가야 대탑의 행선터와 비교하면 보폭으로 보아 이 곳이 훨씬 사실적이다. 천천히 걸어보면 부처님이 행선할 때 행보가 어느 정도인지 가늠할 수 있다.

사위성(舍衛城)의 유적들

기록에 의하면 이 성안에는 궁성 건물터와 프라세나짓 왕이 부처님을 위해 세운 대법당터(王寺)와 수닷타 장자의 집터, 앙굴리말라의 집터 등에 스투파가 세워졌다고 한다. 그러나 단지 앙굴리말라의 탑터와 수닷타 장자의 탑터만 발굴되었을 뿐 그 외의 유적은 아직 확인되고 있지 않다.

앙굴리말라 스투파 *Pakki Kuti*

기원정사에서 북쪽으로 걷다 보면 사위성 성문 유적지를 지나 오른쪽으로는 자이나교 사원이 있고, 조금 더 올라가면 앙굴리말라를 기념하는 스투파가 있는데, 앙굴리말라가 부처님을 만나 참회하고 귀의한 곳, 돌에 맞아 죽은 곳, 혹은 여인이 애를 낳던 곳이라고도 한다.

앙굴리말라는 사위성 출신으로 편잡 가까이 북인도 쪽에서 유학을 하고 있었다. 그는 지혜와 용모가 뛰어나고 수행을 아주 열심히 하는 청년이었다. 그런데 평소에 나이 많은 남편에게 싫증을 느꼈던 스승의 아내는 젊은 수행자에게 애정을 품고 있었다. 어느 날 스승이 집을 비웠을 때 스승의 아내는 그에게 넌지시 추파를 던졌으나 거절당하자 그녀는 부끄러운 생각과 분한 마음으로 앙심을 품게 되었고, 게다가 앙굴리말라가 자신의 부정한 모습을 남편에게 알릴까 두려워 오히려 앙굴리말라가 자신에게 강제로 욕을 보였다고 남편에게 거짓말을 하였다. 질투심에 화가 난 스승은 제자를 파멸시키기 위해 앙굴리말라에게 100명의 사람을 죽이고, 그 100개의 손가락을 잘라 목걸이를 만들어 목에 걸면 승천할 수 있다고 말한다. 스승의 말씀인지라 의심할 여지도 없이 앙굴리말라는 수행의 마지막 단계라는 생각으로 닥치는 대로 사람을 죽이기 시작하였고, 그 소문은 사위성을 삽시간에 공포의 도가니로 몰아넣었다. '앙굴리' 란 손가락을 뜻하며 '말라' 는 염주를 의미한다. 이 청년의 이름은 원래 따로 있으나, 이로 인해 앙굴리말라로 불리게 된 것이다.

99명을 죽이고 난 앙굴리말라가 마지막 한 명을 찾아 헤매고 있는 사이, 앙굴리말라의 어머니는 부처님을 찾아가 하소연을 하니 부처님은 그를 제도하기 위해 그의 앞에 나서게 된다. 그러자 그는 부처님을 향해 그 자리에 서라고 소리치며 달려가 죽이려고 하였으나, 평소 걸음으로 가는 부처님인데도 앙굴리말라는 도저히 쫓아갈 수가 없었다. 앙굴리말라가 제발 걸음을 멈추라고 애원하자 부처님은 "앙굴리말라여, 나

· 앙굴리말라 탑터로 앙굴리말라가 부처님에게 귀의한 곳이라고도 하며 돌에 맞아 죽은 곳을 기념하여 세운 탑이라고도 한다.

는 이미 멈춘 지가 오래 되었다. 멈추지 않은 것은 바로 너다."라고 하였다. "부처는 번뇌와 고뇌와 경계에 끄달림을 멈춘 지 오래 되었으나, 너는 멈추질 못하고 있구나." 하는 말씀을 듣고 앙굴리말라는 제 정신이 들어 참회하고 출가하여 '비폭력주의자' 라는 의미의 '아힘샤' 비구가 되었다.

어느 날 아침 직접 천 명의 군대를 일으켜 살인마를 잡으러 가던 프라세나짓 왕이

기원정사에 들러 부처님에게 경배를 드렸다. 그러한 왕에게 부처님은 "만약 앙굴리말라가 잘못을 뉘우치고 비구가 되기로 맹세하고 모든 생명을 존중한다면 어떻게 하시겠습니까?"하고 물었다. 그러자 왕은 "하늘이 무너지고 땅이 꺼져도 그런 일은 일어날 수가 없으나, 앙굴리말라가 비구로서 살생하지 않는다는 계율을 따른다면 그에게 공양과 예배를 할 것입니다."라고 대답하였다. 부처님은 바로 옆에 있는 아힘샤 비구를 왕에게 인사시키자, 왕은 조금 두려움을 느끼는 듯 했지만 곧 "부처님 공덕은 실로 미묘합니다. 힘으로도 해결할 수 없는 것을 한량없는 덕으로써 성자를 만드셨습니다."하고 부처님과 아힘샤에게 공양 예배하고 그 곳을 떠났다.

　　　살인마 앙굴리말라가 비구가 되었다는 소식이 성내에 신속히 퍼져나가자 탁발을 나온 수행자만 보면 무서워서 모두 숨어버려 일 주일이 지나도 공양을 얻을 수가 없었다고 한다. 결국 승가의 분위기가 격앙되는 듯 하였으나 부처님은 "여래가 행하는 법은 바른 법이기 때문에 세월이 흐르면 모든 일은 스스로 해결된다."고 말씀하며 지켜보라고 일러 주었다.

　　　어느 날 앙굴리말라가 탁발을 나갔다가 황급히 돌아와 부처님에게 엎드려 울음을 터트리며 흐느꼈다. 사연을 물으니 아기를 낳던 여인이 앙굴리말라가 왔다는 말을 듣자 기절을 했다는 것이다. 산모와 아기가 위험하다고 울며 흐느끼는 앙굴리말라에게 부처님은 "너는 이미 새 사람이 되었다."하며 그 여인에게 가서 "나는 이 세상에 태어나서 한 번도 살생한 일이 없다."라고 말하라고 하였다. 그래서 다시 그 여인의 집으로 가 "나는 이 세상에 태어나서 한 번도 살생한 일이 없다."라고 말하니 산모는 안심하고 애를 낳았다고 한다.

　　　앙굴리말라가 비구가 된 후에도 한동안은 그에 대한 두려움이 완전히 사라지지 않아 사람들이 그를 두려워하였지만, 세월이 흘러 그가 더 이상 무서운 존재가 아님을 알자 그 동안 원한에 맺혀있던 사람들이 그가 탁발을 나왔을 때 돌을 던져 죽여버렸다. 사실 엄청난 힘을 가지고 있던 그였지만 돌에 맞아 죽으면서도 "부처님, 저는 아무런 원망이나 후회도 미움도 없이 평온합니다." 하면서 열반에 들었는데 이것은 바로 깨달음 때문이라고 할 수 있겠다.

수닷타 장자의 탑터 *Kachchi Kuti*

앙굴리말라 스투파에서 남동쪽으로 100m 지점에 수닷타 장자의 탑터가 위치하고 있다. 왕사성의 의사 지이바카와 사위성의 수닷타 장자와 비사카 부인이 부처님이 교화 활동을 할 수 있도록 교단을 외호한 공로는 부처님의 10대 제자보다 크다고 해도 지나치지 않는다. 또 그들이 부처님 법에 귀의한 깊이도 10대 제자에 버금간다. 그들은 대승 불교의 유마 거사나 승만 부인의 모델이 되었다.

· 수닷타 장자의 탑터로 캇챠(Kacha)라는 벽돌로 여러 차례 수리되었다 하여
  현재 캇치치쿠티라고 불리우고 있다.

Sankasya

상카시아

부처님이 도리천에 올라가 3개월 간 어머니 마야 부인을 위해 법을 설한 후, 하강한 곳으로
하늘과 인간 세계를 잇는 상징적 의미를 지닌 장소로 더욱 깊은 뜻을 가지고 있다.

상카시아

Sankasya

· 아쇼카 석주 머리 부분으로 코끼리 모습을 하고 있다.
  복연으로 조각되어 있는 좌대에는 옹과 꽃 등
  여러 형상이 조각되어 있다.

부처님이 도리천(忉利天)에 올라가 3개월 간 어머니 마야 부인을 위해 법을 설한 후, 하강한 곳으로써 하늘과 인간 세계를 잇는 상징적 의미를 지닌 장소로 더욱 깊은 뜻을 가지고 있다. 이로 인하여 아쇼카 왕은 이 곳 상카시아에 많은 스투파와 대규모의 사원을 건립하였고, 또 아쇼카 석주를 세웠다고 한다.

그러나 아직은 발굴 작업이 본격적으로 이루어지고 있지 않기 때문에 불교 유적들의 흔적은 찾아볼 수가 없고, 현재 불교의 유적지로 추정되는 허물어져 있는 탑 위에 힌두 사원을 세워 링가를 모시고 있다. 그리고 남쪽으로 아쇼카 석주의 머리 부분인 코끼리 두상만이 그 곳을 지키고 있다. 상카시아를 상징하는 조각은 세 개의 계단이 있고 가운데 부처님을 모시고 좌우로 범천과 제석천이 시립하고 내려오는 모습을 그리고 있는데, 지금 이 곳에는 계단은 다 부서지고 발 모양만 세 개 남아 있을 뿐이다.

유일한 석가족의 후예로 붓다라는 성을 갖고 있는 불교인들이 이 지역에 아직 살고 있다. 인도에 불교가 없어졌을 때도 조상 대대로 불교를 믿어온 사람들이다. 이 사람들이 상카시아 근방 메인 뿌리, 이 따와란 도시에 불교 청년회(Youth Buddhist Society)를 조직해 회원이 2,000명이나 된다. 인도 전역에는 그 지부가 있으며 힌두어로 된 불교 잡지를 격월로 발간하고 있다.

상카시아
Sankasya

상카시아는 효사상과 아주 밀접한 관계가 있는 곳으로 간주하기도 한다. 부처님의 어머니 마야 부인은 부처님이 태어나자 7일만에 돌아가셨다. 부처님이 성도한 후 살아 있는 많은 사람들은 교화했지만, 이미 죽은 이들은 교화할 수가 없었다. 그래서 부처님이 쉬라바스티의 암라 숲에서 천불화현의 기적을 보인 후 홀연히 사라졌고, 아난 존자마저도 부처님이 어디 있는지 몰랐다고 한다.

그 때 부처님은 도리천에 있는 어머니를 위하여 도리천 궁에 머물면서 3개월 간 설법을 하며, 많은 천상 사람들을 위해서 깨달음의 길을 열었다. 그리고 도리천 궁에서 염부제로 내려올 때 이 상카시아로 하강한 것이다. 그 모습을 보면 보배로 된 세 개의 계단을 만들어 왼편에는 제석천(인드라)이 칠보의 일산을 받쳐들고, 오른편에는 범천(브라흐만)이 흰 불자(拂子)를 들고 양쪽으로 시립하여 부처님은 그 가운데로 내려왔다고 한다.

· 부처님이 도리천에서 마야 부인을 위해 설법하고 하강할 때의 모습을 그리고 있다. 부처님을 중심으로 제석천과 범천의 발 모습만 남아 있어 부처님 발에 예배 공양드리고 있다.

이는 대승 불교에 나오는 이야기로 부처님이 이 곳으로 내려온다는 것을 알고는 많은 사람들이 마중을 나왔는데, 어느 비구니 스님이 부처님에게 자기가 가장 먼저 부처님을 마중했다고 말씀드렸다. 그러나 부처님은 나를 가장 먼저 마중한 사람은 수보리 존자라고 말씀하며, 그는 나의 진신을 보았기 때문이라고 하였다. 수보리 존자는 영축산에 있다가 부처님이 오는 것을 알고 마중을 가려고 일어서는 순간, 제법이 공함을 깨치고 그 사리에 도로 앉아 있었다고 한다. 이와 유사한 예는 쿠시나가라에서 부처님이 사라나무 밑에 누워 있을 때, 사라나무에서 때 아닌 꽃이 피고 하늘에서는 천상의 음악이 울려 퍼지며 꽃비가 내렸는데 이것은 천상의 신들이 부처님에게 공양을 올린 것이다. 그러나 부처님은 그것은 제일의 공양이 아니며, 제일의 공양은 부처님의 가르침을 따라 정진하는 것이라고 아난 존자에게 말씀하였다. 그것처럼 부처님을 가장 먼저 친견하는 것의 깊은 의미는 법의 이치를 바로 깨닫는 것이요, 부처님은 육신이 아니라 깨달음의 지혜라고 말씀함과 같다.

　　　사대 성지 하면 태어난 룸비니, 도를 이룬 부다가야, 최초로 설법한 사르나트, 열반

· 작은 언덕 위에 힌두 사원이 세워져 있는데 아마도
　부처님이 하강한 곳이 아닌가 추정하고 있다.

한 쿠시나가라를 꼽는다. 사대 성지는 부처님의 일생과 직접 관계가 있는 곳이지만, 팔대 성지를 말할 때 여기에 덧붙여 꼽고 있는 네 곳은 부처님이 활동한 체취가 남아 있는 곳으로 선정했다고 볼 수 있다. 그리고 그 네 곳은 약간의 기적과 관계지어 상징된다. 왕사성은 부처님을 살해하려고 했던 성난 코끼리마저도 부처님에게 조복되는 모습으로 상징되고, 바이샬리는 원숭이가 부처님에게 꿀을 공양올리는 모습으로 상징되고, 쉬라바스티는 천불화현하는 모습으로 상징되고, 상카시아는 부처님이 천상에서 하강하는 모습으로 상징되어 있다. 그 가운데 상카시아가 상징하는 모습은 특별한 의미가 있다. 당시 인도에는 여러 신 중에 최고의 신이 브라흐만이고, 두 번째 신이 인드라였다. 오늘날 인도 최대의 신은 비쉬누 신과 시바 신으로 최고의 숭상을 받고 있다. 인도 사람들은 브라흐만 신이 우주와 네 개의 계급을 창조하였고, 그 신에게 공양을 올림으로 신의 세계로 나아갈 수 있다고 믿었다. 그러나 부처님은 신의 창조설도, 인간의 네 가지 계급도 부정하였고, 양의 피로 공양을 올려서는 해탈할 수 없다는 것을 강조하였다. 이것은 당시의 세계관, 사회의 구조, 인간의 행복을 추구하는 방법을 완전히 부정한 과히 혁명적인 말씀이라 할 수 있다. 그것을 상징하듯 그들이 최고로 숭배하는 브라흐만과 인드라마저도 부처님을 시봉하는 신으로, 즉 중생의 모습으로 그려낸 것이다. 즉 그들 역시 깨달음을 얻지 못한 그래서 육도윤회하는 중생일 뿐이라는 것을 상징하고 있다. 당시에 민중들이 최고로 섬기는 두 신이 부처님에게 법을 청하여 듣고 부처님의 법을 옹호하는 내용이 경전에 결집되어 있는 것을 보면, 전통 신앙을 배격하지 않고 불교 내로 수용한 것 같다.

우리 부처님

진리로 오고 진리로 가신 분

응당히 공양받을 자격이 있으신 분

일체 법을 두루 아시는 분

지혜와 실천이 구족하신 분

여실히 저 언덕을 건너가신 분

세상의 온갖 일을 다 아시는 분

세상에서 제일 뛰어나신 분

일체 중생을 두루 제어하시는 분

인간과 천신의 스승이신 분

일체 법을 깨달으신 분

세상에서 가장 존중받으시는 분

석가족 출신의 성자

그 분을 찬탄하고 공경하며

그 분께 공양하고 예배하오며

지극한 마음으로 참회하고 발원하오며

목숨바쳐 돌아가 의지하나이다

일찍이 연등부처님으로부터

미래세에 부처를 이루리라는 수기 받으시고

뭇 중생을 위해

희생과 봉사와 인욕의 보살행을 하셨더라

그 공덕이 한량없어

하늘 중의 하늘 도솔천에 이르시어

하느님 중의 하느님인 도솔천주가 되셨으니

그 높은 이름 호명보살

부러울 것 없는 생활 속에서도

뭇 중생의 고통을 보시고

큰 아픔 느끼시어

천주의 자리 버리시고 이 세상에 오셨더라

그 이름도 거룩한 싯타르타

총명함은 샛별도 시기하고

인자함은 달빛도 질투하고

당당함은 사자도 미치지 못하더라

세간의 모든 학문에 정통하고

갖가지 무술을 통달하니

스승은 가르칠 것이 없고

세상에는 겨룰 자가 없더라

부러울 것 없는 생활 속에서도

농부의 고통과 뭇 짐승과 벌레의 비참함을 보시고

함께 행복할 수 있는 길을 찾아

왕 중의 왕 전륜성왕의 자리도 버리셨더라

늙음도, 병듦도, 죽음도

그 분의 가시는 길을 도우니

사자처럼 당당히 출가하시어

고행의 길에 인욕 선인으로 나섰더라

반석 같은 믿음 위에 정진의 기름에 불을 당기니

그 열기가 마왕의 궁전을 태우고

다생의 업장을 녹이어

보살의 발원을 성취하였더라

동방의 샛별을 보시고

본래 마음 청정이 빛나니

뭇 별은 사라지고

오직 태양만 빛나더라

사람 중의 사람

신들의 스승

장부 중의 장부

부처님이 되셨더라

우주의 성주괴공보다도 귀한

위없는 깨달음을 얻었으니

그 이름도 거룩한

석가족 출신의 성자 석가모니불이시더라

감로의 법을 연설하시니

불빛에 어둠이 물러나듯

중생의 무지가 사라지니

억겁의 윤회 속에서 해탈을 얻었더라

세계의 주인

자기 운명의 주인

참 자유인

중생이 곧 부처이더라

척박한 땅 쿠시나가라에서

그 거룩한 몸 열반에 드시니

사라수는 학처럼 희어지고

쿠시나가라는 성스러움을 얻었더라

온 누리의 스승이시고

뭇 중생의 어버이이신

우리의 본래 스승이신 석가모니 부처님께

지심귀명례 하나이다

그 분의 제자가 됨으로써

당당함이 태산같고

견고함이 강철같고

지혜로움이 광명같고

청정함이 수정같고

부드러움이 솜털같고

겸손함이 그림자같고

아량이 허공같고

따뜻함이 어머니 품같이 되어

하늘을 우러러

땅을 굽어

한 점 부끄러움 없고

죽음 앞에서도

지옥 속에서도

한 점 두려움이 없이

고통받는 중생이 있는 곳에는

시위를 떠난 화살이 되어

오직 정진하겠습니다

시절 인연이 어려워

찬 서리 북풍이 휘몰아칠 때도

믿음의 대지에 뿌리를 굳건히 박고 나서

새싹을 창조하는 큰 나무가 되겠습니다

이 몸이 모든 것을 베푼들

그 분의 출가에 비길 수 없으며

이 몸이 가루가 된들

그 분의 인욕행에 비기겠습니까?

그 분을 뵈올 수 있다면

지옥 속이라도 마다하지 않겠으며

그 분을 뵈올 수 없다면

천상의 기쁨도 원치 않겠습니다

오직

부처님과 부처님의 가르침

부처님의 제자들이 모이신 청정한 공동체에

귀의할 뿐입니다

한 마음 맑아지니 나날이 새날이 되고

한 행위 보살도 행하면 년년히 새해가 되니

부처님 광명으로 어둠을 몰아내고

세상의 주인이 되어 광명 속에 놀아보세

머무르는 곳마다 부처님이 계시고

하는 일마다 부처님 일이 되니

극락세계 이 아니며, 용화세계 이 아닌가

한 마음 오롯하니

천지가 내 것이라

우리 세존 부처님께 머리 숙여 귀의하며

엎드려 절하옵니다

나무 석가모니불

나무 석가모니불

나무 시아본사 석가모니불

1991년 1월
새해를 맞이하는 우리들의 발원을 담아 법륜 스님께서 쓰신 발원문임.

부록

같은 사람이라도 서로 다른 문화 속에서 성장하면 언어나 사고의 유형과 가치관의 기준이 그 풍토와 환경에 따라 달라진다.
어쩌면 한 사람의 인격은 그가 자란 주변 환경의 총체적 표현이라고 할 수 있을 만큼 인간은 주변 환경에 절대적 영향을 받는다.

인도의 사상과 역사

인간과 환경

　　같은 사람이라도 서로 다른 문화 속에서 성장하면 언어나 사고의 유형과 가치관의 기준이 그 풍토와 환경에 따라 달라진다. 어쩌면 한 사람의 인격은 그가 자란 주변 환경의 총체적 표현이라고도 할 수 있을 만큼 인간은 주변 환경에 절대적 영향을 받는다. 그러므로 부처님에 대한 올바른 이해는 당시의 인도 사회와 역사에 대한 깊은 인식 위에서 이루어져야 한다. 그렇지 않다면 불교 교육이 아무리 부처님의 말씀으로 이루어진다 해도 페인트칠을 하듯이 평범한 일상적 습(習)을 길들이는 교육으로 이미 부처님의 근본 사상에서 멀어진다. 대승의 공(空)사상이나 선불교의 불립문자(不立文字)가 바로 이런 습관화된 불교의 모순을 타파하기 위해서 주장되는 것이다. 우상이니 미신이니 하는 것은 마음 속의 허상을 말하며 참된 믿음이란 진실을 향한 끝없는 구도 정신을 말한다.

　　당시 인도 사회의 현실 속에서 인도인들의 병을 구체적으로 진단하고 처방한 것이 오늘날 우리들에게 전수된 경전이지만, 이 경전의 문자가 그대로 목적화되어서는 안 된다. 당시 인도의 제반 상황의 이해 하에 경전 속에 담겨져 있는 진실된 말씀을 현재 우리의 삶 속에 되살려야 한다. 자칫 이런 전달 수단이 목적화되면 진리라는 새로운 우상을 갖게 된다. 따라서 부처님을 한 인간으로서, 진리를 깨달은 분으로서 그리고 중생 제도를 위해 육신을 나투신 구원자로 본다 해도 당시의 인도 역사를 이해하며 왜 인도에 출현하였는가를 알 때만이 부처님의 탄생, 성장, 출가, 성도, 전도, 열반에 이르는 위대한 삶의 교훈을 새로이 깨달을 수가 있다.

인도의 자연 환경

인도는 아시아 대륙의 남서부쪽에 인도양으로 돌출한 반도로서, 이는 소련을 제외한 전 유럽의 면적과 비슷한 415만㎢나 되는 광대한 영역을 차지하고 있다. 삼면이 바다로 에워싸여 항해술이 발달했음에도 불구하고, 지형적으로는 북부에 우뚝 솟은 세계 최대의 히말라야 산맥과 힌두쿠시 산맥에 의해 북방 아시아 대륙과의 교통이 단절되었다. 따라서 서양 문화권과는 독립된 인도 고유의 독특한 동양 문화를 발달시킨 조건이 된 것이다. 또 남쪽에는 한 해발 500m 정도 되는 데칸 고원이 자리하고 있는데 이 곳은 사람 살기에 적당하지 않다. 그리고 남쪽의 고원 지대와 북쪽의 높은 산 사이에는 어머니의 강인 갠지스 강이 흐르고 있다. 갠지스 강은 북서쪽에서 출발해서 남동쪽으로 비스듬히 흘러서 벵골만으로 들어가는데, 그 강의 작은 줄기들은 전부 히말라야 산맥에서 내려온다. 큰 강줄기는 서쪽에서 동쪽으로 흘러가고, 작은 강줄기는 북쪽에서 남쪽으로 흐르면서 큰 평원을 이루게 된다. 이 힌두스탄 평원을 중심으로 인도 초기 문화가 일어났고, 부처님은 대부분 이 곳을 중심으로 활동하였다.

인도는 열대 지방이다. 열대 지방의 기후는 열대 우림과 열대 사바나로 크게 둘로 나누기도 하나 작게는 열대 몬순도 포함된다. 열대 우림이란 적도를 중심으로 남북 위도 5도 사이의 기후를 말하며, 일년 내내 많은 비가 내려 이런 지역은 밀림이 우거지게 마련이다. 열대 우림은 몹시 더울 것 같지만 매일 비가 오기 때문에 수은주가 30도를 넘을 때가 그렇게 많지 않다. 그러나 사바나 기후 지역은 북회귀선이나 남회귀선 이내에 위치하며 일년에 약 3개월은 엄청나게 비가 많이 오고 그 외에는 거의 비가 오지 않는다. 그래서 날씨를 우기와 건기로 나누는데, 건기가 되면 거의 사막에 준할 만큼 건조해지고 기온도 열대 우림보다 훨씬 더 높아 40~45도가 된다. 이 때는 물이 엄청나게 귀해서 풀은 물론 작은 나무도 거의 타 죽을 정도이다. 반대로 우기가 되면 동이로 물을 쏟아 붓듯이 일 주일을 쉬지 않고 비가 내리기도 한다. 이렇게 3개월 동안 항상 구름이 끼어 있는 상태로 비가 오락가락 하는데, 기온은 상당히 떨어져 더위는 피할 수 있지만 습기 때문에 가구는 썩고 빨래도 마르지 않으며 사방에 곰팡이가 피게 된다. 사바나 기후에는 간혹 큰 나무들이 있긴 하지만 대부분은 키가 큰 풀들이 자란다. 게다가 북쪽은 위도상 높기 때문에 겨울에는 상당히 춥다. 물론 영하로 떨어지지는 않지만 델리 지역은 5도에서 3도까지 수은주가 떨어진다. 인도 남쪽에 있는 스리랑카와 일부 해안 지방은 열대 몬순이고, 서쪽으로는 스텝이라고 하여 우기에도 비가 조금 밖에 안 내리고, 더 서쪽으로 가면 아예 사막이다. 인도는 이렇게 기후의 변화가 심한 지역이다.

인도의 인종

원래 인도 대륙에는 드라비다족이라고 하는 흑인 계열의 인종이 살고 있었다. 그러나 아프리카 흑인종과는 다르다. 그런데 북쪽 파미르 고원 위쪽, 중앙 아시아 지역에 살고 있던 백인 계열의 아리안족이 파미르 고원을 넘어서 인도 대륙을 점령해 들어왔다. 그들 중에 서쪽으로 이동한 사람들을 서아리안, 동쪽으로 이동한 사람들을 동아리안이라고 말한다. 서아리안족은 이란을 거쳐서 유럽쪽으로 진출했고, 인도 아리안이라고 하는 동아리안족은 펀잡 지역을 중심으로 동쪽으로 이동해 왔다. 그래서 인도, 이란, 아라비아와 유럽을 묶어 언어학적으로 또 인종적으로 인도 유럽 어족이라고 부르는 것이다.

현재의 인구 분포도를 보면 많은 소수 민족들이 있지만 크게 나누어 대부분이 아리안족이고 드라비다족과 북쪽 산간 지방에는 몽골족이 살고 있다. 인도 대륙의 인종은 거의 혼혈이지만 인도 유럽 어족의 아리안족 문화와 남쪽 드라비다족의 문화와 언어는 그대로 남아 있다. 네팔은 반 정도가 평지고 반 정도가 히말라야 산맥인데 평야 쪽은 대부분 아리안족들이 살고 산간에는 몽골인들이 살고 있다.

인도의 역사

보통 인도의 역사를 말할 때는 지금부터 5000년 전 인류 문명의 발상지인 인더스 강 유역에서 꽃피웠던 고대 인더스 문명을 말한다. 대부분 사막이었던 파키스탄 지역을 중심으로 가장 앞서 인류 문화가 꽃피웠던 도시들이 발견되었는데 그것은 모헨조다로와 하라파이다. 인도 국립박물관에 가면 이 원주민의 문화를 볼 수 있는데, 그 옛날 도로 포장과 하수도까지 잘 정비된 아주 선진화된 문화 도시였다. 그러나 그 역사는 계승되지 못했고 어떻게 사멸했는지 기록도 없거니와, 문자 해독을 못하고 있기 때문에 이 문명에 대해서는 아직까지 수수께끼로 남아 있다.

우리가 말하고 있는 윤회설은 불교 사상도 브라흐만의 사상도 아니다. 그것은 토착인 드라비다족의 사상이다. 드라비다족이 갖고 있던 윤회 사상을 아리안족이 받아들여서 브라흐만 문화의 중심 사상이 되었고, 불교의 융성으로 그것은 다시 불교 사상의 일부가 되어 남아 있게 된 것이다. 윤회의 근본이 되는 업 사상도 드라비다족의 문화에서 시작된 것이다. 그렇다고 보면 결국 토착 세력의 문화가 뒤떨어져 아리안족에게 정복당한 것이 아니라 다만 전쟁 문화가 없었을 뿐이다.

　　　　지금부터 한 5000년 전부터 이동을 시작한 아리안족은 B.C 1500년 경 편잡 지역에 자리를 잡는다. 편잡 지역은 스텝 기후 때문에 건조하지만 인더스 강을 끼고 있어 수량이 아주 풍부하고, 기후도 좋아 밀과 면화가 많이 생산되는 지역이다. 아리안족은 이 곳 원주민을 정복하고 도시국가를 형성하여 새로운 브라흐만 문화를 이룬다.

　　　　브라흐만 문화는 크게 네 개의 시대로 나누어 볼 수 있다. 첫 번째 시대를 신화 시대 혹은 베다 시대(B.C 1500-1000)라 하는데 이 시대에 편잡은 북쪽에 비해 기후가 따뜻하고 평원이 넓어 목축을 중심으로 생활하였다. 이 곳에 정착하면서 안정된 삶으로 그 전보다 종족은 불어나고 더욱 풍요로운 삶을 누리게 되었다. 이러한 삶을 이룰 수 있었던 것은 천지 만물에는 갖가지 신이 있어서 태양의 신을 중심으로 강의 신, 대지의 신, 나무의 신 등등 신들이 축복을 해 주었기 때문이라고 생각했다. 그래서 감사하는 마음을 갖게 되었고 자연적으로 자연신을 예찬하게 되었다. 그리고 신의 노여움으로 오는 재앙을 막기 위해서 그들이 가장 아끼는 양의 피로 신에게 공양을 올리고 신을 찬탄하였다. 신에 대한 감사하는 마음을 중심으로 해서 아주 고도의 문화가 꽃피기 시작했는데, 그것이 신을 찬탄하는 세 가지 베다 문명이다. 그 중에 리그베다가 가장 많이 읽혀지고 있다. 아리안족이 이 곳을 정복하고 그들 사이는 비교적 평등하고 평화롭게 살게 되었지만, 토착 세력인 드라비다족과는 자연히 사회적 계층이 생기게 되었다. 그래서 신(神)이 아리안족은 남을 지배하도록 창조했고, 드라비다족은 지배받고 희생과 봉사를 하기 위해서 만들었다는 관념을 퍼뜨려 계급 형성을 정당화하게 되었다.

　　　　원주민들의 뛰어난 사상인 윤회설은 원래 업에 의해서 돌고 돈다는 단순한 하나의 우주 질서의 원리였다. 그런데 아리안족은 이 윤회설을 그들의 계급 사상과 교묘하게 결부시켜서,

드라비다족은 전생에 죄가 많아서 그렇게 태어났다는 식으로 해석하였다. 업에는 선업이 있고 악업이 있고 윤회도 좋은 게 있고 나쁜 게 있다고 분별함으로써 계급제도를 합리화하고, 결국에는 윤회 사상이 원주민을 지배하고 다스리는 쪽으로 이용되었다.

두 번째 시대는 종교 시대이다. 삶이 평화롭자 인구가 부쩍 늘어나게 되었다. 그래서 다시 신천지를 찾아서 편잡에서 힌두스탄 평원을 따라 동쪽으로 이동하여 갠지스 강 유역에 정착하게 되었다. 이렇게 이동해 나가면서 그 지역에 사는 토착 세력과의 전쟁은 점점 더 치열해졌다. 그들은 전쟁에서 이길 때마다 이것은 그들의 신인 브라흐만의 힘이며, 또한 이 땅을 정복하고 다스리라는 신의 선물이라고 생각했다. 그래서 전쟁을 할 때는 반드시 신에게 공양을 올리고 갖가지 의식을 치른 후 출정하였다. 그러므로 그들은 전장에 나가 전투하는 사람보다도 싸움에서 이길 수 있게 신으로부터 힘을 빌려오는 신의 대행자를 더 중요하게 여겼다. 이런 신의 대행자를 신의 이름을 따서 브라흐만 계급이라고 했다. 브라흐만은 신의 입으로부터 창조되었다고 한다. 그래서 그들의 입을 통해서 신에게 진언을 외우고 또 기원을 하면 신의 가피와 은혜가 성취된다고 생각했다. 이로 인해 아리안족 내부에도 계급이 분화되기 시작했는데 신의 힘을 빌려 전장에 나가는 사람은 무사 계급으로 왕족들이 나가서 싸웠다. 이들을 크샤트리아 계급이라고 하는데 이 사람들이 전투에 나가 살고 죽는 것은 신의 뜻이므로, 반드시 종교 의식에 참여하여 브라흐만 계급의 사제로부터 축복을 받고 전장에 나갔고 전장에서 돌아오면 감사한 마음을 표시해야 한다. 크샤트리아 계급은 브라흐만 신의 가슴이나 두 팔로 만들어졌다고 한다.

동쪽으로 이동하면서 물이 풍부하고 땅이 비옥하여 목축보다는 농경하기에 좋았다. 농경에는 많은 노동력이 필요하기 때문에 사람들이 모여 살게 되었고, 농경 문화는 점점 발달하게 되었다. 주로 농사짓는 일은 평민들이 하였고 이들을 바이샤 계급이라고 한다. 그들은 농사뿐만 아니라 목축, 장사 혹은 여러 가지 공사품을 만드는 일에도 종사하였다. 바이샤 계급은 브라흐만 신의 배로부터 태어났다고 한다. 이상의 세 계급은 아리안족에만 해당된다. 이 세 계급을 위해서 노예처럼 무엇이든지 해야 하는 사람들이 드라비다족으로 수드라 계급이다. 수드라 계급은 아리안족을 위하여 브라흐만 신의 발에서 만들어졌다고 한다. 그들은 피정복민으로 노예로 전락하게 된 것이다. 노예가 점점 늘어나자 바이샤 계급의 사람들이 자기들이 할 일을 전부 수드라에게 시키고 그들은 감독을 하였고, 후에 바이샤 계급이 주로 한 일은 장사로 상업 계급을 이루게 된다. 그래서 그 당시에 거부 장자들은 다 바이샤 계급들이다.

　　　세 번째는 철학 시대로 이 네 가지 계급을 합리화하기 위해서 신의 창조설이라는 하나의 사상으로 정착하게 된다. 정복 시대가 끝나자 다시 평화 시대가 도래했고, 노예들은 엄청나게 많아져서 경제적인 재화는 노예들이 다 생산하고, 교역은 활발하여 물자는 풍부해졌다. 그래서 무사 계급이나 자기가 직접 노동을 안 해도 되는 바이샤 계급 중에는 신이란 어떤 존재인지, 삶의 궁극에 대한 관심이 조금씩 높아져 갔다. 그러나 종교적 의식은 브라흐만 계급의 독점적 권위로 누구도 접근할 수가 없었다. 이들이 할 수 있는 것은 주로 사색을 통해서 이 세상의 진리는 무엇인지, 삶이 무엇인지를 관찰하는 소위 명상이었다. 그들이 믿고 있는 전통 사상은 브라흐만 신이 있어서 우주 만유가 그 신에 의해서 창조되었으며, 신이 우주 만유를 창조했다면 그 각각의 물건에는 브라흐만 신과 같은 근본적인 속성이 있다고 믿었다. 그러므로 그 창조주가 가지고 있는 우주는 나에게도 작은 우주로 들어 있다고 하여 이것을 아트만이라고 하였다. 우리들의 고통은 이 브라흐만과 아트만이 분리되어 살아가고 있기 때문이며, 완전한 해방과 해탈은 바로 이 아트만과 브라흐만이 하나가 되어 브라흐만으로 돌아가서 하나가 되어야 한다는 것이다. 이 것을 범아일여설(梵我一如說)이라고 한다. 범(梵)은 브라흐만을 말하고 아(我)는 아트만(Atman)을 말한다. 이런 사색을 통해 우파니샤드 철학이 매우 발달하게 되는데 이것을 형이상학 혹은 관념론이라고 한다.

　　　　　네 번째는 쇠퇴기이다. 부처님이 출현하기 한 100년 전부터 이 평화 시대는 끝났다. 당시 인도 대륙에는 크고 작은 나라가 한 300개 정도가 있었는데, 각각의 나라에는 브라흐만이 있고 그 밑으로 크샤트리아 계급에 의해서 통치되고 있었다. 오랜 세월이 지나면서 이웃 나라 사이에 분쟁이 생겨나고 결국은 각 나라 안의 크샤트리아 계급과 크샤트리아 계급과의 싸움이 된 것이다. 그들은 각각 전장에 나가기 전에 브라흐만에게 기도를 드리고 브라흐만 계급의 축복을 받고 출정하였다. 그러나 비록 신의 힘을 빌리는 형식은 취하고 있지만 전쟁에는 승패가 있게 마련이어서 신의 권능에 대한 의미는 점점 위축되었다. 결국 얼마나 많은 병력이 있느냐? 얼마나 군량미를 많이 가지고 있느냐? 얼마나 군사 훈련이 잘 되었는가? 이런 것이 전쟁 승패의 큰 요인으로 대두된 것이다. 그러므로 정신적으로는 브라흐만에게 의존하는 듯 하지만 사회의 실질적 주도권은 크샤트리아 계급 왕족이 잡게 된다. 게다가 바이샤 계급의 상인들은 나라와 나라 사이로 다니면서 무역 거래를 하여 많은 거부 장자가 생겨나기 시작했다. 전쟁이 일어나면 이런 장자들이 경제적으로 뒷받침을 해 주기 때문에 막강한 군사력을 유지해 나갈 수가 있었다. 그러므로 이 사람들의 발언권도 굉장히 세어져서 왕도 부럽지 않을 정도가 된 것이다.

인도의 상황

　　　　　왕의 권한이 점점 강해지면서 이제는 브라흐만 계급이 신하가 되어 왕을 위해서 제사를 집전해 주는 입장으로 변하게 되었다. 그래서 브라흐만과 크샤트리아 사이에도 결혼이 이루어질 수 있었다. 또 계급적인 면으로는 브라흐만 계급이 높을지 몰라도 경제적으로는 장자에게 도움을 얻어야 되고, 전쟁통에 살아 남으려면 크샤트리아 계급의 보호를 받아야 되어서 사실상 계급

제도는 점점 붕괴 현상이 일어나기 시작했다. 전통적인 출생에 의한 신분보다는 권력을 잡은 사람, 부를 축척한 사람들이 사회에 더 영향력을 행사하는 전환 시기가 되었다. 그러나 노예 계급은 여전히 아무런 변화 없이 그대로 존재하였다. 이런 조건에서 왕족이 패권을 갖게 되자 싸움은 더욱 치열하게 일어나 수백 개의 나라가 몇몇 대국으로 통합되면서 패한 나라의 왕족들은 노예 계급으로 전락하고 말았다. 사실 정복된 왕족들은 노예보다 더 천한 불가촉 천민으로 계급 편제 밖으로 취급되었다. 또 바이샤 계급에서도 빈부의 차가 심하게 일어나면서 가난한 사람들은 거의 노예와 같았다. 이 시기는 정치적, 경제적으로 매우 혼란스러웠던 때였다.

여러 소국들이 대국에 정복되면서 소위 절대 왕국이 형성되었다. 이 와중에도 농기구의 발달로 농경은 급속도로 발전하고 농업 생산력에도 엄청난 증산 효과가 있어 인구는 계속 폭발적으로 늘어났다. 그러나 나라마다 경제를 부강시키고 군사력을 키워 전쟁은 끊일 사이 없이 연속되니 사람의 목숨이 마치 파리 목숨처럼 취급되었다. 모든 생산은 노예에 의해서 다 이루어지므로 물질은 풍요로우나 전쟁 때문에 사회는 안정되지 않았다. 그런 까닭에 장자의 아들이나 왕족의 아들과 같은 젊은 사람들은 퇴폐적인 술 문화에 젖게 되고 부정과 부패가 날로 심화되었다. 또한 가무, 기생들이 사회에 광범위하게 퍼지면서 여성은 남성에게 종속된 하나의 소유물처럼 취급받는 소위 쾌락주의가 만연되어 가치관이 붕괴되는 사회가 되었다. 사실상 브라흐만에 대한 가치관은 상당 부분 흔들렸는데도 불구하고, 그들은 이러한 변환기에 새로운 비전을 제시하지 못하고 여전히 형식적인 종교 의식에만 집착하며 관념적이고 권위주의적이었다.

그들의 가르침은 신이 정해 놓은 질서이므로 그저 순종하고 살라는 운명론적이었다. 그와 같은 기존의 사상 체계와 가치관에 역행하여 새로운 사상가들이 나타나게 되며 과연 진리란 무엇인가 하고 의심하기 시작했다. 새로운 사상가는 브라흐만 계급에서도, 크샤트리아 계급에서도, 바이샤 계급에서도 나올 수 있고 때로는 아주 극소수지만 천민 중에도 나왔다. 이 새로운 사상가들을 고행주의자 혹은 사문이라고 하는데, 부처님도 처음은 이 부류의 한 사람으로 출발하였지만 이 한계를 뛰어 넘었다.

이들에 의해 인(因)도 없고 연(緣)도 없다는 무인무연론(無因無緣論)과 신에 의해 모든 것이 정해진다는 숙명론(宿命論)과 진리란 우리가 알 수 없는 것이라는 회의론(懷疑論) 등 갖가지 사상이 출현하여 신흥 종교가 부처님 당시까지 삼백육십 견해가 있었다. 이런 신흥 사상 가운데 6파가 상당한 대중의 지지를 받게 되었는데 불교에서는 이것을 육사 외도라고 한다. 왜냐하면 비록 대중의 지지는 받았지만 그것들은 완전한 해탈을 이끌지 못하기 때문이다.

중생의 희원

가치관의 붕괴와 여러 가지 새로운 사상으로 오히려 일반 백성들은 갈피를 잡을 수 없을 정도로 혼란스러웠을 뿐만 아니라, 계속되는 전쟁과 극심한 빈부의 차이로 굶고 병들어 죽는 극한 상황에서 벗어나고 싶은 간절한 갈망이 점점 높아가고 있었다. 이 모든 조건을 이루어 줄 수 있는 왕 중의 왕, 다시 말하면 물이 없어서 목마른 사람에게는 우물을 파 주고, 길이 없어서 못가는 곳에는 길과 다리를 놓아주고, 배고픈 사람에게는 먹을 것을 주고, 헐벗은 사람에게는 옷을 주는 그런 왕을 기대하게 되었다. 그런 기대가 팽배해짐에 따라 곧 전륜성왕이 출현할 것이라는 소문이 떠돌게 된다. 간절히 바라는 이 마음은 미간에 백호털이 있어서 광명이 비치고, 귀의 길이는 턱에까지 내려오고, 손은 크고 팔은 길어서 무릎까지 내려와 모든 사람을 쓰다듬어 줄 수 있는 등 몸의 특징을 32상 80종호로 상상하며, 이렇게 생긴 전륜성왕을 혼란 극복의 메시아로 기원하게 된 것이다.

또 한쪽에서는 도대체 어떻게 사는 것이 잘 사는 것인가에 대한 가치관의 혼란에 빠지게 되었다. 어느 사상가는 이것이 옳다고 하고 어느 사상가는 저것이 옳다고 주장하니, 정신적인 지주의 부재로 마음이 안정되지 않아 극도로 방황하였다. 이 사람들의 희원은 진리의 일부분만을 알아 서로의 주장이 옳다고 하는 사상가가 아닌, 일체를 훤하게 깨달아 이것이 진리라고 확연히 말해 줄 수 있는, 그래서 정말로 행복해지는 길을 마음 놓고 가 보았으면 좋겠다는 것이다. 배고픈 백성만이 아니라 권력을 잡은 크샤트리아 계급도, 거부 장자가 된 바이샤 계급도 마음의 안정을 얻는 진정한 행복을 바라고 있었다.

　　　　바로 이러한 민중의 고통에 응답하여 여래가 출현하였다. 대승 불교의 의미로 해석하면 붓다는 이미 깨달은 분이지만 중생의 고통에 응답하기 위해 일부러 중생의 몸으로 나투어, 중생의 어리석은 삶을 몸소 하나하나 보여주면서 깨달음의 길로 이끈 것이라고 한다. 또 당시 사회적 시대적 조건으로 이해한다면 결국 간절한 민중의 요구가 그런 인격체인 붓다를 만들어 낸 것이다. 즉 완전하게 깨달은 자만이 이들의 요구에 부응할 수 있었지, 부분적으로 깨달은 자는 이들의 요구에 부응할 수 없었기 때문이다.

편집 후기

진정으로 부처님 법을 만났을 때의 환희심은 말로 형용하기 어렵다고 합니다. 그리고 그런 경험을 한 사람들의 발걸음은 분주하기 끝이 없지만, 마음은 한층 더 한가롭다고 합니다.

저희들은 그것이 바로 부처님의 가피라고 생각합니다.

언젠가 부처님의 일생을 공부하다가 문득 이런 상상을 해 보았습니다. 부처님처럼 위의를 갖춰 걸어보기도 하고, 부처님 제자가 되어 뒤를 따르기도 하고, 중생이 되어 괴로움을 하소연하기도 하는 등의 상상. 그러나 부처님의 발자취를 따라 인도 성지 순례를 하며 접하게 된 현지의 모습은 책에서 읽고 상상했던 분위기와는 전혀 달랐습니다.

캘커타의 한 화려한 호텔에서 마주했던 사람들과는 너무도 대조적인 뒷골목 사람들의 비참함을 보고, 부처님의 고뇌가 무엇이었는가 비로소 느끼게 되었습니다. 그리고 왜 부귀 영화를 뒤로 하고 출가하셨으며, 왜 그 혹독한 6년 고행을 하셨으며, 성도하신 후에는 왜 45년 간이나 걸식하며 맨발로 중생을 찾아다니셨는지 가슴에 절절히 와 닿았습니다.

우리는 과연 어떻게 살아야 할까?

부처님이 우리에게 알려주시려고 한 것은 무엇일까?

부처님이 태어나신 나라 인도 땅을 밟아보고, 부처님의 발자취를 찾아보니 내가 왜

이 곳에 와 있는지를 온몸으로 느낄 수 있었습니다.

이 책에 실린 글은 법륜 스님께서 지난 10여 년 간 한국 JTS 주관으로 부처님 8대 성지를 순례하면서 순례자들에게 부처님의 삶과 가르침에 대해 말씀하신 것을 정리한 것입니다. 경전은 『인간 붓다 그 위대한 삶과 사상(정토출판)』『금강경 이야기(정토출판)』『불설 관무량수경(대각회 대각출판부)』『묘법연화경(대각회 대각출판부)』『부처님의 마지막 여로(민족사)』의 내용에서 발췌하고 윤문했습니다. 성지에서 읽는 경전은 잔잔하고 신선한 감동을 줍니다.

부처님의 삶에 우리의 삶을 견주어 보고 깨달음으로써 부처님의 가피를 함께 받고 그 환희심을 같이 나누고 싶습니다.

2000. 11.30

편집부

정토신서(10)

부처님의 발자취를 따라

1판 1쇄 / 2000. 11. 30
2판 2쇄 / 2001. 11. 20   5쇄 / 2008. 11. 15   6쇄 / 2010. 2. 22

펴낸곳 / 정토출판
등록번호 / 제22-1008호
등록일자 / 1996. 5. 17
주소 / 서울시 서초구 서초3동 1585-16 (우) 137-875
전화 / 02-587-8991
전송 / 02-6442-8993
쇼핑몰 / shop.jungto.org
이메일 / book@jungto.org

ⓒ 2000. 정토출판
값 13,000원

ISBN 89-85961-29-2 03220